Sammlung Vandenhoeck

Jhil, 28.7.96
x.t/ il

V&R

Udo Rauchfleisch

Menschen in psychosozialer Not

Beratung, Betreuung, Psychotherapie

Vandenhoeck & Ruprecht
Göttingen · Zürich

Die Deutsche Bibliothek – CIP-Einheitsaufnahme

Rauchfleisch, Udo:
Menschen in psychosozialer Not:
Beratung, Betreuung, Psychotherapie /
Udo Rauchfleich. – Göttingen; Zürich:
Vandenhoeck und Ruprecht, 1996
(Sammlung Vandenhoeck)
ISBN 3-525-01431-7

Umschlagabbildung: Giorgio Griffa, *Ohne Titel,* Aquarell, 1979

Satz: KCS GmbH, Buchholz/Hamburg
Druck und Bindearbeiten: Hubert & Co., Göttingen.

Inhalt

Vorwort

Als ich vor fast fünfzehn Jahren mein Buch »Dissozial. Entwicklung, Struktur und Psychodynamik dissozialer Persönlichkeiten« (1981) schrieb, bewegte mich vor allem die Frage, ob unsere psychodynamischen Persönlichkeits- und Therapiemodelle sich nicht auch auf Menschen mit dissozialen Verhaltensweisen, insbesondere auf Straffällige, anwenden ließen. Aufgrund meiner therapeutischen Erfahrungen mit Kindern und Jugendlichen mit schweren Verhaltensstörungen sowie mit straffälligen Erwachsenen stand ich unter dem Eindruck, daß die psychoanalytischen Konzepte durchaus hilfreiche Modellvorstellungen enthielten, die in der Vergangenheit von etlichen Autorinnen und Autoren* auch bereits in fruchtbarer Weise für den therapeutischen Umgang mit dissozialen Klientinnen und Klienten verwendet worden waren. Andere neuere Konzepte, vor allem die KERNBERGS zur Borderline-Pathologie (KERNBERG 1979) und die KOHUTsche Selbstpsychologie (KOHUT 1973, 1979), erschienen mir sehr geeignet zum Verständnis dieser Klientinnen und Klienten. Allerdings bedurfte es, das war schon bei meinen Ausführungen 1981 klar, etlicher Modifikationen im Hinblick auf das betreuerische und psychotherapeutische Vorgehen, um eine diesen Klientinnen und Klienten angemessene Behandlungsform zu finden.

Ich habe mich in den vergangenen mehr als fünfundzwanzig Jahren intensiv mit den therapeutischen Proble-

---

* Ich werde in diesem Buch, wenn nicht bestimmte Personen gemeint sind, die weiblichen und männlichen Formen nebeneinander und im Wechsel verwenden.

men von Menschen mit den verschiedensten psychosozialen Problemen beschäftigt. Dabei bin ich von der klassischen psychoanalytischen Theorie und Praxis ausgegangen und habe geprüft, inwieweit sich die uns bisher vorliegenden Modelle anwenden lassen und wo Modifikationen notwendig sind. In den letzten zehn Jahren habe ich neben Straffälligen zunehmend auch Klientinnen und Klienten behandelt, die angesichts der Rezession mit Arbeitslosigkeit, Wohnungsproblemen, finanzieller Verschuldung und anderen Formen sozialer Not konfrontiert sind. Als besonders schwierig erwies sich dabei (in Supervisionen und Veranstaltungen erfuhr ich von Kolleginnen und Kollegen, daß sie ähnliche Erfahrungen machen) die Gruppe von Klientinnen und Klienten, die unter *gravierenden psychischen Störungen* leiden und außerdem *mit massiven sozialen Schwierigkeiten* kämpfen. Da diese beiden Dimensionen in unheilvoller Weise ineinandergreifen und häufig zu einer Eskalation der Situation führen, ergab sich für mich die Konsequenz, mehr noch als bisher ein *bifokales* Vorgehen zu wählen. Dabei arbeite ich, orientiert am psychoanalytischen Therapiemodell, an Widerstand, pathologischer Abwehr und Übertragung, widme zugleich aber den sozialen Aspekten eine ungleich größere Aufmerksamkeit, als wir es sonst in der Psychotherapie tun.

Ein derartiges Vorgehen bedeutet eine erhebliche Modifikation des Settings und des therapeutischen Verhaltens. Ich will auch nicht verschweigen, daß so weitreichende Veränderungen des üblichen therapeutischen Vorgehens etliche Gefahren in sich bergen. Die beiden Hauptgefahren scheinen mir zu sein, daß wir als Betreuer und Therapeutinnen in ein Gegen-Agieren verfallen und dadurch den Klienten und uns letztlich schaden und daß wir durch die Übernahme einer realen Rolle im sozialen Leben der Betreuten zum Teil große Mühe haben, an den psychodynamischen Problemen (vor allem an der negativen und idealisierenden Übertragung) zu arbeiten. Dies sind zwar Schwierigkeiten, über die wir uns bei derartigen Modifikationen des therapeutischen

Vorgehens klar sein müssen. Doch stellen sie nach meiner Erfahrung keineswegs unlösbare Probleme dar.

Gewiß könnte man mir entgegenhalten, es sei besser, sich an die üblichen Behandlungs- und Betreuungskonzepte zu halten und keine so weitreichenden Veränderungen vorzunehmen. Wenn man eine solche Ansicht vertritt, muß man sich indes darüber klar sein, daß man damit einer recht großen Zahl von Klientinnen und Klienten, die unter schwierigsten psychosozialen Bedingungen leben, die Hilfe versagt. Wir würden Menschen, die oft von früher Kindheit an bis in die Gegenwart schwere Traumatisierungen erlitten haben, einfach ihrem Schicksal überlassen und letztlich dazu beitragen, daß sie sich immer tiefer in ihre soziale Not verstricken. Bedenken wir, daß viele dieser Menschen an einer Gesellschaft krank geworden sind, deren Mitglieder wir alle sind, und daß sie unter sozialer Ungerechtigkeit leiden, deren Nutznießer und Täter wir oft sind, so leitet sich allein aus diesen Überlegungen die Verpflichtung ab, daß wir alles in unserer Kraft Stehende dazu tun, das Schicksal dieser Klientinnen und Klienten zu verbessern und ihnen Hilfe dabei zu leisten, daß sie ein menschenwürdiges Leben führen können. Es kommt hinzu, daß die von mir in diesem Buch dargestellte Form der Betreuung und Therapie keineswegs nur belastend und schwierig ist. Sie besitzt auch ausgesprochen faszinierende Aspekte, beispielsweise durch die Fähigkeit dieser Klienten, uns durch handelnde Darstellung ihrer inneren Konflikte in der sozialen Realität ein anschauliches Bild ihrer psychischen Situation zu vermitteln. Nicht zuletzt enthalten diese Begleitungen auch deshalb ein kreatives Potential, weil sie uns als Betreuer und Therapeutinnen immer wieder in ganz besonderer Weise herausfordern, unser therapeutisches Vorgehen zu reflektieren und nach neuen Wegen zu suchen.

Ein Buch wie das vorliegende hätte nicht zustande kommen können ohne die Erfahrungen, die ich durch die Behandlungen von Patientinnen und Patienten mit schwerwiegenden psychosozialen Problemen gewinnen konnte.

Ihnen gilt deshalb mein ganz besonderer Dank. Ich meine dies nicht in einem rhetorischen Sinne, sondern ganz wörtlich. Immer wieder erlebe ich nämlich in derartigen Therapien, daß ich mich trotz aller theoretischen Konzepte, an denen ich mich zu orientieren suche, weitgehend von den Klienten führen lassen muß und dabei viel von ihnen über ihr spezifisches Erleben und ihre soziale Welt lerne. Trotz aller Erfahrungen ist es für mich immer wieder erschütternd zu sehen, wie Menschen in unserer Gesellschaft unter schwierigsten Bedingungen ihr Leben fristen müssen und welchen Belastungen wir sie häufig auch durch unsere psychosozialen Angebote aussetzen.

Mein Dank gilt ferner meinem Kollegen und Freund Prof. Dr. RAYMOND BATTEGAY, dem Chefarzt der Psychiatrischen Universitätspoliklinik Basel, der mich stets in meinen Projekten unterstützt und durch viele Anregungen zur Klärung meiner Gedanken beiträgt. Wertvolle Anregungen verdanke ich auch meinen Kolleginnen und Kollegen aus den verschiedensten psychosozialen Berufen, mit denen ich im Rahmen von Supervisionen und Fortbildungsveranstaltungen zusammengetroffen bin. Für die speditive Erledigung der Sekretariatsarbeiten danke ich Frau RUTH VÖGTLIN.

Udo Rauchfleisch

1. Zur Entwicklung und Persönlichkeit von Menschen mit schwerwiegenden psychosozialen Problemen

Es ist selbstverständlich nicht möglich, »die« Persönlichkeit von Menschen mit schwerwiegenden psychosozialen Problemen zu beschreiben. Der Begriff »psychosoziale« Probleme zeigt bereits, daß hier die soziale Dimension eine zentrale Rolle spielt, und es dürfte einleuchtend sein, daß das manifeste Verhalten kaum Schlüsse über die dahinterstehende Persönlichkeit zuläßt. So haben wir es bei Menschen, die sich in sozialen Notsituationen befinden, tatsächlich mit einem breiten Spektrum ganz unterschiedlicher Persönlichkeiten zu tun. Es reicht von psychisch Gesunden bis zu Menschen mit schwersten psychischen Störungen. Außerdem ist zu berücksichtigen, daß soziale Not wie Arbeits- und Wohnungslosigkeit, finanzielle Verschuldung und ähnliche Probleme eine Eigendynamik entwickeln und auch bei ursprünglich völlig gesunden Menschen zu psychischen Fehlentwicklungen führen können (BARWINSKI FÄH 1990, KIRCHLER 1993; WACKER 1983).

Die in diesem Buch geschilderten Menschen gehören indes weder der Gruppe der ursprünglich Gesunden an, noch leiden sie unter schwersten psychischen Erkrankungen wie den Schizophrenien und ähnlichen Störungen. Meine Ausführungen betreffen vielmehr Menschen, die bereits primär erhebliche psychische Störungen aufweisen und sich zugleich in vielfältigen sozialen Schwierigkeiten befinden. Das Charakteristische bei ihnen ist, daß es im Verlauf der Jahre zu einer unheilvollen Verquickung zwischen den psychischen und den sozialen Problemen und zu einer zunehmenden Eskalation beider Störungsbereiche kommt. Es ist schließlich unmöglich zu entscheiden, ob die sozialen Belastungen die psychischen Konflikte verstärkt haben oder ob es die psychischen Schwierigkeiten waren, die zu der immer größeren Verstrickung in die sozialen Probleme geführt haben. Aufgrund dieser Bedingungen stellen uns derartige Klientinnen und Klienten vor große Probleme, da wir bei ihrer Beratung, Betreuung und Therapie unser Augenmerk weder allein auf die psychischen Störungen noch ausschließlich auf die sozialen Schwierigkeiten richten dürfen. Stets müssen wir bei unserer Arbeit beide Dimensionen und die zwischen ihnen bestehenden Wechselwirkungen beachten.

Auch wenn es nicht möglich ist, für alle diese Menschen eine einheitliche Entwicklungslinie zu zeichnen, und obschon wir bei ihnen durchaus unterschiedliche Persönlichkeitsausformungen finden, können wir in ihrer Biographie und in ihrer innerseelischen Dynamik doch etliche Aspekte feststellen, die bei vielen von ihnen in übereinstimmender Weise auftreten und charakteristisch für sie sind.

Ich habe mich in meinem Buch »Dissozial« (1981) ausführlich mit den Fragen der Entwicklung und der Psychodynamik solcher Persönlichkeiten auseinandergesetzt. Die dort für Menschen mit dissozialen Verhaltensauffälligkeiten geschilderten Verhältnisse treffen weitgehend auch für Klientinnen und Klienten mit schweren psychosozialen Problemen zu. Ich verweise deshalb auf diese Ausführungen und möchte hier nur noch einmal die wesentlichsten Punkte zusammenfassen, die als theoretische Leitlinie meiner Überlegungen zum konkreten Umgang mit solchen Klientinnen und Klienten dienen (vgl. RAUCHFLEISCH 1982, 1989, 1990a, 1990b, 1991).

Untersuchen wir die Bedingungen, unter denen Menschen mit schwerwiegenden psychosozialen Problemen aufgewachsen sind, so fällt auf, daß sie in der frühen Kindheit ebenso wie im weiteren Verlauf ihres Lebens zum Teil schwerste *Verlust- und Mangelerfahrungen* durchgemacht haben. Eine in diesem Zusammenhang in der psychologischen Literatur immer wieder aufgeworfene und kontrovers diskutierte Frage ist die, ob die von Erwachsenen rückblickend als traumatisch geschilderten Ereignisse in der Kindheit tatsächlich diese Qualität gehabt haben oder ob es, zumindest von der äußeren Realität her betrachtet, eher »harmlose« alltägliche Ereignisse waren, die jedoch subjektiv als sehr belastend erlebt und aufgrund der früh einsetzenden Fehlentwicklung verzerrt wahrgenommen worden sind. Im Hinblick auf viele der in diesem Buch geschilderten Menschen ist diese Frage relativ eindeutig dahingehend zu beantworten, daß die frühkindlichen Traumatisierungen zumeist der äußeren Realität entsprechende schwerwiegende Beeinträchtigungen waren, die vor allem aus der sozialen Instabilität der Herkunftsfamilie resultieren (mit zum Teil gravierenden ökonomischen Problemen und intrafamiliären Spannungen) und aus den vielfältigen Beziehungsabbrüchen, denen diese Kinder ausgesetzt waren. Diese Informationen erhalten wir nicht nur von den erwachsenen Klienten selber oder, im Falle von Kindern und Jugendlichen, von ihren Angehörigen, sondern wir finden die entsprechenden Angaben in einer Fülle von Akten, die über diese Familien in den verschiedensten Institutionen (Psychiatrische Kliniken und Polikliniken, Sozialberatungsstellen, Vormundschaftsbehörden, Heimen etc.) vorliegen.

Die in der frühen Kindheit durchgemachten Mangel- und Verlusterfahrungen sind von solchen Kindern vielfach als *existentielle Bedrohung* erlebt worden. Die psychischen Verletzungen haben tiefe Spuren in ihrer Persönlichkeit hinterlassen, vor allem in Form eines zum Teil extremen Mißtrauens. Eindrücklich hat ein zwölfjähriger Knabe mit schwerer dissozialer Verhaltensauffälligkeit dieses Gefühl mit den folgenden Worten umschrieben: Das Leben sei für ihn »wie ein Dschungelkampf, wo in jedem Augenblick die Gefahr besteht, daß hinter einem Busch oder Baum ein Feind hervorspringt«. Er, wie viele andere Menschen, die unter derartigen Bedingungen aufgewachsen sind, haben kein Ur-Vertrauen im Sinne Eriksons (1966) aufbauen können, sondern sind geradezu von einem *Ur-Mißtrauen* erfüllt, das ihren gesamten Bezug zur Umwelt prägt. Charakteristischerweise empfinden sie Angst auch nicht als Signal angesichts einer drohenden Gefahr, sondern als *Vernichtungsangst*, was oft panikartige Reaktionen zur Folge hat (RAUCHFLEISCH 1986).

Bei der Diskussion derartiger Entwicklungen taucht sehr schnell die Frage nach der »Schuld« auf. Viele unserer psychodynamischen Theorien sehen – zumindest in ihren populären Verkürzungen – den Ursprung insbesondere bei den Müttern. Eine solche Sicht ist indes aus zwei Gründen fatal: *Zum einen* zeigen uns die modernen psychoanalytischen Entwicklungstheorien (CHODOROW 1985; HEINEMANN et al. 1992; MERTENS 1990), wie gerade bei der Gewaltproblematik die *Väter* von großer Bedeutung sind und insofern »Abschied von der Schuld der Mütter« zu nehmen ist, wie CHRISTA ROHDE-DACHSER (1989) in ihrer gleichnamigen Arbeit ausgeführt hat. Außerdem ist zu berücksichtigen, daß Eltern mit ihren Kindern ja nicht in einem sozialen Vakuum leben, sondern in ihren Erziehungsaufgaben von der *weiteren Sozietät* unterstützt oder (leider vielfach) im Stich gelassen werden. *Zum anderen* ist eine Kulpabilisierung der Eltern insofern auch verhängnisvoll, als wir ihnen damit nicht nur unrecht tun, sondern in unseren eigenen Gefühlen, in der *Gegenübertragung, den Eltern gegenüber* voreingenommen werden und, ob reflektiert oder nicht, ihnen gegenüber leicht eine feindselige Haltung einnehmen.

Diese wirkt sich zwangsläufig auf den Umgang mit unseren Klientinnen und Klienten aus, da sie die Bilder ihrer Eltern, selbst wenn sie unheilvolle Beziehungsverstrickungen erlebt haben, verinnerlicht haben und die in der Beziehung zu den Eltern gemachten Erfahrungen im Sinne der Objektbeziehungstheorie (KERNBERG 1979) Teil der eigenen Persönlichkeit geworden sind. Jede auch noch so subtile Wendung gegen die realen Eltern ist damit zugleich auch ein kränkender und verletzender Angriff auf zentrale Persönlichkeitsaspekte unserer Klientinnen und Klienten. Außerdem müssen wir uns gerade bei Menschen, die unter gravierenden psychosozialen Problemen leiden, darüber klar sein, daß wir nicht selten auf die Unterstützung durch nahe Bezugspersonen, mitunter auch durch die Eltern, angewiesen sind. Es wäre deshalb therapeutisch völlig kontraproduktiv, wenn wir uns (sei es auch nur atmosphärisch) kulpabilisierend gegen eben diese wichtigen Bezugspersonen richteten.

Aufgrund der beschriebenen Mangelerfahrungen haben sich in diesen Menschen im Verlaufe der Zeit *ungeheure Wünsche und Ansprüche angestaut,* und sie sind von einem unstillbaren Hunger nach Zuwendung und Bestätigung erfüllt. Zugleich bestehen bei ihnen aber auch *große Ängste vor jeder intensiveren mitmenschlichen Nähe* und Verbindlichkeit, so daß sie gerade das fürchten und vermeiden, was sie eigentlich am meisten ersehnen. Verständlicherweise weichen sie deshalb vielfach auf »Ersatzgebiete« aus, indem sie sich Alkohol und andere Suchtmittel einverleiben, sich Gegenstände aneignen oder Menschen ihrer Umgebung zu beherrschen und zu »benutzen« suchen, in der allerdings irrigen Hoffnung, dadurch die innere Leere ausfüllen zu können.

Ein weiterer Störungsbereich ist der der *Autonomieentwicklung.* Die in diesem Buch geschilderten Menschen haben in ihrer Kindheit häufig keine konstruktiven Formen von Abgrenzungs- und Unabhängigkeitsstrebungen entwickeln können und bleiben, wie die beschriebenen Beziehungsstrukturen zeigen, auch im Erwachsenenalter in einer hochambivalenten Weise an ihre Bezugspersonen gebunden. Die Folge dieser Entwicklungsbedingungen ist eine aggressive Aufladung der Selbst- und Objektbilder, wodurch in diesen Persönlichkeiten *ein hohes Gewaltpotential* entsteht. Für das Verständnis der Klienten und das therapeutische Vorgehen erscheint es mir von großer Bedeutung, uns als Betreuende und Behandelnde der Tatsache bewußt zu sein, daß diese Menschen Gewalt nicht nur im innerpsychischen Bereich erlebt haben, sondern Opfer wie Täter in der äußeren Realität waren oder immer noch sind.

Dabei gilt es, wenn immer wir es mit psychosozialen Problemen zu tun haben, insbesondere auch die Dimension der »*strukturellen Gewalt*« zu beachten. Es ist damit die in den Strukturen unserer Gesellschaft inhärente Gewalt (mit ihren Merkmalen der Schädigung anderer Menschen und der eindeutigen Machtdifferenz) gemeint (RAUCHFLEISCH 1992). Gerade bei den hier geschilderten Klientinnen und Klienten, die häufig völlig hilflos den Zwängen und Regeln der sozialen Institutionen ausgeliefert sind und sich in einer geradezu kafkaesken Welt der auch in vielen unserer Einrichtungen wirksamen strukturellen Gewalt bewegen, erkennen wir, welche zentrale Rolle die Gewalt in ihrem Leben spielt.

Die Beziehungen, die die hier geschilderten Klientinnen und Klienten aufnehmen, sind zumeist überladen mit *unrealistischen Erwartungen*, und andere Menschen sind für sie in der Regel nur »Mittel zum Zweck«. Ihre Beziehungen sind nach der psychoanalytischen Theorie nicht objektaler Art, bei der die Bezugspersonen als Individuen mit eigenen Gefühlen und Wünschen wahrgenommen und respektiert würden. Es sind vielmehr *stark funktionalisierte Beziehungen*, die einem narzißtischen Muster folgen. Die Bezugspersonen sind nur insofern von Interesse, als sie für diese Menschen eine bestimmte Funktion erfüllen. Sobald sie dies nicht mehr tun, werden sie gegen andere »ausgewechselt«. Man darf diese Aussage indes nicht im wertenden Sinn verstehen, sondern muß sich darüber klar sein, daß die hier geschilderten Menschen aufgrund ihrer Lebenserfahrungen nichts anderes als einen solchen Beziehungsstil kennengelernt haben und deshalb auch gar keine Möglichkeit besitzen, eine andersartige Beziehung zu pflegen. Sie haben gelernt, daß andere Menschen für sie vor allem – und nur so lange – von Bedeutung sind, wie sie die Erfüllung ihrer Wünsche nach Zuwendung, Unterstützung und Ansehen garantieren. Das heißt: Ihr *fragiles Selbstwertsystem* bedarf der permanenten Bestätigung und Stärkung von außen. Können die Bezugspersonen dies nicht mehr, so werden sie »uninteressant«. Nicht selten richtet sich gegen sie nun aber auch – aus

Enttäuschung – ungeheurer Haß, da sie die in sie gesetzten Erwartungen nicht erfüllen.

Die frühkindlichen Entwicklungsbedingungen von Menschen mit schwerwiegenden psychosozialen Problemen führen bei ihnen zu spezifischen *ich-strukturellen Störungen* in der Wahrnehmung und Steuerung ihrer Gefühle sowie zu Beeinträchtigungen in den Funktionen, die sie benötigen, um sich in der Sozietät bewegen zu können. Vieles von ihrer inneren Befindlichkeit und von der sozialen Realität nehmen sie nicht oder durch ihre Ängste und Hoffnungen verzerrt wahr. Betroffen sind insbesondere die nach psychoanalytischer Theorie dem Ich zuzuordnenden Funktionen der *Realitätsprüfung* sowie der *Fähigkeit, realistische Zukunftsentwürfe zu entwickeln* und sich vor einer *Überflutung durch innere und äußere Reize* zu schützen. Im Bereich der sogenannten *Abwehrmechanismen* herrschen archaische (vor allem aus der frühen Kindheit stammende) Formationen vor: Wir finden insbesondere die Mechanismen der Spaltung (der betreffende Mensch vermag die »guten« und »bösen« Teilqualitäten einer anderen oder auch der eigenen Person nicht gleichzeitig – ambivalent – wahrzunehmen, sondern erlebt diese je absolut als unvereinbare Gegensätze, wobei es charakteristischerweise immer wieder zu einem abrupten Umschlag in das gegenteilige Gefühl kommt), der *Projektion* (eigene, bei sich selber aber nicht akzeptierte Gefühle und Impulse werden in anderen Menschen gesehen und dort oft heftig bekämpft), *Verleugnung* von Aspekten der sozialen Realität und der inneren Befindlichkeit sowie *Idealisierungen* und *Entwertungen* von Bezugspersonen.

Diese Mechanismen dienen zwar ursprünglich dem Schutz der Persönlichkeit vor dem Gewahrwerden der inneren Konflikte, vor der daran gebundenen unerträglichen Angst und vor dem Überflutetwerden durch Aggression. Sie sind insofern »Erhaltungsmechanismen« im Sinn M. MAHLERS (1972). Zugleich wirken sie sich aber auch unheilvoll aus, weil sie die weitere Entwicklung dieser Menschen erheblich beeinträchtigen, indem sie beispielsweise

Reifungsschritte stören, den Realitätsbezug behindern und dazu beitragen, daß diese Menschen viele für ihre soziale Integration wichtige Erfahrungen nicht oder in nur ungenügendem Maße machen (z. B. mangelnde Schul- und Berufsausbildung und Schwierigkeiten beim Erlangen der verschiedensten sozialen Kompetenzen). Die Störung in den Abwehrformationen führt ferner auch zu der charakteristischen *Beeinträchtigung in der Angst- und Spannungstoleranz*. Jede Steigerung von Angst über das gewohnte Maß hinaus löst bei ihnen in der Regel panikartige Reaktionen aus und führt zu erheblichen Ich-Regressionen. Charakteristischerweise kommt es in diesem Zusammenhang auch immer wieder zu *Impulsdurchbrüchen* der verschiedensten Art (Alkohol- und Drogenexzesse, aggressive Durchbrüche, sexuelle Impulshandlungen und ähnliches).

Eine weitere Störungskomponente betrifft die *Gewissensbildung* dieser Menschen (in der psychoanalytischen Theorie das *Über-Ich*). Wir haben es bei ihnen indes keineswegs mit einem Mangel an Gewissensbildung zu tun, selbst wenn sie mitunter straffällig werden und scheinbar »gewissenlos« ihre Umgebung ausnutzen und zu manipulieren versuchen. Die hier geschilderten Menschen haben sehr wohl eine Gewissensinstanz aufgebaut, nur weist sie in ihrer Entwicklung und Struktur häufig spezifische Störungen auf: Ein Teil ihres *Über-Ich*, das *Über-Ich im engeren Sinne*, besteht aus geradezu grausamen, sie stets entwertenden Stimmen, die sich von frühkindlichen traumatischen Beziehungserfahrungen herleiten. Gegen die von diesem Teil ihrer Gewissensinstanz ausgehende Verurteilung und Selbstentwertung suchen sich diese Menschen vor allem durch eine Projektion der selbstquälerischen Impulse auf Menschen in der Umgebung zu schützen. Gegen solche »Über-Ich-Träger« führen sie dann oft einen geradezu verzweifelten Kampf, in der allerdings irrigen Hoffnung, damit die sie verurteilenden Stimmen im eigenen Innern zum Schweigen bringen zu können. Eine weitere Auffälligkeit dieser Menschen liegt im Bereich ihres Über-Ich darin, daß ihre Vorstellungen von dem, was sie als Leitlinie und Idealentwurf vor Augen haben, ihr *Ich-Ideal*, zum Teil enorm überhöht und so hoch geschraubt sind, daß sie diese Ziele in Realität nie erreichen können.

Die Folge dieser Über-Ich-Probleme sind einerseits extreme Selbstentwertungen und Selbstverurteilungen und andererseits so hoch gesteckte Ziele, daß ein Versagen von vornherein programmiert ist. Außerdem kommt es zu einem oft *abrupten Umschlagen* von zentralen Selbstunwertgefühlen zu völlig unrealistischen Größenvorstellungen. Beide Reaktionsweisen sind ihrerseits Ursache vielfältiger sozialer Konflikte und verstärken nochmals die Störungen im Realitätsbezug.

Aufgrund ihrer frühkindlichen Entwicklungsbedingungen ist es bei den hier geschilderten Menschen im Verlaufe des Lebens ferner zu *schwerwiegenden Störungen im narzißtischen Bereich, in ihrem Selbstwerterleben*, gekommen. Zentrale Ohnmachts- und Selbstunwertgefühle stehen unvermittelt neben grandiosen, völlig irrealen Vorstellungen von den eigenen Möglichkeiten. Beide Gefühlzustände sind gleichermaßen extrem und nicht der Realität entsprechend. Wir sehen uns häufig mit einem *pathologischen Größen-Selbst* konfrontiert, das nach dem Konzept von KERNBERG ein Verschmelzungsprodukt ist aus einem pathologischen Real-Selbst (jemand Besonderes zu sein), einem pathologischen Ideal-Selbst (Phantasien von Macht, Reichtum, Allwissenheit, kompensatorisch gegen Erfahrungen von schwerer oraler Frustration, Wut und Neid) und pathologischen Idealobjektbildern (Phantasien von einer unablässig gebenden, grenzenlos liebenden und alles akzeptierenden Elternfigur).

Die narzißtische Störung prägt wesentlich die Beziehungen dieser Menschen. Partnerinnen und Partner ebenso wie Betreuer und Therapeutinnen sind für sie vor allem insofern von Bedeutung, als sie ihnen Befriedigung ihrer Wünsche nach Anerkennung und Geltung garantieren und als idealisierte Menschen zur Aufwertung der eigenen, sich insuffizient fühlenden Person benutzt werden können (BATTEGAY 1991). Auch ihre starke Neigung, sich durch Manipulation anderer Menschen das Gefühl eigener Macht und Größe zu verschaffen, sowie ihre erhöhte Kränkbarkeit und ihre geringe Frustrationstoleranz sind unter anderem Ausdruck der Selbstwertstörung. Diese Probleme sind insbesondere deshalb so verhängnisvoll, weil sie zum einen den ohnehin schon geringen Realitätsbezug immer weiter lockern und zum Ausweichen vor jeglicher Konfrontation mit irgendeiner unangenehmen, belastenden Situation führen. Zum anderen resultieren aus der Selbstwertproblematik gerade bei diesen Menschen so große Schwierigkeiten, weil sie durch ihre vielfältigen sozialen Einschränkungen und ihren Mangel an sozialen Kompetenzen dauernden Kränkungen ausgesetzt sind und kaum über realitätsgerechte Kompensationsmöglichkeiten verfügen.

Gravierende soziale Beeinträchtigungen spielen, wie aus der dargestellten Entwicklungstheorie ersichtlich, in der frühen Lebensgeschichte dieser Menschen eine zentrale Rolle. Sie sind charakteristisch für das aktuelle Erscheinungsbild, sie sind von großer Bedeutung für die Behandlung dieser Klientinnen und Klienten, und sie sind entscheidend für die Prognose ihrer weiteren Entwicklung. Zu den sozialen Beeinträchtigungen gehören etwa die Probleme in der Schul- und Berufsausbildung, die aus der frühen Sozialisation und aus den Heim- und unter Umständen Strafanstaltsaufenthalten resultierenden Beeinträchtigungen wichtiger sozialer Kompetenzen sowie die vielen anderen Folgeerscheinungen wie finanzielle Verschuldung, Wohn- und Arbeitsprobleme und Partnerkonflikte.

Als *Fazit* der hier skizzierten Theorie zur Entwicklung von Menschen mit gravierenden psychosozialen Problemen können wir festhalten: Wir haben es vielfach mit Menschen zu tun, die bereits in frühester Kindheit schwere reale Mangel- und Verlusterfahrungen erlebt haben. Die Folge sind schwerwiegende Beziehungsstörungen, die Ausbildung eines erheblichen Aggressionspotentials sowie Beeinträchtigungen in verschiedenen Ich-Funktionen und im Aufbau der Über-Ich-Instanz. Ferner leiden viele dieser Menschen unter einer zentralen Selbstwertstörung, die sich einerseits in Insuffizienz- und Ohnmachtsgefühlen, andererseits in einem grandiosen Gebaren und starken manipulativen Tendenzen äußert. Man könnte, um eine kurze (wenn auch angesichts des zum Teil unscharf verwendeten, schillernden Begriffs nicht ganz unproblematische) Formel zu verwenden, von einer *Borderline-Organisation der Persönlichkeit* im Sinne KERNBERGS (1979, 1989) sprechen. Ihre spezifische Prägung erhält diese Persönlichkeitsstörung jedoch erst durch die *gravierenden sozialen Schwierigkeiten,* die für die Entwicklung und die aktuelle Situation dieser Menschen charakteristisch sind und die für das betreuerische und therapeutische Vorgehen von ausschlaggebender Bedeutung sind.

Es sei an dieser Stelle noch ausdrücklich darauf hingewiesen, daß eine derartige Charakterisierung eine große Gefahr in sich birgt: Sie erscheint wie eine Summierung von »Defiziten«. Eine solche Sicht wäre jedoch aus drei Gründen verhängnisvoll: Zum einen würde sie der realen Situation unserer Klienten nicht gerecht, denn selbst bei schwersten psychopathologischen Zuständen haben wir nie Menschen vor uns, die nur aus »Defiziten« bestehen. Zum anderen müßten wir, wenn wir eine derartige Haltung einnähmen, den Klienten völlig hilflos und resigniert gegenüberstehen und eine wie auch immer geartete Betreuung und Behandlung als »aussichtslos« ablehnen. Zum dritten könnten wir gar nicht mit Menschen arbeiten, bei denen wir uns nicht auf intakte Persönlichkeitsanteile stützen und Ressourcen erschließen könnten. Mehr noch als andere Klienten fordern uns deshalb Menschen mit schwerwiegenden psychosozialen Problemen zu einem radikalen Umdenken heraus, geradezu zu einem Paradigmenwechsel, indem wir nicht mehr in erster Linie von der psychischen und sozialen Pathologie ausgehen dürfen, sondern im Sinne der *Salutogenese* (HORNUNG 1988; TRESS 1986, 1987) unser Augenmerk insbesondere auf die *intakten Bereiche und Funktionen und auf die positiven Entwicklungsmöglichkeiten der Klientinnen und Klienten* richten müssen.

2. Die Aufnahme der Behandlung

Fallbeispiele scannen
→ Folie

Ein Mitarbeiter einer Sozialdienststelle rief mich an und bat mich dringend um einen Termin für seinen Klienten, Herrn Gruber (Pseudonym). Der 28jährige Mann habe sich vor einigen Wochen mit der Bitte um Hilfe bei der Schuldensanierung an ihn gewendet und sei ihm damals gleich durch seine »Weltfremdheit« und einen »chaotischen Lebensstil« aufgefallen. Je besser er Herrn Gruber nun kennengelernt habe, desto mehr habe er den Eindruck gewonnen, dieser Klient sei wegen vielfältiger psychischer Probleme gar nicht in der Lage, das Angebot wahrzunehmen, das der Sozialarbeiter der Schuldensanierungsstelle ihm mache.

Am Tag unseres ersten Treffens rief Herr Gruber drei Stunden vor dem vereinbarten Termin bei mir an und bat mich inständig, ihn doch schon jetzt zu empfangen. Er befinde sich in großer Not und brauche dringend sofortige Hilfe. Meinen Hinweis, ich könne ihm leider keinen früheren Termin anbieten, quittierte er mit offenkundiger Enttäuschung und äußerte am Ende unseres Telefongesprächs, er werde auf jeden Fall schon vor der vereinbarten Zeit bei mir sein; vielleicht sei ich ja doch schon etwas früher frei. Die so schon vor Beginn der Behandlung sich zeigende Art seiner Beziehungsaufnahme prägte auch unsere erste Sitzung: Herr Gruber stürmte in mein Zimmer, breitete eine Fülle von Unterlagen (Mitteilungen des Arbeitsamtes, Kopien seiner Bewerbungen an verschiedenen Arbeitsstellen, Lohnabrechnungen etc.) auf meinem Tisch aus und überschwemmte mich förmlich mit Wünschen nach Unterstützung, die ich ihm bei der Lösung der verschiedensten sozialen Probleme leisten sollte: Seit längerer Zeit suche er vergeblich eine Arbeit; es bestünden schwerwiegende Konflikte mit den Eltern und mit einer Freundin; er habe sich auch durch Aufnahme eines Privatkredits massiv verschuldet und könne seinen monatlichen finanziellen Verpflichtungen (Miete, Versicherungen etc.) nicht mehr nachkommen; außerdem leide er unter Schlafstörungen und Ängsten und merke zunehmend, daß er an der »Rücksichtslosigkeit« seiner Umgebung »kaputtgehe«. Alle diese Klagen präsentierte Herr Gruber in einer gehetzt wirkenden Art, wobei er von einem Thema zum andern sprang und sich zu keinem kohärenten

Gespräch anregen ließ. Ich fühlte mich durch das bedrängende, sich anklammernde Verhalten von Herrn Gruber und durch seine chaotische Art verstört und ohnmächtig angesichts der Fülle der schwierigen sozialen und emotionalen Probleme, mit denen er mich konfrontierte.

Völlig anders sah das »Eröffnungsmanöver« (BLANCK und BLANCK 1978, 1979) von Herrn Kurz (Pseudonym), einem 25jährigen Mann, aus, der mir von einer Sozialarbeiterin einer auswärtigen Justizbehörde angemeldet worden war: Herr Kurz hatte wegen Diebstählen, Veruntreuungen, Betrugs etc. bereits mehrere Haftstrafen hinter sich. Bei der letzten Verhandlung war vom Gericht die Auflage (nach Art. 43 Schweizer StGB) einer ambulanten Psychotherapie ausgesprochen worden. Den Termin, den ich der Sozialarbeiterin gab, sagte Herr Kurz zwei Tage später telefonisch ab. Da er mich nicht persönlich erreichen konnte, hinterließ er seine Telefonnummer und bat darum, ich möge zurückrufen und ihm einen neuen Termin geben. Als ich das versuchte, stellte sich indes heraus, daß die vom Patienten angegebene Nummer keinen Anschluß mehr hatte. Die von der Auskunft zu erhaltende Information lautete, Herr Kurz sei verzogen. Nach zwei Wochen meldete er sich wiederum und hinterließ diesmal eine andere Telefonnummer bei der ich anrufen solle. Aber auch über diese Nummer war es nicht möglich, den Patienten selber zu erreichen. Es war die Nummer einer Agentur, die Telefongespräche für verschiedene Abonnenten entgegennahm und die Telefonnummer notierte, mit dem Hinweis, der Abonnent werde später zurückrufen. Wieder verging eine Woche, bis Herr Kurz sich meldete. Bei diesem Anruf gab er der Sekretärin die Nummer eines Autotelefons an und äußerte empört, er habe es langsam satt, auf Termine von mir zu warten, ich solle mich schleunigst bei ihm melden. Ich erreichte ihn über die Nummer des Autotelefons schließlich tatsächlich, und wir vereinbarten einen Termin für ein erstes Gespräch. Dabei verwies Herr Kurz ausdrücklich darauf, daß er wegen seiner vielfältigen beruflichen Verpflichtungen eigentlich wenig Zeit habe. Er wolle es aber trotzdem versuchen, den Termin bei mir noch »dazwischenzudrücken«.

Zwanzig Minuten vor dem vereinbarten Termin telefonierte Herr Kurz (wiederum, wie er mir ausdrücklich sagte, über sein Autotelefon) und fragte nach der genauen Zeit unseres Treffens. Er sagte, er werde sich bemühen, pünktlich zu sein, könne diesbezüglich aber nichts versprechen, da er sich im Moment noch, ein Stück von Basel entfernt, auf der Autobahn befinde. Zehn Minuten später rief er wieder an, verlangte aber nicht mich persönlich, sondern ließ mir von der Sekretärin ausrichten, er sei auf der Autobahn in einen Stau geraten und werde sich deshalb verspäten. Fünf Minuten vor dem abgemachten Termin telefonierte er nochmals, verlangte nun mich persönlich und teilte mir mit, daß er wegen des Verkehrsstaus sicher eine halbe Stunde zu spät kommen werde. Herr Kurz erschien dann exakt zu der Zeit, als die vereinbarte Besprechung mit mir eigentlich hätte beendet sein sollen. Da ich die Möglichkeit hatte, ihm etwas mehr Zeit einzuräumen, als urprünglich vorgesehen, bat ich ihn, noch in mein Zimmer zu kommen, damit wir uns kennenlernen und einen nächsten Termin abmachen könnten.

Herr Kurz stellte ein großes, imposant wirkenden Autotelefon zwischen uns auf den Tisch und ließ sich mit einem tiefen Seufzer in den Stuhl fallen. Dann entwarf er, unterstrichen von grandiosen Gesten, von sich das Bild eines gehetzten Geschäftsmannes, der eine eigene Speditionsfirma betreibe und nun – wegen der »dauernden Überlastung« – daran sei, sein Unternehmen etwas »abzubauen«: Er habe bereits fünfzehn Fahrer entlassen. »Aber immer noch sind meine Wagen überall in Europa auf den Straßen. Gerade eben habe ich mit dem Fahrer eines Lastwagens verhandeln müssen, der auf der Fahrt nach Skandinavien ist und Probleme bei der Fähre hatte«.

Diese großartige Schilderung und das grandiose Gebaren des Patienten dabei standen indes in einem krassen Widerspruch zur äußeren Realität. Aus den Akten, die mir die für ihn zuständige Justizbehörde zur Einsicht überlassen hatte, wußte ich, daß er keiner Berufstätigkeit nachging, erhebliche Schulden hatte und zur Zeit unseres Gesprächs von der Unterstützung durch das Fürsorgeamt lebte. Die ganze Demonstration seiner großen »Bedeutung« (von den verschiedenen Telefonnummern und dem bombastischen Autotelefon angefangen bis zum Bericht über seine Speditionsfirma) stellte den im Grunde verzweifelten Versuch dar, sich narzißtisch aufzublähen und damit seine zentralen Insuffizienz- und Ohnmachtsgefühle zu überdecken. Dabei präsentierte Herr Kurz sich mir gegenüber nicht nur in der erwähnten großspurigen Art, sondern verhielt sich auch ausgesprochen provokativ, indem er wiederholt betonte, er habe eigentlich überhaupt keine Zeit für Therapiesitzungen, er habe »Wichtigeres zu tun«. Er könne allenfalls ver-

25

suchen, »hier und da einen Termin dazwischenzudrücken«, könne aber keinesfalls garantieren, daß er dann auch wirklich die Termine einhalte. Überhaupt halte er eine Therapie für völlig unsinnig, er wisse gar nicht, was »der ganze Unsinn hier« bedeuten solle. Da das Gericht nun aber eine Behandlung angeordnet habe, werde er sich dieser Anordnung wohl fügen müssen, »es ist immerhin noch besser als der Knast«.

Ich habe mit den beiden kasuistischen Vignetten zwei ganz verschiedene Formen der Beziehungsaufnahme beschrieben, die für das erste Zusammentreffen mit Menschen mit gravierenden psychosozialen Problemen charakteristisch sind. Wir sehen uns entweder völlig verzweifelten, sich von Anfang an an uns klammernden Klientinnen und Klienten gegenüber, oder wir treffen auf Menschen, die uns – zumindest durch ihr manifestes Verhalten – signalisieren, daß sie eigentlich nichts mit uns zu tun haben möchten und nur auf Grund eines äußeren Drucks zu uns kommen. In beiden Fällen lösen sie bei den Professionellen häufig Rückzugstendenzen und mitunter sogar heftigste Abwehrreaktionen aus, auf welche die Klienten ihrerseits dann mit massiver Aggression und eigenem Rückzug reagieren.

Untersucht man solche Formen der ersten Kontaktnahme genauer, so kann man feststellen, daß das Problem nicht ausschließlich bei den Klientinnen und Klienten liegt (obwohl wir es oft vor allem bei ihnen wahrnehmen), sondern ebenso uns Professionelle angeht. Gewiß verhalten sich Klienten wie Herr Gruber und Herr Kurz oft in einer provozierenden, durch die unerfüllbaren Erwartungen uns geradezu erdrückenden Weise. Doch muß das noch längst nicht heißen, daß wir darauf ablehnend reagieren. Spüren wir den Motiven dieser Ablehnung nach, so stellen wir bei uns vor allem die Gefühle der Hilflosigkeit und der Gekränktheit fest. So kann es schon bei der ersten Kontaktnahme dieser Klienten mit uns zu heftigen Konflikten kommen, die mitunter dazu führen, daß eine Betreuung oder Behandlung, noch ehe sie richtig begonnen hat, bereits wieder abgebrochen wird.

26

Der zweite Grund für die Schwierigkeiten, mit denen wir uns bei diesen Menschen konfrontiert sehen, liegt darin, daß die Mitarbeiterinnen und Mitarbeiter aller Dienste sich letztlich von ihnen erheblich überfordert fühlen und deshalb in ablehnender Weise reagieren. Von Psychotherapeutinnen und -therapeuten hört man in solchen Fällen häufig den Einwand, bei diesen Klienten bestünden in erster Linie schwerwiegende soziale Probleme, die im Rahmen einer Psychotherapie nicht lösbar seien. Man könne allenfalls an eine Behandlung denken, wenn die soziale Situation saniert sei. Außerdem seien die Klienten nur an materiellen Zuwendungen, an einem Arbeitsplatz, einer Wohnung und an anderen Formen der Unterstützung interessiert. Motivation für eine Psychotherapie ließen sie hingegen nicht erkennen. Auch aus diesem Grunde sei eine Behandlung nicht indiziert.

Von den Mitarbeitern der verschiedenen Sozialdienste, der Arbeitsämter, der kirchlichen Einrichtungen und anderer Beratungsstellen hingegen erfahren wir, daß sie sich zwar der sozialen Schwierigkeiten dieser Klienten annehmen könnten, sich aber hoffnungslos überfordert fühlen angesichts der emotionalen Probleme der Ratsuchenden. Sie erleben im Umgang mit dieser Art von Klienten vielfach in fast stereotyper Weise die gleiche Situation: Sie erarbeiten Budgetpläne, organisieren Schuldensanierungen, leiten Rehabilitationsmaßnahmen ein, sind bei der Wohnungssuche behilflich oder bemühen sich um andere Formen der sozialen Integration. Doch kaum geht es um die Realisierung dieser Pläne, so stoßen sie bei den – zunächst doch so auf Hilfe dringenden – Ratsuchenden auf massiven Widerstand. Sei es, daß die Angebote den Klientinnen »nicht gut genug« sind, sei es daß Abmachungen von den Klientinnen nicht eingehalten oder ganz offen boykottiert werden – immer findet sich »ein Haar in der Suppe« und führt dazu, daß mitunter wochenlange Arbeit der Professionellen mit einem Schlag zunichte gemacht wird. Dies löst bei den Betreuern verständlicherweise Ärger, aber auch Resignation aus und läßt in ihnen mit Recht den Eindruck entstehen, diese Klientinnen könnten eigentlich nicht von den sozialarbeiterischen Angeboten profitieren, sie benötigten zunächst dringend eine Psychotherapie, in der die emotionalen Probleme aufgearbeitet würden, die sich behindernd auf die sozialen Integrationsbemühungen auswirkten.

Eine Besonderheit in der Arbeit mit Menschen, die unter schwerwiegenden psychosozialen Problemen leiden, liegt darin, daß es bei ihnen eine Einstiegsphase, das heißt einen sich langsam entwickelnden Prozeß des Beziehungsaufbaus (im Sinne der psychoanalytischen Theorie: eine sich im Verlaufe der Zeit konstituierende, umfassende, konsistente Übertragung) nicht gibt. Wie bei den beiden Beispielen beginnt die Betreuung oder Therapie oft, bildhaft gesprochen, mit einem »Paukenschlag«. Kaum haben die Klienten unser Zimmer betreten, haben sie uns bereits tief in ihre Probleme hineingezogen. Auch wenn sich selbstverständlich im Verlauf der Begleitung und Behandlung Entwicklungen in den verschiedenen Lebensbereichen abzeichnen, muß man doch oft feststellen, daß die Dynamik, die bei den ersten Begegnungen zutage tritt, während eines großen Teils der Behandlung bestimmend bleibt. Das heißt mit anderen Worten: Im Grunde sind wir bei diesen Klientinnen und Klienten vom ersten Moment an mit den Verhaltensweisen und Mechanismen konfrontiert, die im Zentrum ihrer Probleme stehen und auf die sich unsere Arbeit während längerer Zeit richten muß.

Aus diesem Grund werde ich den Einstieg in die Betreuung und Therapie recht ausführlich darstellen. Hinzu kommt die Hoffnung, daß sich durch die Reflexion der Verhaltensweisen und Gefühle, mit denen uns die Klienten zu Beginn unserer Beziehung konfrontieren und die sie in uns auslösen, Angst und Ablehnung bei den Professionellen abbauen lassen. Vielleicht gelingt es dadurch auch, zur Übernahme solcher Betreuungen und Behandlungen zu ermuntern, indem deutlich wird, daß es bei allen Schwierigkeiten, vor die wir uns gestellt sehen, ausgesprochen

28

interessante Begleitungen sind, die uns in beruflicher wie persönlicher Hinsicht herausfordern.

Bei der Frage, welches die besonderen Bedingungen beim Beginn von Beratungen, Betreuungen und Behandlungen von Menschen mit schweren psychosozialen Problemen sind, sehen wir uns vor allem mit drei Problemkreisen konfrontiert, die wir bei anderen Klientinnen und Klienten in dieser Form oder Ausprägung nicht finden. Es sind die bereits erwähnte *Fremdmotivation*, bei Straffälligen oft in der speziellen Form einer vom Gericht auferlegten Therapie, die zum Teil massive *Ablehnung und Entwertung*, die viele dieser Klienten den Angeboten der Professionellen gegenüber zeigen, und die oben ebenfalls schon beschriebene *anklammernde, verzweifelt Hilfe suchende Haltung*, die bei den Therapeutinnen und Beratern nicht selten zum Gefühl totaler Überforderung führt. Da diese spezifischen Bedingungen oft zu Konflikten und zu den erwähnten Gefühlen der Hilflosigkeit und des Sich-provoziert-Fühlens auf seiten der Professionellen führen, soll im folgenden ausführlicher auf die damit zusammenhängenden Probleme eingegangen werden.

Die Fremdmotivation

Mit Recht lautet ein Grundsatz der ethischen Richtlinien, an die wir uns in unserem beruflichen Handeln gebunden fühlen, daß wir niemandem unsere therapeutischen Leistungen gegen seinen Willen aufdrängen dürfen. Und zweifellos ist es angenehm für uns, mit Klientinnen und Klienten zu arbeiten, die einen gewissen Leidensdruck spüren und uns zu vermitteln vermögen, daß sie selber an der von uns angebotenen Beratung, Begleitung oder Therapie interessiert sind (ADLER et al. 1996). Besteht ein solcher Leidensdruck, resultiert daraus eine tragfähige Mitarbeitsbereitschaft und kommt gar noch eine gewisse Introspektionsfähigkeit hinzu, so treffen wir auf Bedingungen, die uns die Arbeit erheblich erleichtern.

Auch wenn es zunächst nicht so erscheinen mag, geht es dabei jedoch nach meiner Erfahrung nicht in erster Linie um ein behandlungs*technisches* Problem. Vielmehr wird die Diskussion der bestehenden oder fehlenden Behandlungsmotivation in starkem Maße von der emotionalen Reaktion der Professionellen bestimmt, die sich durch das »nichtmotivierte« Verhalten von Klienten in ihrem beruflichen Engagement mißachtet und deshalb persönlich gekränkt fühlen. Solche vorwiegend emotionalen Stellungnahmen finden wir auch in der Literatur. Dort, wie auch in Fachdiskussionen, verbergen sich solche irrationalen Ablehnungen üblicherweise hinter Argumenten, die zwar auf den ersten Blick rational begründet erscheinen, bei genauerer Untersuchung jedoch als Motiv vor allem die persönliche Gekränktheit erkennen lassen.

Charakteristischerweise lesen oder hören wir in solchen Situationen nichts von den persönlichen (Gegenübertragungs-)Gefühlen der Gekränktheit, des Sich-provoziert-Fühlens oder der eigenen Wut und Hilflosigkeit, welche die Klienten in den Professionellen auslösen. Wir erfahren vielmehr lediglich, diese oder jene Klientengruppe sei wegen der fehlenden Therapiemotivation und der Unfähigkeit, ein tragfähiges Arbeitsbündnis einzugehen, »unbehandelbar«. Hier nehmen wir das eigene emotionale Problem, das solche Klienten in uns Professionellen auslösen, nicht bei uns selbst wahr, sondern entledigen uns aller unangenehmen Gefühle durch einen Akt der Gegenaggression, indem wir von denen, die *uns* nicht wollen, sagen, daß *wir* sie ja auch gar nicht nehmen würden. Wir setzen zur Abwehr der uns tief verletzenden Kränkung den Mechanismus der *Verkehrung ins Gegenteil* ein, das heißt die Verkehrung der *Passivität*, des Erleidens der Kränkung, trotz unseres Engagements von den Klienten zurückgestoßen zu werden, in die *Aktivität*, indem wir den uns ablehnenden Klienten mit unserer sich fachlich legitimierenden Ablehnung zuvorkommen. Hätte dieser Mechanismus nicht so fatale Konsequenzen, so könnte man von einer Situation sprechen, die nicht einer gewissen Komik entbehrt, ist doch die Verkehrung ins Gegenteil ein von gerade diesen Klienten bevorzugt eingesetzter Abwehrvorgang, mit dessen Hilfe sie sich – gleich wie wir – vor unerträglichen Kränkungen zu schützen suchen.

Leider führt diese Parallelität im Abwehrverhalten keineswegs zu einem besonders großen Verständnis unsererseits gegenüber solchen »schlecht motivierten« Klienten. Im Gegenteil. Immer wieder werden wir auch in der Fachliteratur – beispielsweise von KERNBERG (1989) – geradezu davor gewarnt, uns auf die Behandlung »antisozialer Persönlichkeiten« einzulassen: »Bei der antisozialen Persönlichkeit ist die Prognose für alle psychoanalytisch fundierten Behandlungsformen außerordentlich ungünstig, und man sollte sie wahrscheinlich gar nicht mit den üblichen Formen der Psychotherapie behandeln« (KERNBERG, a. a. O. S. 249). Eine solche sachlich nicht zu begründende Stellungnahme mutet gerade von einem Autor wie KERNBERG, der uns viele auch für die Behandlung solcher Klienten wichtigen Hinweise geliefert hat, mehr als befremdlich an. Ich möchte in diesem Zusammenhang ausdrücklich betonen, daß ich KERNBERG hier nur als einen der bekanntesten Exponenten dieser Art von Argumentation nenne und daß die Leserinnen und Leser aus meiner Kritik an dieser ganz spezifischen Haltung keine prinzipielle Kritik an den von KERNBERG entwickelten theoretischen und therapeutischen Konzepten heraushören sollten. Mir scheint vieles von den KERNBERGschen Konzepten bei Klienten mit gravierenden psychosozialen Problemen und mangelnder Behandlungsmotivation durchaus anwendbar zu sein. Wir sollten uns jedoch hüten, auf die in der Zurückweisung unserer Angebote liegende Provokation aufgrund eigener Gekränktheit mit einer Entwertung und Ablehnung solchen Klienten gegenüber zu reagieren.

Gerade wenn wir mit psychoanalytischen Modellvorstellungen arbeiten, sind wir doch daran gewöhnt, nicht beim vordergründig Sichtbaren stehenzubleiben und uns nicht mit der uns präsentierten Oberfläche zufriedenzugeben. Üblicherweise befragen wir die uns dargebotenen Phänomene ja auf ihren dynamischen Hintergrund und suchen Aufschluß über die latenten Motive. Um wieviel mehr müßten wir unser psychoanalytisches Rüstzeug bei einem Problem wie der »fehlenden Behandlungsmotivation« einsetzen, bei einem so provozierenden, uns an die Grenzen unserer beruflichen Fähigkeiten führenden Verhalten. Eine derartige Analyse setzt allerdings zumindest eine gewisse emotionale Distanz bei uns voraus. Es ist eine Haltung, die wir in der Therapie als *gleichschwebende Aufmerksamkeit* bezeichnen, das heißt die Fähigkeit, das, was die Klienten uns präsentieren, nicht von vornherein zu bewerten, sondern alles als gleich wichtig zu betrachten, und den Klienten gegenüber eine Haltung der *technischen Neutralität* einzunehmen. Damit ist die gleichmäßige Distanz zu den die intrapsychischen Konflikte der Patienten bestimmenden Kräfte gemeint, nicht jedoch mangelnde Empathie oder Wärme. Es gilt – und dies ist gerade in Behandlungen und Betreuungen von Menschen mit schwerwiegenden psychosozialen Problemen wichtig –, als Therapeutin und Begleiter, bildhaft gesprochen, »den Kopf über Wasser zu behalten« und sich nicht in den Sog der emotionalen und sozialen Probleme in einem solchen Ausmaß hineinziehen zu lassen, daß wir unsere professionelle Handlungsfähigkeit verlieren.

Gelingt es uns, eine Haltung der gleichschwebenden Aufmerksamkeit mit technischer Neutralität in der geschilderten Art einzunehmen (was zugegebenermaßen bei der zum Teil massiven Zurückweisung und Entwertung, die wir durch Klienten der hier geschilderten Art erfahren, nicht leicht ist), so werden wir feststellen können, daß es etliche – aus der Sicht der Betroffenen gravierende – Gründe für sie gibt, sich möglichst nicht auf unsere Behandlungsangebote einzulassen. Es sind in dieser Hinsicht vor allem die folgenden Schwierigkeiten, mit denen die Klientinnen und Klienten sich konfrontiert sehen:

Aufgrund ihrer lebensgeschichtlichen Erfahrungen besteht bei ihnen oft eine ausgesprochene *Ambivalenz gegenüber intensiveren Beziehungen:* Einerseits ruft eine Situation, in der Abhängigkeit erlebt wird, ungeheure Ängste hervor. Andererseits wird sie aber auch als symbiotische Beziehung ersehnt. Wegen dieser hochambivalenten Gefühle befinden sich viele der hier geschilderten Klienten in einem »Sehnsucht-Angst-Dilemma« (BURNHAM 1969). Dies äußert sich in der sozialarbeiterischen und therapeutischen Beziehung in höchst widersprüchlichen Gefühlsäußerungen und Verhaltensweisen, indem die Klienten nach uns greifen und uns auf jede nur mögliche Art an sich zu binden versuchen, uns zugleich aber auch mit aller Macht von sich stoßen, weil sie die eigentlich ersehnte Nähe nicht ertragen.

Eine weitere psychodynamische Wurzel der »mangelnden Behandlungsmotivation« liegt in der Tatsache, daß die *Selbst- und Objektbilder* bei Menschen mit schweren psychosozialen Störungen häufig *stark aggressiv besetzt* sind. Sie haben von früher Kindheit an eine Fülle von Gewalt erlebt, und zwar als Opfer ebenso wie als Täterinnen und Täter destruktiver Aggression, wodurch sie für die Dimension der Gewalt höchst sensibilisiert sind. Stellen wir ihnen eine Behandlung und damit eine intensivere Beziehung zu uns in Aussicht, so wird durch die damit gegebene Nähe in ihnen die massive Angst ausgelöst, sich selbst oder die Betreuerinnen und Therapeutinnen zu »zerstören«. Die Klienten befinden sich insofern in einer besonders schwierigen Situation, als sie die destruktive Aggression in ihrem bisherigen Leben nicht nur als ein innerseelisches, sich im Phantasiebereich manifestierendes Problem erfahren haben, sondern in der sozialen Realität die verheerenden Folgen der Gewalt als Opfer wie als Täter erlebt haben. Aus diesem Grunde ist es verständlich, daß sie Beziehungen, wie wir sie in Therapien anbieten, zutiefst fürchten, weil dadurch die ganze destruktive Aggressionsproblematik in ihnen wieder aktualisiert würde.

Ein anderes psychodynamisches Motiv für die »fehlende

Motivation« ist die Angst, daß in der Behandlung die *Wunden früherer traumatisch erlebter Beziehungserfahrungen* wieder aufgerissen werden. Wie im ersten Kapitel geschildert, haben Klientinnen und Klienten der hier geschilderten Art in ihrer Kindheit und Jugend, bis auf den heutigen Tag, in ihren Beziehungen eine Fülle von Enttäuschungen und Verletzungen erlebt. Verständlicherweise fürchten sie, daß sich solche Erfahrungen nun auch in der therapeutischen Beziehung wiederholen könnten. Leider gibt ihnen die Realität oft recht, weil diese Klienten nicht selten von einer Institution zur nächsten geschickt werden und die Beziehungen zu den Vertretern der verschiedenen Dienste immer wieder abbrechen. Das macht die Angst der Klienten vor erneuten Enttäuschungen und Verletzungen natürlich immer größer und läßt sie deshalb Therapie- und Betreuungsangebote um so entschiedener zurückweisen. Bei der Beziehungsproblematik der Klienten ist auch zu berücksichtigen, daß sie aufgrund ihrer bisherigen Erfahrungen ein Stück ihrer Identität darin gefunden haben, stets das Opfer zerstörerischer Beziehungsangebote zu sein. Wenn die Betreuungen und Behandlungen nun »bessere« Beziehungserfahrungen versprechen, löst dies bei ihnen keineswegs Erleichterung aus, sondern stürzt sie, so paradox es erscheinen mag, in tiefe Ängste, da sie ihre negative Identität durch die neuen, »besseren« Beziehungserfahrungen bedroht fühlen. Nicht zuletzt aus diesem Grund ist es ihnen oft unmöglich, von sich aus, gut motiviert, eine Betreuung oder Behandlung aufzusuchen.

Auch aufgrund der *narzißtischen Störung*, unter der viele der hier geschilderten Klientinnen und Klienten leiden, kann für sie das Angebot einer Behandlung oder Begleitung unerträglich sein. Sie fühlen sich dadurch aufs schwerste gekränkt, bedeutet für sie doch die Zusage einer Betreuung, sich ihre Insuffizienz und Ohnmacht eingestehen zu müssen. In ihrer Kindheit befanden sich viele dieser Menschen – real – in traumatisierenden Situationen, denen sie hilflos ausgeliefert waren. Im späteren Leben ist es deshalb ihr Bestreben, derartige schmerzliche, ihr ohnehin gestörtes

34

narzißtisches Gleichgewicht noch weiter unterhöhlende Erfahrungen um jeden Preis zu vermeiden.

Ferner ist zu berücksichtigen, daß hinter dem »Fehlen« einer Behandlungsmotivation und der mitunter sogar ausdrücklichen Ablehnung jeglicher Therapie und Begleitung *völlig gegensätzliche Wünsche* stehen können. Das den Klienten selbst oft unbewußte Ziel eines solchen Verhaltens ist etwa, uns Professionelle auf unsere Verläßlichkeit und Tragfähigkeit hin zu prüfen. Die hinter der »mangelnden Motivation« stehende Frage lautet in diesem Falle etwa: »Ist die Therapeutin/der Sozialarbeiter bereit, sich für mich zu engagieren, selbst wenn ich sie/ihn permanent zurückstoße?« Dieses *Austesten* der Behandelnden kann mitunter ausgesprochen manipulative Züge annehmen und die Begleitung solcher Klienten außerordentlich schwierig machen. Neben dem zentralen Mißtrauen, das hinter einer solchen Haltung steht, werden auch *Grandiositätsvorstellungen und ungeheure Ansprüche* der Klientinnen und Klienten sichtbar, so etwa die Erwartung, die Professionellen müßten eine schier unendliche Geduld besitzen und auf jegliche Bedingung eingehen, welche die Klienten ihnen diktieren.

Zu bedenken ist auch, daß die *sozialen Beziehungen* vieler Menschen mit schwerwiegenden psychosozialen Problemen sich im allgemeinen durch eine große Instabilität auszeichnen. Die frühkindlichen Beziehungserfahrungen (häufige Beziehungsabbrüche, Wechsel der Pflegepersonen, emotional instabile Beziehungen) haben dazu geführt, daß sie auch als Erwachsene flüchtige, häufig wechselnde Kontakte eingehen. Die jeweiligen Partnerinnen und Partner werden kaum als eigenständige Individuen wahrgenommen, sondern erfüllen für die Klienten in erster Linie eine Funktion. Meist dienen sie der Stabilisierung des beeinträchtigten Selbstwertgefühls. Angesichts dieses Kommunikationsstils, der sich im Verlauf der Zeit immer mehr verfestigt, ist es nicht verwunderlich, wenn auch die Beziehung zu Therapeutinnen, Seelsorgern und Sozialarbeiterinnen einem solchen narzißtischen Muster folgt und der Kontakt zu ihnen oft abrupt abgebrochen wird, sobald sie nicht mehr die von den Klienten erwartete Funktion erfüllen. Das Eingehen einer verbindlichen, auf längere Zeit hin angelegten Beziehung, wie sie in Behandlungen und sozialen Betreuungen stattfindet, widerspricht völlig der inneren Situation der hier geschilderten Klienten und ihrem bisherigen Lebensstil.

Schließlich sind bei Betreuungen und Behandlungen, die im Rahmen von Institutionen angeboten werden, auch *gruppendynamische Prozesse* zu berücksichtigen. Diese können beispielsweise dazu führen, daß die Klientinnen und Klienten fürchten, ein allzu offenkundiges Interesse an einer Zusammenarbeit mit den Professionellen könne von den anderen Klienten der Institution oder auch vom Personal als Zeichen der Schwäche interpretiert werden. Um des sozialen Prestiges willen und zum Schutz vor narzißtischen Kränkungen müssen sich solche Klienten deshalb allen Therapie- und Betreuungsangeboten gegenüber – zumindest in der Peer-Gruppe – ablehnend verhalten.

Das sind nur einige der wichtigsten Motive, die dem zugrunde liegen, was sich als »fehlende Behandlungsmotivation« präsentiert. Im Umgang mit einzelnen Klientinnen und Klienten kommt es darauf an, genau zu untersuchen, welche Dynamik hinter der Ablehnung unserer Angebote steht. Selbstverständlich – und darauf sei hier noch einmal ausdrücklich hingewiesen – dürfen wir Menschen, die unsere noch so gut gemeinte Hilfe nicht annehmen wollen, nicht dazu zwingen, sondern müssen ihre Entscheidung respektieren, auch wenn sie uns verfehlt erscheint. Dieser Respekt vor der überlegten, bewußt getroffenen Entscheidung der Klienten gegen unsere Angebote ist jedoch etwas völlig anderes als unser gekränkter Rückzug, nur weil die Klienten uns nicht mit offenen Armen empfangen und weil sie uns ihre Not nicht verständlich zu machen vermögen.

Es wäre allerdings ein Irrtum anzunehmen, wir fänden eine Zurückweisung (nichtmotivierter) Klientinnen und Klienten nur in therapeutischen Kreisen. Die Motivation ist heute in nahezu allen sozialen Institutionen zu einer Kern-frage geworden, an der sich oft schon in den ersten Minuten der Kontaktaufnahme entscheidet, ob ein Klient Aufnahme findet oder nicht. Die folgende Szene, die ich hier nur bei-spielhaft für viele ähnliche Erfahrungen schildere, möge dies veranschaulichen.

Frau Marti (Pseudonym) war mir vom Sozialdienst eines Arbeits-amtes zugewiesen worden. Sie war dort als »sehr schwierig« auf-gefallen, und es war bei der Sozialarbeiterin der Eindruck entstan-den, die Klientin sei eigentlich nicht vermittelbar. Frau Marti hatte auf den dringenden Rat der Sozialarbeiterin, sich mit mir in Ver-bindung zu setzen, ausgesprochen gekränkt und gereizt reagiert, hatte schließlich aber, wenn auch äußerst widerstrebend, mit dem empörten Hinweis »Ich spinne doch nicht« dem Druck der Sozial-arbeiterin nachgegeben und war zu mir gekommen. Neben den gravierenden sozialen Problemen dieser Frau zeigten sich schon bald seit vielen Jahren bestehende emotionale Schwierigkeiten, Partnerkonflikte und eine nur geringe Kränkungstoleranz. Auf alle Vorschläge meinerseits, auf Stellenangebote zu schreiben, reagierte Frau Marti ausgesprochen ablehnend. Beim gemeinsamen An-schauen von Annoncen stellte sich schon bald heraus, daß sie ihre tatsächlichen Möglichkeiten erheblich überschätzte und auf diese Weise, selbst wenn sie sich einmal um eine Stelle bemühte, den Mißerfolg von vornherein einprogrammierte. Jedes auch noch so behutsame Herunterschrauben der Ansprüche empfand sie wie-derum als empfindliche Kränkung, so daß eine reguläre Arbeits-tätigkeit unmöglich erschien.

Angesichts dieser Situation sah ich ein erstes wichtiges Ziel meiner Bemühungen darin, Frau Marti zum Eintritt in eine Insti-tution zur beruflichen Rehabilitation zu bewegen. Dieser Vor-schlag löste bei ihr zunächst heftige Aggression aus. Sie fühlte sich von mir total entwertet und beklagte, daß nun auch ich sie »ganz abgeschrieben« hätte, wenn ich ihr den Aufenthalt in einer »sol-chen« Institution zumuten wolle. Alle rationalen Hinweise und Begründungen meinerseits fruchteten nichts. Die durch meinen Vorschlag erfahrene Kränkung stand ganz im Vordergrund und führte zum Schwanken von Frau Marti zwischen totaler Selbstent-wertung und grandiosen Selbstüberschätzungen.

In monatelanger therapeutischer Arbeit an den hinter diesem Verhalten stehenden narzißtischen Problemen gelang es schließ-lich, Frau Marti den Gedanken an einen Aufenthalt in einer Reha-bilitationsinstitution näherzubringen und schließlich zumindest ansatzweise ihre Mitarbeitsbereitschaft zu etablieren. Um möglichst günstige Vorbedingungen zu schaffen, erkundigte ich mich genauestens bei der für Frau Marti vorgesehenen Institution nach den dortigen Angeboten, besprach diese mit der Klientin, bereitete sie auch auf eventuell zu erwartende Kränkungen vor (vor allem wegen ihrer geringen Angst- und Spannungstoleranz), informierte auch mit dem Einverständnis von Frau Marti vorab die Mitarbeiter der Institution über die wichtigsten Probleme der Klientin und erklärte mich bereit, sie zum Aufnahmegespräch zu begleiten.

Ich möchte der Schilderung unserer gemeinsamen Erfahrung bei der Rehabilitationsinstitution vorausschicken, daß es mir nicht um eine Diskreditierung der dort tätigen Mitarbeiterinnen und Mitarbeiter geht. Die Institution war mir als eine sehr gute Rehabilitationseinrichtung bekannt. Deshalb hatte ich Frau Marti ja gerade dort angemeldet. Es geht mir vielmehr darum, an diesem Beispiel zu zeigen, daß sich oft schon in den ersten Minuten der Kontaktnahme entscheidet, ob es zu einer Zusammenarbeit kommt, und daß diese Entscheidung eben nicht, wie wir uns gern glauben machen wollen, in erster Linie von den Klientinnen und Klienten abhängt, sondern wesentlich durch uns konstelliert wird.

Frau Marti und ich trafen einige Minuten vor der vereinbarten Zeit im Anmeldungsbüro ein, fanden dort jedoch niemanden vor. Als nach zehn Minuten noch niemand erschienen war, ich aus einem anderen Raum aber Stimmen hörte, machte ich mich auf die Suche nach dem Mitarbeiter, mit dem ich den Termin vereinbart hatte. Ich fand ihn schließlich in einem Aufenthaltsraum, wo er zusammen mit seinen Kolleginnen und Kollegen Kaffee trank. Er bat mich, Frau Marti zu sagen, daß »es noch etwas länger gehe«, da sie eben erst ihre Kaffeepause begonnen hätten. Deshalb müsse sich Frau Marti noch etwas gedulden. Diese Mitteilung führte bei ihr, die ohnehin schon angesichts des ihr unangenehmen Vorstellungsgesprächs unter großer angstvoller Spannung stand, zu einer sichtbaren Steigerung ihrer Angst und zu dem bei vielen Klienten dieser Art typischem Umschlagen von Angst und Gekränktheit in Aggression: Sie empörte sich lautstark darüber, was für ein »Sauladen« dies sei; die dort Tätigen seien offenbar der Meinung, mit ihr könne man so umspringen. Da hätten sie sich jedoch geirrt, so lasse sie sich nicht behandeln. Mit solchen Leuten wolle sie nichts zu tun haben, sie werde jetzt gehen. Nur mit großer Mühe gelang es mir, Frau Marti zu beruhigen, indem ich ihr klarmachte, daß diese kleine Verzögerung zwar unangenehm für sie – wie übrigens auch für mich – sei, aber keine Entwertung ihrer Person bedeute.

Etwa zwanzig Minuten nach der vereinbarten Zeit erschien der Sozialarbeiter zusammen mit einer Mitarbeiterin, entschuldigte sich beiläufig für die »kleine Verspätung« und leitete das Gespräch mit der Frage an Frau Marti ein: »Nun erzählen Sie uns mal, welches Ihre Ziele für eine Rehabilitation bei uns sind.« Frau Marti war durch diese Eröffnung des Gesprächs sichtlich irritiert, zuckte mit den Schultern und murmelte, das wisse sie eigentlich auch nicht. Das darauf folgende peinliche Schweigen wurde von der Sozialarbeiterin unterbrochen, die Frau Marti nun darauf hinwies (wobei der vorwurfsvolle Unterton nicht zu überhören war), Frau Marti sei doch wohl klar, daß sie nicht einfach ohne jegliche Vorabklärung in die Rehabilitationseinrichtung eintreten könne; es müsse doch zunächst geprüft werden, ob sie für eine solche Maßnahme überhaupt geeignet und motiviert sei. Den Eindruck, den die beiden Sozialarbeiter in unserem heutigen Gespräch von Frau Marti gewinnen würden, müßten sie dann mit den übrigen Teammitgliedern besprechen, und erst danach könne über eine Aufnahme in die Institution entschieden werden. Damit sie sich aber ein Bild von Frau Marti machen könnten, müsse Frau Marti ihnen nun schon etwas ausführlicher von ihren bisherigen beruflichen und psychischen Schwierigkeiten berichten und Ziele für ihren Aufenthalt formulieren. Diese offene Darlegung des Ablaufs des Vorstellungsgesprächs bis zur Aufnahme in die Rehabilitationseinrichtung war sicher gut gemeint. Auch der Hinweis auf die Rolle des übrigen Teams im Entscheidungsprozeß war insofern korrekt, als er Frau Marti die Situation völlig transparent machte.

In Anbetracht der Psychodynamik dieser Frau – und nach meiner Erfahrung gilt das für viele Klienten mit psychischen Störungen und sozialen Problemen – war es jedoch *aus drei Gründen eine äußerst ungünstige Eröffnung des Gesprächs:*

Es mag kleinlich wirken, wenn ich als ersten Grund *die Unpünktlichkeit* der beiden Mitarbeiter erwähne. Die Tatsache selbst, daß sie das Gespräch erst zwanzig Minuten nach dem vereinbarten Termin begannen, ist an sich nicht so schlimm, kann es doch jedem von uns passieren, daß wir durch andere Tätigkeiten aufgehalten werden oder uns aus anderen Gründen verspäten. Wir müssen uns jedoch darüber klar sein, daß die Situation für Klientinnen und Klienten, die zu einem ersten Gespräch eingeladen worden sind, in Anbetracht ihrer Unsicherheit und Angst eine ganz besondere ist. Jede Verzögerung besitzt für sie deshalb eine ganz andere Bedeutung als für andere Gesprächspartner.

Zu dieser Schwierigkeit kam in der beschriebenen Situation hinzu, daß die Mitarbeiter nicht durch andere dienstliche Verpflichtungen aufgehalten worden waren, sondern ihre Kaffeepause abhielten. Ich bin keineswegs der Ansicht, Kaffeepausen seien unwichtig. Sie dienen der psychohygienisch wichtigen Erholung, geben Möglichkeiten zu einem fachlichen Gedankenaustausch und können unter Umständen auch zur Einstimmung auf das nächste Gespräch genutzt werden. Doch verstärkt das Wissen, daß sie wegen der Kaffeepause längere Zeit warten muß, in einer Klientin wie Frau Marti den Eindruck, das Gespräch mit ihr sei den Sozialarbeitern nicht so wichtig, was Frau Marti als empfindliche narzißtische Kränkung empfand. Das war, wie ich in meiner Intervention Frau Marti klarzumachen versucht hatte, zwar sicher nicht die Absicht unserer Gesprächspartner, in Anbetracht des zumeist sehr instabilen Selbstwertgefühls von Klienten wie Frau Marti neigen sie jedoch schon bei noch viel geringfügigeren Verunsicherungen dazu, sich zutiefst in Frage gestellt zu fühlen, was bei ihnen Gefühle der Hilflosigkeit und – als Reaktion darauf – der Wut auslöst (die Empörung, die Frau Marti zunächst wegen der Verspätung lautstark äußerte, war Ausdruck dieser in Aggression verkehrten Angst und Unsicherheit).

Die angespannte Situation hätte sich vielleicht noch retten lassen, wenn die Sozialarbeiterin und der Sozialarbeiter sich ausdrücklich bei Frau Marti wegen der Verspätung entschuldigt hätten. Das wäre nicht nur eine im Grunde selbstverständliche Höflichkeit gewesen, sondern hätte in Frau Marti das Gefühl stärken können, sie werde als Person ernst genommen. Auf diese Weise wäre meine Intervention durch die Realität bestätigt worden, und die Selbstwertkrise, in die Frau Marti durch die Situation gestürzt worden war, wäre vermutlich überstanden gewesen. Die beiläufige Erwähnung der beiden Mitarbeiter, sie hätten sich leider etwas verspätet, hatte ungewollt jedoch einen kontraproduktiven Effekt, da die Beiläufigkeit der Äußerung den Eindruck von Frau Marti, sie werde hier nicht ernst genommen, noch verstärkte, statt ihm entgegenzuwirken. Durch die Verspätung der Sozialarbeiterin und des Sozialarbeiters und durch die Art, wie sie mit dieser Tatsache umgingen, wurden die ohnehin schon bei Frau Marti bestehenden Gefühle von Angst, Unsicherheit und Selbstwertzweifeln noch verstärkt, so daß bereits vor Beginn des eigentlichen Gesprächs eine äußerst ungünstige Situation geschaffen worden war.

Den zweiten Faktor, wie durch die erste Sequenz des Gesprächs eine Situation konstelliert wurde, die fast zwangsläufig zum Scheitern des Gesprächs führen mußte, sehe ich darin, daß Frau Marti sich *hilflos einer größeren Zahl mächtiger Entscheidungsträger gegenübersah*. Ich bin mir sehr wohl der Tatsache bewußt, daß es in vielen sozialen Institutionen üblich ist, daß mehrere Mitarbeiterinnen und Mitarbeiter das Erstgespräch gemeinsam führen. Ich sehe auch durchaus den Vorteil, wenn gleich mehrere Mitarbeiter sich einen Eindruck von den Bewerbern verschaffen können. Dieser unbestreitbare Vorteil für die Professionellen bedeutet jedoch für die Klienten, sich noch hilfloser zu fühlen als sie es ohnehin schon sind. Auch wenn wir es zu vermeiden versuchen, erleben Klienten derartige Situationen mit so ungleichen Machtverhältnissen sehr schnell wie eine Gerichtssitzung und fühlen sich in der Defensive. Sie empfinden durch eine solche Konstellation die Professionellen nicht mehr als Gesprächspartner, sondern fühlen sich oft geradezu in einem Kreuzverhör. Wie die geschilderte Gesprächssequenz zeigt, griff ja auch die Sozialarbeiterin sofort ein, nachdem ihr Kollege mit seiner Einstiegsfrage nach den Zielen der Rehabilitation bei Frau Marti auf Widerstand gestoßen war. Günstig war an dem geschilderten Gespräch einzig die Tatsache, daß auf seiten der Professionellen auch eine Frau war, so daß Frau Marti nicht nur Männern gegenübersaß.

Das Gefühl der Hilflosigkeit wurde bei Frau Marti indes nicht nur dadurch verstärkt, sich mit zwei Mitarbeitern der Institution konfrontiert zu sehen. Die Machtverhältnisse wurden noch brisanter für sie durch die Erwähnung der übrigen Teammitglieder, die später aufgrund des Berichts der beiden Anwesenden mit ihnen zusammen über die Aufnahme entscheiden würden. In derartigen Situationen werden bei Menschen mit schwerwiegenden psychosozialen Störungen sehr schnell ihre ohnehin stark ausgeprägten paranoiden Verarbeitungstendenzen aktiviert und sie erleben sich hilflos im Räderwerk einer ihnen feindlichen, unüberschaubaren Welt. Die dadurch ausgelöste massive Angst schlägt dann leicht in Aggression um. Diese bricht entweder direkt durch und entlädt sich in manifesten Aggressionshandlungen. Oder die Klientinnen und Klienten suchen sich der von ihnen selbst als bedrohlich erlebten Aggression mit Hilfe des Mechanismus der projektiven Identifizierung zu entledigen. In diesem Fall meinen sie die Aggression bei ihren Interaktionspartnern wahrzunehmen und suchen sich gegen die vermeintlich von diesen Personen ausgehende Bedrohung durch eigene aggressive Handlungen zu schützen.

Der dritte Umstand, warum ich den geschilderten Einstieg in das Gespräch für kontraproduktiv halte, ist die von der Sozialarbeiterin und dem Sozialarbeiter an Frau Marti gestellte *Forderung, sie möge ausführen, welches ihre Ziele für den Aufenthalt in der Rehabilitationseinrichtung seien.* Hier wird etwas von der Klientin erwartet, was sie und viele andere in ihrer Situation beim besten Willen nicht erfüllen können. Ich möchte so weit gehen zu sagen, daß es sogar ein Widerspruch in sich ist anzunehmen, Menschen mit schweren psychosozialen Störungen könnten auf eine derartige Frage eine auch nur annähernd zufriedenstellende Antwort geben. Die Klienten wären gar nicht in der schwierigen psychosozialen Situation, in der sie sich befinden, wenn sie solche Pläne entwickeln und formulieren könnten. Es ist deshalb nicht nur eine Überforderung für sie, wenn wir ihnen derartige Fragen stellen, sondern wir fügen ihnen dadurch sogar noch narzißtische Kränkungen zu, da sie in einer solchen Situation – wie schon so oft in ihrem Leben – spüren, daß sie die an sie gestellten Forderungen nicht zu erfüllen vermögen.

Vier Reaktionsweisen auf derartige Überforderungen sind möglich: Es gibt durchaus Klientinnen und Klienten, die auf Fragen nach ihren Zielen bei Rehabilitations- und Therapiemaßnahmen eine uns Professionelle befriedigende Antwort zu geben vermögen. Mitunter beeindrucken uns solche Klienten durch die *Differenziertheit ihrer Ausführungen,* und in uns entsteht dann der Eindruck, es seien *geradezu ideale Klienten,* auf die unsere Institution wie zugeschnitten sei. Gerade ein solcher Eindruck sollte uns aber vorsichtig werden lassen. Wenn wir etwas genauer nachfragen und hinter die glatte Fassade fast professioneller Darlegungen zu schauen versuchen, werden wir nämlich leicht feststellen können, daß solche Klienten uns nicht *ihre* Ziele und Zukunftsentwürfe schildern, sondern wiederholen, was sie anderenorts als Erwartung an sich erfahren haben. Unversehens entpuppen sich die scheinbar »idealen« Klienten dann als solche, die in einem für sie oft schmerzlichen und kränkenden Prozeß *gelernt haben, was wir von ihnen hören wollen.* Und genau das präsentieren sie uns nun, ohne daß es sie innerlich auch nur im geringsten berührte.

Diese Aussage mag den Klienten gegenüber entwertend klingen. Ich möchte jedoch im Gegenteil sagen, daß wir Professionellen es sind, die durch unsere unangemessenen Forderungen die Klienten in die »Schauspieler«-Rolle drängen. *Wir* sind es, die ihnen in unseren Institutionen immer wieder von neuem ein Drehbuch vorlegen, das sie um des Überlebens willen auswendig zu lernen gezwungen sind. Wollen sie auch nur die geringste Chance haben, bei uns Aufnahme zu finden oder an Therapieprogrammen teilnehmen zu dürfen, so müssen sie uns brav die Ziele nennen, die wir von ihnen erwarten. Wenn man es ganz kraß ausdrücken will, kann man sagen: Wir tragen durch unsere Interventionen und Fragen unheilvollerweise dazu bei, daß unsere Klientinnen und Klienten ein falsches Selbst im Sinne WINNICOTTS aufbauen oder verfestigen, während unser therapeutisches Ziel doch gerade die Stärkung ihres wahren Selbst ist.

Eine zweite häufige Reaktionsform ist ein hilflos-regressives Verhalten auf die Erwartungen, die Klienten sollten mitteilen, welche Ziele sie bei der geplanten Maßnahme verfolgten. In diesem Fall lassen die Klienten direkt ihre Befindlichkeit erkennen. Doch führt dies bei den Professionellen oft nicht zur Einsicht, daß sie die Klienten überfordern. Im Gegenteil bestärkt ein solches Verhalten die Professionellen zumeist in der Meinung, die Bewerber seien für die betreffende Institution absolut nicht geeignet. Die Argumentation lautet in diesen Fällen oft: Wer so wenig Zukunftsperspektiven zu entwickeln vermöge und so »planlos in den Alltag hineinlebe«, sei auch den Anforderungen, die eine berufliche Rehabilitation oder eine Therapie stelle, nicht gewachsen; wenigstens ein »Minimum« an der Fähigkeit, die geplante Maßnahme mitzugestalten, müsse vorhanden sein, »sonst bringt das Ganze nichts«.

Nicht selten schlägt die resignativ-hilflose Haltung in eine dritte Reaktionsform um: in ein *wütend-aggressives Verhalten.* Dabei suchen sich die Klienten vor dem durch die Überforderung ausgelösten Erleben von Hilflosigkeit und Kränkung zu schützen, indem sie sich aggressiv zur Wehr setzen. Ansatzweise hat Frau Marti ein solches Verhalten gezeigt, als durch die Mitteilung, wir müßten noch etwas warten, ihre ohnehin schon relativ große Angst nochmals verstärkt wurde. Häufig äußern sich Klienten in solchen Situationen ausgesprochen entwertend über die Institution. Mit diesem Verhalten versuchen sie ihre Ohnmachts- und Insuffizienzgefühle zu kompensieren – »Wenn ich spüre, daß man mich nicht akzeptiert, will ich von den anderen auch nichts wissen«. Solche Verhaltensweisen werden gerade von diesen Klienten oft ausgesprochen provokativ geäußert und führen deshalb bei den Professionellen aufgrund der eigenen Gekränktheit erst recht zu ablehnenden Reaktionen.

Die vierte in Überforderungssituationen häufig anzutreffende Reaktion ist es schließlich, *völlig unrealistische Zukunftspläne zu formulieren* und Erwartungen über die Therapie- beziehungsweise Rehabilitationsmaßnahmen zu hegen und zu äußern, die unmöglich zu erfüllen sind. Bezeichnenderweise sind es in solchen Fällen nicht Ziele, zu deren Erreichung die Klientinnen und Klienten selbst etwas beitragen zu können glauben, sondern passive Erwartungen magischer Art an die Professionellen und ihre Angebote. Diese Strategie ist – aus der subjektiven Sicht der Klienten – insofern durchaus erfolgreich, als sie sich durch die Delegation der Verantwortung an die Professionellen und durch den Rückzug auf ein passiv-regressives Verhalten selbst von der Überforderung befreien. Es wäre deshalb eine nicht der Realität entsprechende Sicht, wenn man eine derartige Reaktionsform ausschließlich als Merkmal der Klientinnen und Klienten betrachtete. Wir müssen vielmehr feststellen, daß wir als Professionelle selber ursächlich an diesem Verhalten beteiligt sind. Im Grunde handeln die Klienten völlig adäquat, indem sie den Druck, dem wir sie aussetzen, durch überhöhte Erwartungen an uns zurückgeben. Fatalerweise erkennen wir diese hintergründige Interaktionsdynamik oft aber nicht und lehnen die betreffenden Klienten als völlig »weltfremd« und damit für unsere Institution »ungeeignet« ab.

Je nach eigener Persönlichkeit und Vorerfahrungen im sozialen und therapeutischen Bereich und je nach Verhalten der Interaktionspartner greifen die Klientinnen und Klienten zur einen oder anderen der geschilderten Reaktionsformen. Auch wenn diese Verhaltensweisen, von außen gesehen, auf uns zum Teil ausgesprochen provokativ wirken oder völlig inadäquat zu sein scheinen, stellen sie für die Klienten selbst doch wichtige Überlebensstrategien dar, mit deren Hilfe sie sich vor erneuten Kränkungen und vor dem Erleben unerträglicher Insuffizienzgefühle zu schützen versuchen. Im Grunde wäre die Situation auch keineswegs problematisch, wenn wir als Psychotherapeutinnen, Sozialarbeiter und andere im psychosozialen Feld Tätige die zugrundeliegende Dynamik verstünden und in (therapeutisch) angemessener Weise darauf reagierten. Tatsächlich jedoch fühlen wir uns, wie die beschriebene Situation mit Frau Marti zeigt, durch ein solches Verhalten der Klientinnen und Klienten oft derart provoziert, daß wir unsererseits aggressiv reagieren und ihnen den Zugang zu unseren Institutionen mit dem Argument versagen, sie seien »völlig unmotiviert«.

Es geht mir bei der Schilderung dieser Sachverhalte nicht darum, die Professionellen, die in der schwierigen Arbeit mit Menschen in psychosozialen Notsituationen ohnehin bereits vielen Belastungen ausgesetzt sind, nun noch zusätzlich mit Schuldgefühlen zu beladen. Ich habe die Gesprächssequenz mit Frau Marti so ausführlich kommentiert, weil ich der Ansicht bin, daß wir uns unsere Arbeit erleichtern können – und natürlich auch den Klientinnen und Klienten gerechter werden –, wenn wir uns der psychodynamischen Hintergründe bewußt werden und im »szenischen Verstehen« (LORENZER 1983) unsere Interaktion mit den Klienten als etwas erkennen, an dem wir *beide gleichermaßen beteiligt* sind. Wenn wir unser professionelles Handeln auf diese Art analysieren, werden wir leicht feststellen, wieweit wir alle uns immer wieder in der einen oder anderen Weise inadäquat verhalten. Einen gewissen Schutz dafür, trotz noch so provokativen Verhaltens der Klienten nicht in derartige Reaktionsformen zu verfallen, scheint mir die kritische Auseinandersetzung mit unseren eigenen Gefühlen zu bieten. Wie immer beim Umgang mit der Gegenübertragung kommt es darauf an, unsere Gefühlsreaktionen nicht etwa zu unterdrücken, sondern sie umfänglich zum Erleben zuzulassen. Das bedeutet indessen nicht, sie dann auch direkt in Handlung umzusetzen. Wir müssen sie vielmehr zum Gegenstand unserer kritischen Reflexion machen und als Ausdruck der zwischen den Klienten und uns ablaufenden Interaktionsdynamik verstehen.

Ablehnung und Entwertung der professionellen Angebote

Ich habe als zweite Besonderheit, mit der wir uns beim Beginn der Betreuung und Therapie von Menschen mit erheblichen psychosozialen Problemen häufig konfrontiert sehen, die Ablehnung und Entwertung unserer professionellen Angebote genannt. Wir erleben ein solches Verhalten vor allem deshalb als so irritierend und provokativ, weil wir üblicherweise von Therapie- und Betreuungskonzepten ausgehen, bei denen uns die Klientinnen und Klienten in der Rolle der Rat-, Unterstützung- oder Behandlung*suchenden* begegnen. Sobald uns jedoch Menschen aufsuchen oder von anderen Stellen »geschickt« werden, die nicht nur keine Motivation erkennen lassen, sondern unsere Angebote sogar noch entwerten und zurückweisen, sind wir hilflos und fühlen uns in unserem beruflichen Selbstverständnis nicht selten zutiefst in Frage stellt. Zum einen fehlt es uns vielfach an theoretischen Konzepten zum Verständnis eines solchen Verhaltens. Zum anderen gehen die Betreuungs- und Behandlungsmethoden, die wir – nicht zuletzt auch im Rahmen der Selbsterfahrung – erlernt haben, im allgemeinen von Klienten aus, die zumindest einigermaßen kooperativ sind. Und schließlich erwarten wir, so ungern wir uns dies auch eingestehen mögen, in Anbetracht der vielen psychischen und sozialen Schwierigkeiten, mit denen gerade die hier geschilderten Klienten uns konfrontieren, wenigstens eine gewisse Anerkennung für unsere Bemühungen. Erfahren wir hingegen Ablehnung und Entwertung, so fühlen wir uns gekränkt und reagieren darauf nicht selten mit dem Mechanismus der Verkehrung ins Gegenteil, indem wir uns vor der erlittenen oder befürchteten Zurückweisung durch die Ablehnung und Entwertung der Klienten zu schützen versuchen.

Gelingt es uns hingegen, das Verhalten der Klientinnen und Klienten als Ausdruck ihrer spezifischen innerseelischen Dynamik, als Folge bisheriger Sozialisationserfahrun-

gen und im »szenischen Verstehen« als Abbild unserer Interaktion miteinander zu begreifen, so können wir feststellen,
daß diese Verhaltensweisen – wie alles andere, das die Klienten uns präsentieren – uns wichtige Einblicke in ihre
innerseelische Dynamik sowie in Übertragungs- und Gegenübertragungsprozesse ermöglichen. Selbstverständlich
können wir nur dann in einer therapeutisch angemessenen
Weise handeln, wenn wir uns über die hintergründige
Dynamik klargeworden sind und nicht in ein gekränktes
Gegenagieren verfallen.

Testen der Professionellen

Ein triviales Motiv für entwertende und ablehnende Hal-
tungen ist der Wunsch, uns zu testen. Wir kennen derartige
Verhaltensweisen vor allem aus dem Umgang mit Kindern
und Jugendlichen. Aber auch Erwachsene begegnen uns
nicht selten in dieser Art. – »Ich mißtraue allen Menschen
zutiefst. Wenn mir jemand etwas anbietet, vermute ich
dahinter irgendwelche bösen Absichten. Deshalb schütze
ich mich zunächst einmal durch ein striktes ›Nein‹. Ehe ich
mich auf irgend etwas einlasse, muß die andere Person erst
einmal beweisen, daß sie es wirklich ernst meint.« Dieser
Haltung liegt die Erfahrung zugrunde, im bisherigen Leben
von Kindheit an bis in die Gegenwart immer nur ausgenutzt, mißbraucht (im wörtlichen wie im übertragenen
Sinne) und betrogen worden zu sein. Statt eines Ur-Vertrau-
ens (Erikson 1966) haben diese Menschen ein Ur-Mißtrauen
aufgebaut, weil sie grundlegend die Erfahrung gemacht
haben, eigentlich nie um ihrer selbst willen Anerkennung
und Zuwendung zu erhalten. Unsere professionellen Angebote sind für sie auf diesem Hintergrund nicht nur in höch-
stem Maße unglaubwürdig, sondern lösen – je ernster und
engagierter sie von uns gemeint sind, desto größere – Ängste in ihnen aus, weil sie aufgrund ihrer bisherigen Erfahrungen erwarten müssen, auch wir verfolgten mit unserem

Entgegenkommen und unserer Zuwendung nur selbstsüchtige Zwecke.

Unglücklicherweise finden Menschen mit derartigen unbewußten Lebensentwürfen im privaten wie im beruflichen Bereich, aber auch im Umgang mit Beratungsdiensten, Therapieeinrichtungen und Amtsstellen, eine Fülle von Beweisen dafür, daß ihr Mißtrauen gerechtfertigt sei. Zum Teil sind es subjektiv verzerrte Wahrnehmungen einer diesen Menschen keineswegs feindlichen Umgebung. Zum Teil sind es reale Erfahrungen, wobei jedoch die Bezugspersonen nicht primär versagend und ausnutzend sind, sondern von den Betreffenden selbst so konstelliert werden, daß es am Ende zu der unbewußt angestrebten »self fulfilling prophecy« kommt. In diesem Fall haben wir es mit einer *manipulativen Verifizierung von Projektionen* zu tun. Schließlich müssen wir uns aber auch darüber klar sein, daß Menschen mit extremem Mißtrauen und Vorerfahrungen tiefgreifender Verletzungen im sozialen Leben tatsächlich in vielfacher Hinsicht ausgenutzt und benachteiligt werden. In Lebenslagen, die von struktureller Gewalt gekennzeichnet sind (RAUCHFLEISCH 1992) finden wir eine Fülle von Einschränkungen, Verletzungen und Benachteiligungen, denen vor allem Menschen in psychosozialen Notsituationen weitgehend hilflos ausgesetzt sind. Arbeitslosigkeit, finanzielle Verschuldung, Wohnungsnot und andere soziale Schwierigkeiten entfalten eine unheilvolle Eigendynamik und lassen bei denen, die sich im Räderwerk der Institutionen befinden, zu Recht oft das Gefühl einer unheimlichen, unbarmherzigen und sie in jeder Hinsicht schädigenden Welt entstehen. Es wäre in diesen Fällen völlig verfehlt, den Opfern die ganze Schuld an ihrer Misere aufzuladen und ihr (berechtigtes) Mißtrauen als psychopathologisches Merkmal zu bezeichnen. Wir täten ihnen durch diese Fehlinterpretation noch zusätzlich Gewalt an.

Theoretisch lassen sich die drei Komponenten, die projektiven Wahrnehmungsverzerrungen, das manipulative Validieren von Projektionen und das berechtigte Mißtrauen, zwar klar voneinander unterscheiden. Beim Umgang mit konkreten Personen stellen wir jedoch schnell fest, daß wir es in der sozialen Realität mit einem komplizierten Gemisch dieser drei Faktoren zu tun haben. Dennoch erscheint es mir wichtig, daß wir beim Zusammentreffen mit Klientinnen und Klienten, die unseren Angeboten ablehnend und entwertend begegnen, an die Wirksamkeit der genannten Ursachen denken.

So kann uns die Beachtung der projektiven und manipulativen Prozesse beispielsweise hellhörig für die latenten Ängste der Klienten machen und uns davor schützen, nur vordergründig die Zurückweisung wahrzunehmen und darauf gekränkt und aggressiv zu reagieren. Umgekehrt wird die Anerkennung der tatsächlich oft bestehenden Ungerechtigkeit und der verhängnisvollen Eigendynamik sozialer Notsituationen verhindern, daß wir Klientinnen und Klienten zu allen anderen Schwierigkeiten auch noch dadurch Verletzungen zufügen, daß wir durch Zuhilfenahme psychopathologischer Konzepte (wie Projektion, Abwehr, etc.) den *Realitätsanteil ihrer Not* und ihres objektiven Leidens leugnen. Ich habe nicht selten erlebt, daß das anfänglich extreme Mißtrauen und die Entwertungstendenzen der Klienten fast schlagartig verschwunden waren, nachdem ich ihnen signalisiert hatte, daß auch ich sie als Opfer einer rücksichtslos mit ihnen umgehenden Umwelt sehe.

Das Ernstnehmen einer solchen Mitteilung oder eines derartigen nonverbalen Signals muß indes in keiner Weise bedeuten, daß wir uns in unkritischer Weise mit den Klienten solidarisierten und mit ihnen zusammen einen Kampf gegen die »böse Welt« führten. Das Ernstnehmen der tatsächlich oft verletzenden und ausbeuterischen sozialen Welt heißt auch nicht, nun nur noch den Blick nach außen zu richten und die Innenwelt der Klientinnen und Klienten und die Art unserer Interaktion miteinander (psychoanalytisch gesprochen: Übertragung und Gegenübertragung) außer acht zu lassen. Doch scheint mir die Anerkennung der so belastenden sozialen Realität, in der unsere Klienten oft leben, als Voraussetzung für ein konstruktives therapeutisches, seelsorgliches und sozialbetreuerisches Handeln von eminenter Bedeutung zu sein. Erst wenn die Klienten sich in dieser Dimension wirklich ernst genommen sehen, können sie sich auf die Auseinandersetzung mit ihren eigenen Anteilen einlassen und an den persönlichen Wurzeln ihres Mißtrauens arbeiten. Wir befinden uns als Betreuer damit in einer ähnlichen Situation wie die Therapeuten extremtraumatisierter Menschen, die ebenfalls keine strikte therapeutische Abstinenz einhalten können, sondern die destruktive soziale Realität benennen und sich eindeutig auf die Seite der Klienten stellen müssen (vgl. BECKER 1992; RAUCH-FLEISCH 1995).

Je differenzierter wir die Situation der Ratsuchenden wahrnehmen, desto eher vermögen wir ihnen auch gerecht zu werden und desto weniger fühlen wir uns durch die anfängliche Entwertung unserer Angebote provoziert. Mitunter bemerken wir dann auch plötzlich, daß die Ablehnung eigentlich durch uns selbst hervorgerufen worden ist, weil wir die Klienten verletzt haben, indem wir ihre soziale Not nicht ernst genommen und in unzulässiger Weise auf die psychologische Dimension reduziert haben.

Manipulation und Entwertung zur Abwehr von
Ohnmachts- und Insuffizienzgefühlen

Ich habe erwähnt, daß Menschen ihre Umgebung mitunter zu manipulieren versuchen, um die Reaktionen der Interaktionspartner den unbewußten Erwartungen der Betreffenden entsprechend zu machen und damit ihre Vorstellung, ihre Projektionen seien soziale Realität, bestätigt zu sehen. Im allgemeinen handelt es sich in diesen Fällen um Manipulationen ganz spezifischer Art. Das heißt: Die betreffenden Menschen suchen ihre Partnerinnen und Partner – und beim Zusammentreffen mit uns natürlich auch uns – zu einem ganz bestimmten Verhalten zu beeinflussen. Dahinter steht dann ein ganz bestimmter Konflikt, und nur wenn dieser angerührt wird, »rastet« aufgrund der dadurch ausgelösten unerträglichen Angst gleichsam reflexartig das Fehlverhalten mit den Manipulationstendenzen ein.

Eine ganz andersartige Dynamik finden wir hingegen bei Menschen, die auf nahezu alle Situationen, die ihnen unangenehm sind und in denen sie sich unsicher fühlen, in der Art reagieren, daß sie – in zum Teil exzessiver Art – ihre Umgebung zu manipulieren suchen. Ihnen geht es nicht um die Provokation eines ganz bestimmten Verhaltens beim Gegenüber, sondern das Wichtigste ist ihnen, durch ihr Handeln die ihnen unerträglichen Gefühle von Hilflosigkeit und Insuffizienz durch demonstrative Machtentfaltungen abzuwehren. Und was eignete sich in solchen Situationen beim Zusammentreffen mit Sozialarbeitern, Psychotherapeutinnen, Seelsorgerinnen und Vertretern anderer Beratungsdienste wohl besser als überhebliche Ablehnung und Entwertung all dessen, was wir anzubieten haben?

Man könnte gegen diese Argumentation einwenden, ein solches Verhalten sei doch insofern völlig kontraproduktiv, als Machtdemonstrationen in Situationen, in denen ein Mensch sich in der unterlegenen Position befinde, doch mit Sicherheit zur Ablehnung führten; überhebliches Auftreten verunmögliche ja gerade, daß der Betreffende eine Arbeitsstelle, eine Wohnung oder einen Platz in einer Rehabilitationseinrichtung erhalte. Derartige Überlegungen sind durchaus logisch. Doch verlaufen die unbewußten emotionalen Prozesse nach anderen Gesetzen. Menschen, die gravierende Probleme in ihren Selbstwertgefühlen aufweisen und sich schon durch geringfügige Verunsicherungen zentral in Frage gestellt fühlen, greifen fast reflexartig zu der Strategie, ihr Selbstwertgefühl zu retten, indem sie in arrogant anmutender Weise ihren Interaktionspartnern begegnen und die ihnen unerträgliche Asymmetrie, in der sie sich als die total Ausgelieferten und Unterlegenen erleben, dadurch zu ihren Gunsten zu verändern versuchen, daß sie ihrem Gegenüber vermitteln, sie seien auf dessen Hilfe und Wohlwollen in keiner Weise angewiesen. Dabei nehmen sie gerne in Kauf, daß ein solches Verhalten sich letztlich selbstschädigend auswirkt, wenn es ihnen nur im Moment der akuten Kränkung den schlimmsten Schmerz erspart, indem es ihnen hilft, die Illusion aufzubauen, eigentlich seien *sie* die Mächtigen und andere müßten im Grunde dafür dankbar sein, daß sie sich überhaupt mit ihnen abgeben. Es liegt auf der Hand, daß eine solche Haltung und das dadurch bedingte Verhalten natürlich eine Fülle von sozialen Konflikten zur Folge hat und auch in der Betreuung und der Therapie Probleme schafft.

Ein Beispiel mag diese Dynamik veranschaulichen.

Ich erhielt eines Tages einen Anruf von einem Mann, Herrn Abt (Pseudonym), der mir als erstes in ausgesprochen vorwurfshafter Art vorhielt, es sei eine Zumutung für ihn, nun schon zum zweiten Mal anrufen zu müssen, ehe er mich erreichen könne. Ob ich denn denke, er habe nichts anderes zu tun, als darauf zu warten, wann ich einmal Zeit für ein Telefongespräch habe? Ehe ich auch nur irgend etwas sagen konnte, fuhr er bereits mit dem Hinweis fort, daß meine »Berufsinnung« wirklich eine merkwürdige Gruppe sei. Er habe bei »sämtlichen« Psychotherapeutinnen und -therapeuten Basels versucht, einen Termin zu bekommen. Sie seien entweder nicht erreichbar oder stellten am Telefon »dumme Fragen«, auf die er sich nicht einlasse, oder sie hätten keine Zeit. So etwas mache er nicht mit.

Schon diese knappe Schilderung des »Eröffnungsmanövers« (BLANCK und BLANCK 1978, 1979), wie es Herr Abt wählte, läßt erkennen, daß er sich durch die Erfordernis einer Anmeldung bei mir zutiefst gekränkt fühlte und sein Selbstwertgefühl nur dadurch retten zu können glaubte, daß er in so überheblicher, vorwurfsvoller Weise mit mir in Kontakt trat und mich und meine Berufskolleginnen entwertete. Es dürfte leicht nachvollziehbar sein, daß ein derartiges Auftreten von jemandem, der ja etwas von *uns* möchte, bei unreflektiertem Vorgehen leicht Gegenaggression weckt und zur Ablehnung eines solchen Klienten führt. Eben diese mögliche Kränkung hatte Herr Abt aber durch

53

sein Verhalten bereits im Vorfeld entschärft, indem er sich im Falle meiner Ablehnung dadurch hätte trösten können, von meiner »Berufsinnung«, wie er uns ironisch genannt hatte, sei eben nichts anderes zu erwarten; die Ablehnung habe nichts mit ihm zu tun, sondern sei, wie bei den anderen Psychotherapeutinnen und -therapeuten, die er schon angefragt hatte, dadurch zustande gekommen, daß wir so »unmögliche« Menschen seien. Insofern bietet ein überhebliches, unsere professionellen Angebote entwertendes Auftreten tatsächlich – zumindest im Moment – einen gewissen Kränkungsschutz. Zu dieser Dynamik paßt, daß sich, als ich Herrn Abt ohne weiteren Kommentar einen Termin gab, zunächst noch einmal ein Machtkampf entspann. Ihm paßte die erste vorgeschlagene Zeit nicht, auch den zweiten Termin schlug er aus, und erst beim dritten vorgeschlagenen Termin meinte er, er werde versuchen, dann zu kommen, könne es aber noch nicht versprechen, da er »ja auch noch anderes zu tun habe« als sein »ganzes Leben« nur nach den Terminen bei mir auszurichten. Auch in dieser Diskussion zeigt sich deutlich die entwertende und die stark manipulative Haltung des Patienten.

Im Verlauf der Psychotherapie berichtete Herr Abt später von ähnlichen Verhaltensweisen, die er bei Vorstellungsgesprächen an den Tag zu legen pflegte: Wenn immer er sich bei solchen Anlässen verunsichert fühlte, kehrte er blitzschnell die Situation um: Nun trat er, der sich doch um eine Stelle bewerben wollte, plötzlich als Kritiker auf und wies mit einer grandiosen Geste den Personalchef, bei dem er sich vorstellen wollte, auf die »Mängel« hin, die er beim Betreten der Firma wahrgenommen habe, einem »Sauladen, in dem ich sowieso nie arbeiten würde«. Das war natürlich stets das Ende des Vorstellungsgesprächs.

So schlecht das auch für das Finden einer Arbeitsstelle war, so hilfreich war ein solches Auftreten jedoch für ihn als Schutz vor dem ihm unerträglichen Erleben, hilflos ganz auf das Wohlwollen des jeweiligen Personalchefs angewiesen zu sein. Auch die Kränkung, schließlich doch wieder, wie schon so oft, abgewiesen zu werden, war durch das überhebliche Auftreten ein Stück weit abgefangen worden. Denn, so die unbewußte Argumentation von Herrn Abt, er wußte ja tief im Innern, daß er selbst die Zurückweisung provoziert hatte; also war die Ablehnung nicht wegen seiner mangelnden beruflichen Qualifikation und seines persönlichen Unvermögens erfolgt, sondern hatte einen von ihm selbst herbeigeführten Anlaß.

Situationen wie die hier geschilderten erleben wir relativ häufig bei Klientinnen und Klienten mit großen Selbstwertproblemen. Das unsere Angebote entwertende, manipulative Verhalten ist aus der subjektiven Befindlichkeit der Ratsuchenden durchaus verständlich, bietet es ihnen tatsächlich doch einen gewissen Kränkungsschutz. Sehen wir davon ab, daß es ein ausgesprochen provokatives, letztlich in den Konsequenzen für die Klienten selber verhängnisvolles Verhalten ist, müßte es, wenn wir uns der hintergründigen Dynamik bewußt sind, für uns eigentlich keine besonders problematische Situation sein. Tatsächlich jedoch kommt es bei einem derartigen Auftreten von Klienten häufig zu erheblichen Konflikten, weil wir uns so provoziert fühlen, daß wir alle theoretischen Einsichten vergessen und in ein aggressives Gegenagieren verfallen. Das mag verständlich sein, weil es uns als Kränkungsschutz dient. Es verunmöglicht aber, daß derart in ihrem Selbstwertgefühl beeinträchtigte Klienten die ihnen angemessene Hilfe finden. Aus diesem Grund sollten wir unsere Gegenübertragungsgefühle besonders selbstkritisch prüfen, wann immer wir uns so herausgefordert und verärgert fühlen, daß wir den Kontakt zu Klienten gar nicht erst aufnehmen oder im Verlaufe einer Betreuung abbrechen möchten. Wenn wir solche Situationen in »szenischem Verstehen« genauer analysieren, werden wir oft feststellen können, daß die Klienten in ihrer Verunsicherung, zu der wir vielleicht sogar in irgendeiner Weise beigetragen haben, zur Rettung ihres verletzten Selbstwertgefühls nur noch den Weg in ein überhebliches, manipulatives Verhalten sehen. Die Einsicht in diese Dynamik entschärft in der Regel für uns die Situation erheblich und ermöglicht es uns, gelassener zu reagieren, das heißt therapeutisch angemessener. Wir bleiben in diesem positiven Fall nicht aufgrund persönlicher Gekränktheit vordergründig an der Provokation hängen, sondern sind therapeutisch wieder handlungsfähig und können auf den zugrundeliegenden Konflikt der Klienten eingehen.

Der Neid auf die mächtigen Helfer

Eine andere Quelle des manipulativen Verhaltens, mit dem Klientinnen und Klienten mit schwerwiegenden psychosozialen Problemen uns nicht selten konfrontieren, liegt in ihren ausgeprägten Neidgefühlen und in ihrer Unfähigkeit, Situationen zu ertragen, in denen sie sich ohnmächtig fühlen. Ausgehend von der psychoanalytischen Entwicklungstheorie MELANIE KLEINS (1972) hat insbesondere KERNBERG (1979) auf diese Dynamik hingewiesen. Ich habe (1981) in diesem Zusammenhang von einem oral-aggressiven Kernkonflikt bei Menschen mit schweren dissozialen Fehlentwicklungen gesprochen: Aufgrund ihrer frühkindlichen Entwicklungsbedingungen und Karenzerfahrungen besteht in diesen Menschen ein unstillbares, gieriges Bedürfnis danach, sich alles einzuverleiben und anzueignen, dessen sie nur habhaft werden können. Sie spüren indes, daß sie ohne diese »Objekte« (Liebe, Zuwendung und mitmenschliche Unterstützung ebenso betreffend wie materielle Güter und Suchtmittel) nicht existieren können, sie aber auch nicht wirklich zu verwerten vermögen. Letztlich bleiben sie, soviel sie sich auch aneignen mögen, immer leer zurück. Weil sie ihre Abhängigkeit von der Umgebung und die immer wieder neue Enttäuschung spüren, entsteht in ihnen ein Haß auf eben die »Objekte«, auf deren Zuführung sie doch in so starkem Maße angewiesen sind. So befinden sich diese Menschen in einem unlösbaren inneren Dilemma, das noch durch das Gefühl ihrer Ohnmacht gegenüber den als mächtig erlebten Objekten der Außenwelt verschärft wird.

Aufgrund ihrer zentralen Selbstwertprobleme fühlen sie sich permanent dadurch gekränkt, daß ein anderer Mensch ihnen etwas zu geben vermag, auf das sie so stark angewiesen sind. In ihnen entsteht aus diesem Grund zusätzlich das Gefühl des Neides auf eben diejenigen, die ihnen das zu geben vermögen, was sie so dringend brauchen.

In dieser von großer Ambivalenz geprägten inneren Situation bietet den betreffenden Menschen der Versuch, ihre Umgebung zu manipulieren, die Möglichkeit, sich einerseits die Objekte, derer sie so dringend bedürfen, anzueignen, andererseits aber ihr Selbstwertgefühl zu retten, indem ja nun nicht die Gebenden die Mächtigen sind, sondern die Klienten selbst – als die ihre Umgebung Manipulierende – alles »fest in der Hand« haben. Damit sind auch ein Stück weit die Neid-Konflikte entschärft.

Den nicht mit der psychoanalytischen Theorie vertrauten Leserinnen und Lesern mag diese Argumentation abstrakt und für die Praxis wenig relevant erscheinen. Tatsächlich jedoch ist dieses Konzept geeignet, das sonst schwer verständliche Verhalten vieler der hier geschilderten Klienten zu erklären. Mit Hilfe der skizzierten Theorie wird es uns verständlich, warum sie gerade auf die von uns sehr ernst gemeinte, engagierte Zuwendung und auf die Erfahrung, daß wir ihnen effiziente Hilfe zu bieten vermögen, besonders ablehnend, entwertend und mit zum Teil extremem manipulativen Verhalten reagieren. Je wichtiger wir ihnen werden, desto mehr müssen sie sich gegen uns wehren. Ein solches Verhalten widerspricht jedoch jeder rationalen Logik und führt deshalb auch bei den im psychosozialen Bereich Tätigen oft zu erheblichen Irritationen und daraus folgenden Konflikten, zumal das Auftreten der Klienten ausgesprochen provokativ und verletzend sein kann. Erst wenn wir die beschriebene hintergründige Dynamik verstehen, ist es uns möglich, uns nicht selbst zutiefst in Frage gestellt und wegen der »Undankbarkeit« der Klienten enttäuscht zu fühlen, sondern zu begreifen, daß ihr Verhalten Ausdruck ihrer inneren Zerrissenheit ist und von uns eine konstruktive Antwort in der Art eines »fördernden Dialogs« erfordert (Leber 1988). Diese Antwort kann, je nach Persönlichkeit der Klienten, nach Art und Stand der Therapie oder Betreuung und je nach unserem Behandlungskonzept, entweder eine direkte Deutung der unbewußten Dynamik sein. Der fördernde Dialog kann aber auch erfolgen, indem wir uns, entgegen den Erwartungen und den bisherigen Lebenserfahrungen der Klienten, *nicht* zu aggressivem Gegenagieren provozieren lassen und trotz aller Manipulationen und Entwertungen unbeirrt unseren therapeutischen Weg weitergehen. Welches Verhalten wir auch immer wählen werden, es ist für uns, wenn wir therapeutisch und sozialbetreuerisch handlungsfähig bleiben wollen, von zentraler Bedeutung, daß wir die hintergründige Dynamik der Klientinnen und Klienten zu verstehen versuchen, unsere Interaktion miteinander kritisch reflektieren und dann einer bestimmten, uns in dieser Situation sinnvoll erscheinenden Behandlungsstrategie folgen.

Probleme der Nähe-Distanz-Regulierung

Ablehnung und Entwertung unserer professionellen Angebote sind bei vielen Klienten mit schweren psychosozialen Problemen dadurch bedingt, daß sie im Umgang mit anderen Menschen große Mühe in der Regulierung von Nähe und Distanz haben. Sie sind häufig in einer Umgebung aufgewachsen, die ihnen nicht die positive, unterstützende Zuwendung und Bestätigung bieten konnte, die sie zum Aufbau eines tragfähigen Selbstwertgefühls benötigt hätten und die in ihnen die Fähigkeit hätte entstehen lassen, zu anderen Menschen »objektale« Beziehungen eingehen zu können. Unter »objektalen« Beziehungen verstehen wir in der Psychoanalyse eine Beziehungsform, bei der Partnerinnen und Partner als individuelle Persönlichkeiten mit eigenen Wünschen, Fähigkeiten und Begrenzungen in realistischer Weise wahrgenommen werden und die eigene Person

auch in Zuständen großer Nähe doch stets noch als ab-
gegrenzt und unabhängig erlebt wird. Charakteristischerweise sind die in diesem Buch beschriebenen Klientinnen
und Klienten oft nicht in der Lage, solche »objektalen«
Beziehungen aufzubauen. Ihre Beziehungen folgen vielmehr häufig einem narzißtischen Muster. Das heißt: Partner
– und selbstverständlich auch wir als professionell mit ihnen
in Kontakt Tretende – werden nur unter dem Aspekt wahrgenommen, welche Bedeutung sie für die Stärkung oder
Gefährdung des Selbstwertgefühls der Klienten besitzen. Es
ist deshalb in diesem Zusammenhang in der Fachliteratur
häufig die Rede von »ausbeuterischen« und »manipulativen« Beziehungsformen. Derartige Beschreibungen dürfen
nicht als moralische Wertungen verstanden werden. Sie sollen vielmehr ausdrücken, daß solche Menschen aufgrund
ihrer spezifischen Entwicklung um des Überlebens willen
gelernt haben, ihre Umgebung geradezu reflexartig daraufhin zu prüfen, was sie ihnen an Unterstützung in materieller wie in emotionaler Hinsicht und an narzißtischer Grati-
fikation zu geben vermag. Die ganze Welt wird von ihnen in
vereinfachender Weise in »Freunde« und »Feinde« aufge-
teilt, und sie suchen sich aufgrund ihrer Selbstwertdefizite
bei den Personen, die sie in der Hoffnung auf Zuwendung
näher an sich herankommen lassen, gierig alles zu sichern,
dessen sie habhaft werden können.

Aufgrund dieser psychodynamischen Konstellation
kommt es bei solchen Menschen zu erheblichen Problemen
in der Nähe-Distanz-Regulierung. Solange sie einen Interaktionspartner in die Kategorie der »Freunde« einordnen
und sich von seiner Nähe Vorteile erhoffen, vermögen sie zu
ihm keine Distanz mehr einzuhalten. Sie werfen sich dem
anderen Menschen gleichsam an den Hals und klammern
sich in mitunter kleinkindhaft anmutender Weise hilfesuchend an ihn. Dabei sind sie permanent von der Angst
erfüllt, die – auch nur vermeintlich zu erwartende – Unterstützung wieder zu verlieren. Das führt zu einem nochmals
gierigeren Greifen nach den Interaktionspartnern. Derartige

Beziehungen werden von Beginn an mit völlig unrealistischen Erwartungen überladen und müssen deshalb zwangsläufig zu massiven Enttäuschungen führen.

Sobald die Interaktionspartner nicht mehr das zu bieten vermögen, was sich die Betreffenden von ihnen erhofft haben, kommt es zu einem abrupten Rückzug und damit zu einer Distanznahme, die ebenso extrem ist wie die früher gesuchte Nähe. Schien es noch vor kurzem eine vertrauensvolle Anlehnung – im Erleben der Betreuer und Therapeutinnen: eine »gute« und »enge« Beziehung – zu sein, so wird der nun eingetretene Wechsel von den Professionellen oft wie eine »kalte Dusche« erlebt und löst nicht selten bei ihnen aus tiefer Enttäuschung resultierende Aggressionen aus. Sie fühlen sich hintergangen, ausgenutzt und stehen unter dem Eindruck, die Klientinnen und Klienten hätten ihnen »Theater« vorgespielt.

Eine solche Interpretation wird der psychodynamischen Situation dieser Klienten jedoch nicht gerecht. Sie »spielen« weder die Vertrauensvollen noch die Feindseligen, sondern leben tatsächlich einmal ganz in der Rolle der größte Nähe Suchenden und ein anderes Mal ganz im Zustand der feindseligen Distanz. Das Problem besteht darin, daß sie jeden dieser Zustände absolut setzen und für sie alles früher Erlebte nicht mehr gilt (Phänomen der Spaltung). Im Grund bedingen die extreme Nähe und die extreme Distanz einander, da ein derartiges Ausmaß an Nähe, bei der jegliche Autonomie und Individualität verlorengeht, letztlich unerträglich ist und die Gegenbewegung zwangsläufig herbeiführt. Außerdem müssen wir uns darüber klar sein, daß diese Menschen aufgrund ihrer lebensgeschichtlichen Erfahrungen zu wirklich vertrauensvollen Beziehungen gar nicht fähig sind. Sie tragen, wie bereits erwähnt, geradezu ein Ur-Mißtrauen in sich. Das, was auf die Interaktionspartner wie eine vertrauensvolle Anlehnung wirkt, ist ein geradezu verzweifeltes, von Angst und Mißtrauen erfülltes Anklammern, wobei das gierige Suchen nach extremer Nähe dazu dient, sich über das tief in ihnen bestehende Wissen hinwegzutäuschen, daß es ihnen letztlich unmöglich ist, in eine vertrauensvolle Beziehung zu anderen Menschen zu treten.

Diese psychodynamische Konstellation führt nicht nur in den privaten Beziehungen, sondern auch in den Kontakten zu uns Professionellen zu vielfältigen Konflikten. Es ist auch für Betreuerinnen und Psychotherapeuten höchst irritierend, einem dauernden »Wechselbad« von extremer Nähe- und ebenso extremer Distanzsuche ausgesetzt zu sein. Insbesondere kann es unter dem Eindruck, ausgenutzt und hintergangen worden zu sein, zu heftigen Aggressionenreaktionen der Professionellen kommen, was unter Umständen bis zum Abbruch der Beziehung führt. Ein Beispiel soll diese oft schwierige Situation veranschaulichen:

Herr Müller (Pseudonym) zeigte vor allem zu Beginn der Behandlung immer wieder, und zwar schnell wechselnd, zwei völlig konträre Verhaltensweisen. Das eine Mal präsentierte er sich mir in kleinkindhafter, weinerlich-jammernder Art als völlig hilflos, ganz auf meine Unterstützung angewiesen, totales Vertrauen in mich setzend. In solchen Situationen sprach er mich häufig nicht mehr in der Sie-Form an, sondern verwendete meinen Vornamen. Außerdem verhielt er sich völlig regressiv-anklammernd, kniete einmal sogar vor mir nieder und bat mich flehentlich um Hilfe bei der Lösung seiner sozialen Probleme. Er betonte in diesen Zeiten auch immer wieder, wie wichtig ich für ihn sei, wie gern er mich habe; ich sei der einzige Mensch auf der Welt, der ihn wirklich verstünde. In anderen Situationen hingegen, vor allem wenn er voller Enttäuschung realisierte, daß ich nicht die erwartete Hilfe zu bieten vermochte, und wenn er durch die allzu große Nähe zu mir erschreckt und ich durch die mir zugemessene Bedeutung für ihn erdrückend geworden war, kam es zu einem abrupten Umschlagen seiner Gefühle. Herr Müller wandte sich dann voller Wut gegen mich, äußerte, daß das ganze »dumme Geschwätz hier« ihm »überhaupt nichts« bringe. Er ließ in solchen Phasen der Therapie auch immer wieder Stunden aus, teilweise mit dem ausdrücklichen Hinweis, er habe »Wichtigeres« zu tun. Außerdem vermittelte er mir, daß andere Betreuerinnen und Betreuer ihm viel wirkungsvollere Hilfe zu bieten vermöchten, und schließlich sei er eigentlich auf gar keinen Menschen angewiesen, er könne sich bestens selber helfen. In solchen Zeiten verstieg er sich in grandiose, aggressiv aufgela dene Vorstellungen und äußerte beispielsweise, er sei allen anderen Menschen »haushoch überlegen«, er sei »ein Heiliger«, der das Pech habe, in einer Welt von »minderwertigen Kreaturen« leben zu müssen; er werde sich aber zu helfen wissen, indem er, wenn er einmal Diktator geworden sei, alle seine Gegner »ausradieren und ausrotten« werde. Herr Müller schwelgte dann in blutrünstigen Phantasien, wie er mit all denen umgehen werde, die sich ihm nicht unterwerfen würden, und malte sich in allen Details aus, wie er, der jetzt noch im sozialen Elend lebe, dann in Reichtum und Luxus schwelgen werde. Dabei sah er sich nie in Beziehungen zu anderen Menschen, sondern stellte sich als allmächtigen, einsamen Herrscher dar, der sich die Zuwendung anderer durch Geld erkaufen werde. Dies schien ihm die einzige Gewähr dafür zu bieten, die Bezugspersonen auch wirklich bei sich halten zu können.

Wie aus seinen Phantasien hervorgeht, war er zutiefst davon durchdrungen, daß andere Menschen ihn nicht um seiner selbst willen lieben und akzeptieren könnten. Die einzige Chance, sich Zuwendung und Unterstützung zu sichern, sah er deshalb darin, sich die Umgebung durch Gewalt gefügig zu machen, und dazu gehörten auch die diversen Manipulationsversuche sowie die Entwertung und Zurückweisung der therapeutischen Angebote. Dabei spürte er aber offensichtlich deutlich, welchen großen Preis er für diese Strategie zahlte: die Reduzierung aller Beziehungen auf das Kosten-Nutzen-Prinzip und damit ein Leben in größter sozialer Isolation.

Festhalten an der negativen Identität

Das geradezu krampfhafte Festhalten an den negativen Erfahrungen der Vergangenheit und ihr Beharren darauf, daß auch alle Erfahrungen in der Gegenwart dem gleichen Muster folgen, ist nicht nur Ausdruck eines tief eingegrabenen Lernprozesses. Dieser Einstellung liegt vielmehr die Tatsache zugrunde, daß die Betreffenden eine negative Identität aufgebaut haben. Trotz aller damit verbundenen Leiden und Selbstentwertungen stellt diese Identität doch immerhin eine Koordinate dar, an der sie sich orientieren können und die ihnen – wie jede Identitätsbildung – eine innere Struktur gibt. Schon die Aussicht auf eine Änderung löst größte Ängste aus, weil damit etwas zerbräche, das für die Integration der Persönlichkeit von größter Bedeutung ist. Aus diesem Grund löst bei solchen Klientinnen und Klienten unser professionelles Angebot besserer Beziehungserfahrungen nicht etwa Erleichterung aus, sondern führt, so paradox es auch erscheinen mag, zu Desintegrationsängsten und einem geradezu verzweifelten Kampf gegen alles, was die bisherige negative Identität auch nur im geringsten in Frage stellen könnte.

Weil diese Dynamik in krassem Gegensatz zu allen rationalen Überlegungen steht und die Zurückweisung gerade der emotional engagierten Zuwendung und Hilfe unsererseits als sehr kränkend erlebt werden kann, erscheint es mir wichtig, daß wir uns immer wieder über die Hintergründe dieser psychodynamischen Konstellation klar zu werden versuchen. Erst wenn wir begreifen, daß das Aufgeben des negativen Selbstbildes einem Identitätsverlust gleichkommt und deshalb massive Ängste und zentrale Verunsicherung auslöst, können wir das nötige Verständnis für unsere Klientinnen und Klienten aufbringen und ihnen die Zeit gewähren, die sie zur langsamen Neuorganisation in ihrem Selbstverständnis benötigen. Wenn uns klar ist, welche schwierigen Prozesse die Klienten zu durchlaufen haben, werden wir auch nicht persönlich gekränkt auf ihre Zurückweisung und die Entwertung unserer Angebote reagieren.

In eindrücklicher Weise zeigte sich für mich der innere Zwiespalt, in den die Psychotherapie einen solchen Menschen bringen kann, bei meiner Klientin Frau Bischof (Pseudonym).

Die junge Frau hatte mich wegen vielfältiger Ängste, impulsiven Durchbrüchen aggressiver und sexueller Art, erheblichen Kontaktproblemen und schweren Beeinträchtigungen in ihrem sozialen Leben, vor allem auch im beruflichen Bereich, aufgesucht. Sie berichtete davon, in einem von Aggressivität und sexueller Verwahrlosung geprägten Elternhaus aufgewachsen zu sein. Ihre frühkindlichen Erfahrungen faßte sie anschaulich mit den Worten zusammen: »Um mich selber ging es nie! Meiner Mutter war ich völlig gleichgültig, nur brauchbar, wenn ich für sie log (dem Vater gegenüber diverse außereheliche Beziehungen der Mutter deckte). Und für den Vater war ich nur Blitzableiter für die Wut, die er eigentlich auf die Mutter hatte. Über mich wurde immer nur verhandelt wie über eine Ware.« Aus diesem Erlebenskomplex hatte sich bei Frau Bischof ein negatives Selbstkonzept entwickelt, das sie mit den Worten umriß: »Jetzt will ich gar nicht mehr wissen, was ich will und fühle. Es wäre besser gewesen, die Mutter hätte mich gleich abgetrieben.« In allen ihren Kontakten wiederholte sie das Beziehungsmuster der frühen Kindheit und sah sich damit immer wieder in ihrer Vorstellung bestätigt, alle lehnten sie ab und nutzten sie nur aus.

Bezeichnenderweise brachte ihr bei dieser psychodynamischen Konstellation die wohlwollende, sie bestätigende Präsenz durch mich in der Therapie keineswegs eine Entlastung, sondern stürzte sie in tiefe Verwirrung und löste bei ihr Ausbrüche von Haß und Verzweiflung aus: »Jetzt, nachdem alle immer nur auf mir herumgetrampelt haben, soll ich plötzlich etwas Gutes kennenlernen? Nun soll ich etwas für mich selber tun? Es ist so furchtbar! Das ertrage ich nicht!« Je deutlicher sich herauskristallisierte, daß sie sich heute, als Erwachsene, *selbst* in der Rolle der Abgelehnten, Ausgenutzten festhielt, desto größer wurde ihre Verwirrung und desto verzweifelter klammerte sie sich an das Bild ihrer negativen Identität.

Die Verzweiflung, mit der Frau Bischof an diesem Bild von sich festhielt, und die Panik, die sie ergriff, als sie sich der Fragwürdigkeit ihres Selbstverständnisses bewußt wurde, lassen zweierlei erkennen: Zum einen zeigt sich an diesem Beispiel, wie tief das negative Selbstbild bei solchen Menschen im Kern ihrer Persönlichkeit verankert ist. Zum anderen wird sichtbar, daß neue, »bessere« Erfahrungen – zumindest zunächst – keine Entlastung bedeuten, sondern im Gegenteil als zentrale Infragestellung erlebt werden. Mögen die Erfahrungen der Kindheit und ihre Wiederholungen im späteren Leben auch noch so schmerzlich gewe-

64

sen sein, so bilden sie doch eine Orientierung, ein Selbstgefühl, das zumindest eine gewisse Stabilität vermittelt. Auch wenn Menschen wie Frau Bischof zumeist tief im Innern spüren, wie sie durch das Festhalten an diesem Bild im Grunde an sich vorbeileben und sich selbst weiter schädigen, können sie dieses Bild doch nicht aufgeben, da ihnen dadurch die einzigen Koordinaten ihres Lebens genommen würden.

Angst vor erneuter Verletzung

Mitunter erleben wir bereits bei den ersten Kontaktnahmen mit den Klientinnen und Klienten eine Zurückweisung und Abwertung unserer professionellen Angebote, der vor allem die Angst vor dem jetzt schon antizipierten Ende der Betreuung zugrunde liegt. Eine derartige Überlegung mag konstruiert anmuten, und man könnte ihr entgegenhalten, gerade diesen Klienten sei doch sicher zu Beginn der Betreuung noch gar nicht klar, auf was sie sich dabei einließen. Sie könnten deshalb unmöglich eine Vorstellung davon haben, was es für sie bedeute, wenn die Beziehung zu uns einmal wieder beendet werde. So einleuchtend ein solches Argument auch klingen mag, lehrt uns der Umgang mit solchen Klienten und die genauere Betrachtung ihrer Lebensgeschichten, daß sie für Beziehungsabbrüche höchst sensibilisiert sind. Wie ich in Kapitel 1 ausgeführt habe, sind sie häufig in ausgesprochen instabilen Beziehungen aufgewachsen und haben in Kindheit und Jugend vielfältige Beziehungsabbrüche erleiden müssen. Auch im Erwachsenenalter erleben sie im privaten und beruflichen Bereich ebenso wie im Umgang mit den Vertretern der verschiedenen Sozialdienststellen, Ämter und Therapieeinrichtungen dauernd wechselnde Beziehungen. Das ist zum Teil durch ihre beschriebene Ambivalenz zwischen Nähe und Distanz bedingt. Zum Teil sind die Beziehungsabbrüche aber auch Folge der sozialen Instabilität der Klienten und der Arbeitsweise der verschiedenen Institutionen. Auf jeden Fall haben diese Klienten von Kindheit an bis in die Gegenwart die leidvolle Erfahrung gemacht, daß es, kaum fangen sie an, sich auf eine Beziehung einzulassen, schon wieder zum Abbruch kommt. Dadurch werden die Wunden alter Traumatisierungen im Beziehungserleben immer wieder von neuem aufgerissen. In dieser Situation kann es für sie ein gewisser Schutz sein, wenn sie von vornherein jedes Angebot von Nähe zurückweisen. Sie spüren dabei zwar mehr oder weniger deutlich, wie sie auf diese Weise einsam und emotional leer bleiben. Doch scheint ihnen dieser Preis angesichts der Gefahr erneuter Verletzungen nicht zu hoch zu sein.

Konsequenzen für Betreuungen und Therapien

Aus diesen Überlegungen ergeben sich einige mir wichtig erscheinende Konsequenzen für den betreuerischen und therapeutischen Umgang mit solchen Klientinnen und Klienten. Zum einen müssen wir ihnen *Zeit lassen* und ihnen unsere Angebote und die damit verbundene Nähe *nicht aufdrängen*. Wichtig erscheint mir dabei auch, gerade zu Beginn der Beziehung sehr genau auf die den Klienten zuträgliche Nähe und Distanz zu achten. Mitunter ist es auch sinnvoll, wenn wir dieses Thema direkt ansprechen und die Klienten bitten, uns zu signalisieren, wie intensiv die Beziehung gestaltet werden soll und wieviel Nähe sie jeweils ertragen.

Es dürfte klar sein, daß Gespräche darüber nicht in abstrakter Form geführt werden sollten, sondern mit Vorteil an ganz konkreten Situationen durchgespielt werden. Oft reicht es bereits aus, wenn wir Professionelle uns über die Bedeutung dieses Themas Rechenschaft ablegen und unseren Umgang mit den Klienten kritisch reflektieren. In diesem Fall vermitteln wir durch unsere ganze Haltung und durch die Art, wie wir mit den Fragen und Problemen der Klienten umgehen, daß wir ihnen Zeit lassen wollen.

Eine zweite Konsequenz der geschilderten Psychodynamik liegt für mich darin, daß wir uns gerade bei diesen Klientinnen und Klienten *hüten sollten, Versprechungen zu machen*, von denen wir von vornherein wissen – oder wissen müßten –, daß wir sie gar *nicht einhalten können*. Dies betrifft beispielsweise Art und Ausmaß der Hilfe, die wir zu leisten bereit und fähig sind, oder Versprechungen über die Intensität der Betreuung. Mitunter sind es nicht einmal von uns expressis verbis gegebene Zusagen, sondern ausgesprochene oder unausgesprochene Erwartungen der Klienten, denen wir nicht von Anfang an unter Verweis auf die uns und ihnen gesetzten Grenzen widersprochen haben. Ich weiß aus Erfahrung, auf welch schmalem Grat wir uns in solchen Situationen bewegen zwischen einem die Klienten unnötig kränkenden, sie durch unerbittliche Konfrontationen mit der Realität verletzenden und abschreckenden Verhalten einerseits und einer letztlich kontraproduktiven, weil völlig unrealistische Erwartungen weckenden, zögernden Vorsicht andererseits. Welches Vorgehen wir auch immer wählen, es ist von großer Bedeutung, daß wir als Leitlinie stets vor Augen haben, uns nicht zu Versprechungen drängen zu lassen, die wir nicht einhalten können, und nur solche Angebote zu machen, die wir voraussichtlich auch werden erfüllen können und wollen. Weichen wir von dieser Linie ab, so tragen wir, auch wenn unser Verschleiern der Realität noch so gut gemeint war, zu erneuten Verletzungen unserer Klienten bei und verfestigen in ihnen das Bild einer Welt, auf die sie sich aus Angst vor weiteren Enttäuschungen nicht einlassen wollen.

Die dritte Konsequenz aus den theoretischen Überlegungen ist die Notwendigkeit, in der Begleitung und Therapie der hier geschilderten Klientinnen und Klienten größten Wert auf die *Beziehungskonstanz* zu legen. Weil in der Vorgeschichte, von Kindheit an bis in die Gegenwart, eine Fülle von Beziehungsabbrüchen erfolgt ist, müssen wir von professioneller Seite darauf bedacht sein, der Instabilität im Beziehungsfeld Konstanz entgegenzusetzen. So wichtig

einerseits die Intensität der Betreuung und Therapie ist, so halte ich andererseits doch die Konstanz und das Angebot einer über längere Zeit sich erstreckenden stabilen Beziehung zu einer bestimmten Bezugsperson für einen ausschlaggebenden Faktor in der Begleitung von Menschen mit schwerwiegenden psychosozialen Konflikten. Untersucht man ihr Bezugssystem gerade auch im Hinblick auf ihre Kontakte zu professionellen Helferinnen und Helfern, so fällt immer wieder auf, daß neben den weitgehend isoliert Lebenden eine recht große Zahl von Klientinnen und Klienten von vielen Stellen und Personen betreut wird, diese Kontakte aber zum Teil schon nach kurzer Zeit wieder abbrechen und die Klienten sich eigentlich nirgends emotional wirklich einlassen. So entsteht die paradoxe Situation, daß sie in quantitativer Hinsicht überbetreut, in qualitativer Hinsicht aber unterversorgt sind, mit der fatalen Folge, daß sich ihr Lebensmuster mit der Vorstellung, Beziehungen könnten nie etwas Verbindliches, Tragendes sein, immer mehr verfestigt. Deshalb erachte ich es als wesentlich, daß im Netz der verschiedenen Professionellen, die mit diesen Klientinnen und Klienten zu tun haben, wenigstens eine Person ist, die die nötige Beziehungskonstanz garantiert.

Anklammerung und hilfesuchendes Verhalten

Das Gegenstück zur manifesten oder latenten Ablehnung und Entwertung unserer professionellen Angebote stellt das anklammernde und geradezu panisch-hilfesuchende Verhalten dar, das viele Klientinnen und Klienten mit erheblichen psychosozialen Problemen uns zu Beginn der Betreuung präsentieren. Ich habe eine solche Situation am Beispiel von Herrn Gruber geschildert (Seite 23 ff.), eines Patienten, der mich schon bei der Anmeldung und in ganz erheblichem Maße dann bei der ersten Konsultation mit Wünschen geradezu überschwemmte.

Klienten wie Herr Gruber befinden sich in der schwierigen Situation, daß sie nicht nur unter vielfältigen psychischen Problemen wie Ängsten, Depressionen und Kontaktstörungen leiden, sondern außerdem mit einer Fülle massiver sozialer Schwierigkeiten zu kämpfen haben. Das Problem liegt vor allem darin, daß wir diese beiden Dimensionen, die Erlebensseite und die Ebene der sozialen Konflikte, nicht voneinander trennen können. Sie sind typischerweise eng ineinander verwoben, bedingen einander und lassen die Situation oft in einer Art eskalieren, die es uns Professionellen fast unmöglich erscheinen läßt, irgend etwas zur Verbesserung der Lage tun zu können. Im Gegenteil, wir stehen nicht selten unter dem Eindruck, es sei geradezu kontraproduktiv, das ohnehin bereits so labile System von irgendeiner Seite her zu berühren und damit unter Umständen zum Zusammenbruch des Ganzen beizutragen.

Dabei spielt die unheilvolle Eigendynamik der sozialen Schwierigkeiten wie Arbeitslosigkeit, Wohnungsnot, finanzielle Verschuldung und ähnliches eine fatale Rolle, indem sie die Probleme immer weiter eskalieren lassen. Angesichts dieser Situation wird die Panik, die solche Klientinnen und Klienten häufig zeigen, verständlich: Sie fühlen sich von allen Seiten von Problemen umstellt, sehen keinerlei Chance zu einer positiven Veränderung und spüren, daß sie unaufhörlich und in immer schnellerem Tempo auf den Abgrund zusteuern.

Die Konsequenz aus diesen Überlegungen lautet für mich, die sozialen Probleme ebenso ernst zu nehmen wie die psychischen Schwierigkeiten. Zu Beginn der Behandlung hat für mich bei diesen Klienten die soziale Dimension sogar mitunter eindeutig den Vorrang. Die Entscheidung darüber, welche Probleme zuerst anzugehen sind und welches konkrete Vorgehen dabei zu wählen ist, erfordert eine möglichst genaue Analyse der Psychodynamik, die hinter dem verzweifelten Sich-Anklammern steht.

Wenn wir die Lebensgeschichten solcher Klientinnen und Klienten betrachten, so zeigt sich bei ihnen ein zentrales Mißtrauen anderen Menschen gegenüber, ein tiefes Durchdrungensein von der Vorstellung, niemand werde sich ihnen freiwillig und in selbstloser Weise zuwenden. Wenn sie überhaupt eine Chance haben wollten, Unterstützung von außen zu erhalten, so müßten sie diese, sei es durch die Demonstration extremer Hilflosigkeit, sei es durch manipulatives Verhalten, nicht selten auch solchem drohender Art, erzwingen. Gelingt es ihnen auf diese Art, anderen Menschen Hilfeleistungen abzutrotzen, so erleben sie dies einerseits als narzißtischen Triumph, andererseits fürchten sie aber permanent, die die Unterstützung bietende Person werde die Manipulation entdecken und sich verärgert zurückziehen. Aufgrund dieser Angst laufen die Klientinnen und Klienten nicht selten von einer Hilfsperson zur nächsten, wobei sie dem jeweiligen Ansprechpartner den Eindruck vermitteln, er sei der einzige, der jetzt noch die Situation zu retten vermöge. Außerdem intensivieren sie ihre Anklammerungsversuche immer mehr, was aber auch die Angst vor Zurückweisung immer größer werden läßt. So kann ein Teufelskreis entstehen, der in ein von immer größerer Panik erfülltes hilfesuchendes Verhalten führt und es damit den Klienten verunmöglicht, die empfangene Unterstützung auch nur annähernd zu nutzen. Sie sind permanent auf der Flucht vor der Entdeckung ihrer Manipulationsversuche und spüren zugleich, daß sich ihre psychosoziale Situation immer weiter zuspitzt und sie sich immer tiefer in ihre Probleme verstricken.

Bei uns Professionellen kann ein solches Verhalten ganz unterschiedliche Reaktionen zur Folge haben. Es kann sein, daß wir uns durch den uns vermittelten Eindruck, wir seien geradezu unentbehrlich, besonders geschmeichelt und daraufhin verpflichtet fühlen, größte Aktivität für die Klienten zu entfalten. Nicht selten folgt dann aber über kurz oder lang die Einsicht, alle unsere Bemühungen brächten nicht den gewünschten Erfolg, und wir reagieren darauf mit Enttäuschung, unter Umständen auch mit Ärger auf die Klientinnen und Klienten, die uns zunächst suggeriert haben, wir seien »allmächtig«, und die uns nun mit unserer Insuffizienz konfrontieren und unsere Bemühungen gar noch in entwertender Weise kommentieren. Die aggressiven Reaktionen der Helferinnen und Helfer werden vor allem dann besonders ausgeprägt sein, wenn sie sich von den Klienten betrogen und ausgenutzt fühlen. Dieser Eindruck entsteht am ehesten bei solchen Klienten, die immer wieder andere Professionelle aufsuchen und ihnen je vermitteln, sie allein könnten effiziente Hilfe leisten, um sich aber bei der geringsten Enttäuschung schon wieder an andere Ansprechpartner zu wenden.

Autonomieprobleme

Schon früh im Leben vieler der hier geschilderten Klientinnen und Klienten finden wir ausgeprägte Autonomiekonflikte. Diese Menschen sind einerseits in ihren Selbständigkeitsbestrebungen radikal eingeengt und beschnitten worden und haben andererseits oft keine konstruktiven Grenzen im Sinne orientierunggebender Koordinaten erlebt. Es ist das in der Fachliteratur immer wieder beschriebene Schwanken der nächsten Bezugspersonen zwischen Verwöhnung und Härte. Wichtig scheint es mir bei der Beurteilung dieser Dynamik allerdings zu sein, uns der Tatsache bewußt zu sein, daß es nicht elterliche Willkür war, die zu derartigen Erziehungsmethoden geführt hat, sondern ein hilfloses Schwanken von Eltern, die selbst in vielfältige Schwierigkeiten psychischer und ökonomischer Art verstrickt waren und ihren Kindern beim besten Willen keine Konstanz und keine konstruktiven Grenzen zu bieten vermochten.
Diese Einsicht ist nicht nur von theoretischem Interesse,

sondern hat nach meiner Erfahrung große praktische Bedeutung. Wenn uns als Sozialberatern, Seelsorgerinnen und Psychotherapeutinnen wirklich klar ist, daß die Einschränkungen, die unsere Klientinnen und Klienten im Bereich ihrer Autonomieentwicklung erlitten haben, nicht in kulpabilisierender Weise den Eltern zum Vorwurf gemacht werden können, sondern aus deren eigenen Verstrickungen und ihrer Hilflosigkeit resultieren, so begegnen wir den Klienten in einer viel unvoreingenommeneren Weise und fügen ihnen nicht noch durch die ausgesprochenen oder nonverbal vermittelten Vorwürfe ihren Eltern gegenüber erneute Verletzungen zu. Denn selbst bei desolatesten frühkindlichen Beziehungskonstellationen haben die Klienten die Bilder ihrer Eltern ja introjiziert, und die Beziehungserfahrungen sind damit zu einem Bestandteil ihrer eigenen Persönlichkeit geworden. Deshalb ist der »Angriff« auf die Elternfiguren immer auch ein »Angriff« auf die Klienten selbst und insofern eine Verletzung, die wir ihnen zufügen. Hinzu kommt, daß wir den realen Eltern durch eine sie kulpabilisierende Haltung auch in keiner Weise gerecht werden. Gerade die Arbeit mit Klienten mit großen psychosozialen Schwierigkeiten zeigt uns ja deutlich, wie eng die ökonomischen Bedingungen, die psychische Befindlichkeit und das konkrete soziale Verhalten miteinander zusammenhängen und sich gegenseitig bedingen.

Die Probleme der Klientinnen und Klienten im Autonomiebereich führen dazu, daß sie unter dem Eindruck der erdrückenden psychischen und sozialen Schwierigkeiten immer unsicherer und hilfloser werden und schließlich auch den letzten Rest an Selbständigkeit verlieren. In dieser Situation neigen sie dazu, mit einer Haltung totaler Resignation oder eines trotzigen »Nun will ich auch nicht mehr« die Verantwortung ganz an andere Menschen ihrer Umgebung abzugeben und von diesen mit oft geradezu magischen Erwartungen zu verlangen, sie sollten dafür Sorge tragen, daß sich die Lage der Klienten »irgendwie« zum Besseren wende. So verständlich eine solche Haltung aus

der Sicht der Klienten angesichts ihrer vielfältigen psychosozialen Schwierigkeiten auch sein mag, so verhängnisvoll
ist es aber doch, wenn wir Professionellen die Forderung an
uns unreflektiert übernehmen. Das Problem liegt allerdings
darin, daß wir uns bei ihnen nicht auf die Haltung zurückziehen können, wir sähen unsere Aufgabe lediglich darin,
»Hilfe zur Selbsthilfe« zu leisten. Je nach Lebensumständen
und Persönlichkeit der Klienten sind sie zum Teil mit der
»Hilfe zur Selbsthilfe« erheblich überfordert und bedürfen
statt dessen der aktiven Unterstützung unsererseits. Jeder
Appell an die – oft gar nicht vorhandenen oder längst
erschöpften – eigenen Kräfte und Ressourcen wäre eine un-
menschliche Zurückweisung und würde die Klienten in
einem Augenblick im Stich lassen, da sie ganz direkter Hilfe
bedürfen.

Zugleich aber müssen wir berücksichtigen, daß eine im
Ausmaß wie in der Dauer unangemessen Unterstützung
kontraproduktiv ist, weil wir damit noch die letzte Autonomie der Klienten unterhöhlen und ihnen vermitteln, wir
hielten sie nicht für fähig, selbst irgend etwas zur Lösung
ihrer Probleme beizutragen. Unser mangelndes Vertrauen in
die eigenen Kräfte der Klientinnen und Klienten wirkt sich
nicht nur autonomiemindernd aus, sondern stellt für sie
auch eine empfindliche Kränkung dar. Daraus resultiert
nicht selten eine Haltung, die sich am besten umschreiben
läßt mit dem unbewußten Entwurf solcher Menschen:
»Wenn Ihr mich für so unfähig haltet, dann müßt Ihr auch
alles für mich tun.«

Die Folge ist zum einen *ein unerbittliches Drängen* darauf,
die Professionellen hätten für alle Lebensbereiche die Verantwortung zu übernehmen. Die Erfüllung eines Wunsches
hat in diesem Fall nicht Zufriedenheit zur Folge, sondern
führt typischerweise zu einer Kette weiterer Forderungen,
und die Spirale der Ansprüche schraubt sich zunehmend
enger. So kann es zu malignen Regressionen kommen, wie
BALINT (1970) sie beschrieben hat, mit den Gefühlen der
Betreuenden, von den immer maßloser werdenden Forde-

rungen der Klientinnen geradezu erdrückt zu werden. Je nach Persönlichkeit der Professionellen werden diese daraufhin entweder ihre Bemühungen verstärken, um doch noch die eigenen Idealvorstellungen »erfolgreicher« Helferinnen und Helfer zu erfüllen. Oder sie werden sich voller Selbstzweifel und Schuldgefühle zurückziehen und sich vorwerfen, den Klientinnen nicht effizient genug geholfen zu haben. Möglich ist aber auch eine aggressive Reaktion der Professionellen auf die maligne Regression der Klienten, aus dem Gefühl heraus, von diesen mißbraucht und ausgenutzt zu werden.

Eine andere Verhaltensform ist der *totale Boykott* aller vorgeschlagenen oder eingeleiteten Maßnahmen. Es ist eine Reaktion der Klienten auf die Kränkung, daß wir ihre eigenen Kräfte mißachtet haben, ein trotzig uns entgegengehaltenes, von Rachegefühlen begleitetes »Nun will ich auch nicht mehr!«. Dies wiederum führt bei den Helferinnen und Helfern leicht zu Gefühlen der Enttäuschung und des Gekränktseins und damit zu Gegenaggressionen, bis hin zum Abbruch der Betreuung mit dem Hinweis, die Klienten seien so »maßlos« in ihren Ansprüchen oder derart ablehnend gegenüber allen Therapie- und Rehabilitationsangeboten, daß eine Betreuung »unmöglich« sei.

Das Umgehen mit anklammerndem Verhalten

Aus den bisherigen Ausführungen dürfte klargeworden sein, daß es gerade bei Menschen mit erheblichen psychosozialen Problemen oft schwierig ist, den ihnen gemäßen Weg zwischen der Forderung von Eigeninitiative und der direkten Unterstützung zu finden. Allzu leicht verfallen wir bei ihnen in den Fehler, das zu wiederholen, was sie in ihrer Kindheit und Jugend bereits erlebt haben und an dessen Folgen sie heute noch leiden, nämlich ein hilfloses Schwanken zwischen Über- und Unterforderung, zwischen Verwöhnung und Härte.

Worauf es vor allem ankommt, scheint mir dreierlei zu sein:

Zum einen müssen wir sorgfältig die *soziale Situation* prüfen, in der die Klientinnen und Klienten derzeit leben. Erst dann können wir abschätzen, welche und wieviel manifeste Hilfe sie benötigen.

Zum anderen müssen wir uns ein möglichst *genaues Bild von der Psychodynamik* der Klienten machen, das heißt von ihren Wünschen und Ängsten, von ihren Übertragungsdispositionen und von ihren Widerständen ebenso wie von ihren intakten Ich-Funktionen und ihren sozialen Ressourcen. Angesichts von schweren psychischen Störungen im Verbund mit vielfältigen sozialen Problemen neigen wir allzu schnell dazu, nur die Defizite zu sehen und als Konsequenz davon gerade bei den hier beschriebenen Klienten unter dem Eindruck zu stehen, bei ihnen komme jede Hilfe zu spät, sie seien »unbehandelbar«. Zu einer realistischen Einschätzung der Klienten und ihrer Möglichkeiten gehört indes nicht nur die Wahrnehmung ihrer konflikthaften, desolaten Seiten. Für die sozialpädagogische, seelsorgliche und psychotherapeutische Arbeit ist es vielmehr von mindestens so großer, wenn nicht sogar von noch größerer Bedeutung, auch die Aspekte ihrer Persönlichkeit und die Bereiche ihres sozialen Lebens ins Auge zu fassen, in denen sie keine oder nur geringfügige Störungen aufweisen. Denn nur auf die Ressourcen können wir bauen, und nur von den intakten Persönlichkeitsanteilen können wir ausgehen, wenn wir ihre psychosoziale Situation verbessern wollen.

Zum dritten gilt es, unsere *eigenen Gefühle und Reaktionen, die Gegenübertragung, einer sorgfältigen, selbstkritischen Analyse zu unterziehen.* Dabei werden wir mit der Zeit wahrzunehmen lernen, in welcher Weise wir auf bestimmte psychodynamische und soziale Konstellationen reagieren. Die eigenen Gefühle können uns dann unter Umständen als ein wichtiger Indikator für die Probleme der Klientinnen und Klienten dienen. Außerdem werden wir mit zunehmender Berufserfahrung deutlicher spüren, auf welche Situationen wir aufgrund unserer eigenen Persönlichkeit gereizt, allzu nachgiebig, überfürsorglich, hart oder versagend reagieren, und wir werden lernen, diese Gefühle nicht unreflektiert, zum Schaden der Klienten, in Handlung umzusetzen, sondern sie zu kontrollieren und in konstruktiver Weise im therapeutischen Prozeß zu nutzen.

Eine weitere generelle Strategie für den Umgang mit anklammerndem Verhalten von Klienten und ihrer Neigung, alle Verantwortung an die Betreuenden zu delegieren, sehe ich darin, immer wieder zu prüfen, ob wir uns in unserem professionellen Handeln noch auf dem schmalen Grat *zwischen* Verwöhnung und Härte bewegen, oder ob wir uns zu einer Reaktion der einen oder anderen Seite haben provozieren lassen. Ich gehe dabei von folgendem Grundsatz aus: Da es mein Ziel ist, die Angst- und Spannungstoleranz der Klienten so weit wie möglich zu stärken, versuche ich die Forderungen, die ich an sie stelle, und die Belastungen, die ich ihnen zumute, immer *etwas höher* anzusetzen, als es ihren augenblicklichen Fähigkeiten entspricht. Ich bespreche die Situation mit ihnen sorgfältig und deklariere das, was ich ihnen nahelege, als »Experiment«. Dabei betone ich ausdrücklich, wir würden jetzt einmal versuchen, die betreffende Situation auf die miteinander besprochene Art anzugehen; wenn sich herausstellen sollte, daß es so nicht möglich oder den Klienten nicht zuträglich sei, müßten wir das Vorgehen modifizieren und andere Strategien suchen. Oft liefern solche Vorgespräche bereits eine Fülle von psychodynamisch wichtigen Informationen, und es lassen sich Arrangements treffen, welche die Klienten trotz der dadurch bedingten relativen Belastung (die ich aber nie allzu groß werden lasse) gut ertragen und an denen ihre Kräfte wachsen können.

Zwei Beispiele mögen dieses Vorgehen veranschaulichen:

Frau Erhart (Pseudonym) berichtete mir immer wieder in den Therapiestunden von ihren großen Ängsten, die sie verspüre, wenn sie mit einer Amtsstelle telefonieren müsse. Insbesondere war sie in

76

der Therapiephase, um die es hier geht, von Panik erfüllt, wenn sie mit der Steuerbehörde wegen ihrer Ratenzahlungen verhandeln sollte. Wochenlang ließ sie Briefe vom Steueramt ungeöffnet zu Hause liegen. Auf diese Weise verstrichen wichtige Fristen, in denen sie Abzahlungsvorschläge hätte formulieren sollen, und gerade noch im letzten Augenblick ließ sich eine Pfändung verhindern. Ich schlug deshalb Frau Erhart vor, alle Schreiben von amtlichen Stellen in die Therapiestunde mitzubringen und sie in meiner Gegenwart zu öffnen. Tatsächlich erwies sich diese Strategie als hilfreich, indem ich für Frau Erhart ein externer Reizschutz-Filter wurde und durch meine Gegenwart und meine Interventionen ihren Angstpegel so niedrig halten konnte, daß sie sich mit den ihr so unangenehmen und angstauslösenden sozialen Realitäten konfrontieren konnte.

In eine Sitzung brachte Frau Erhart unter anderem ein Schreiben der Steuerbehörde mit, in dem ihr mitgeteilt wurde, sie möge sich sobald wie möglich wegen weiterer Abmachungen über Steuerraten melden. Die Patientin äußerte, daß sie sich völlig außerstande fühle, ein Gespräch mit dem Steuerbeamten zu führen. Inständig bat sie mich, ihr dieses Telefongespräch abzunehmen und mit dem Beamten zu verhandeln. Nach sorgfältiger Vorbesprechung der ganzen Situation (und dazu gehörte auch eine Reflexion der Übertragungsdispositionen von Frau Erhart) entschloß ich mich, in Gegenwart von Frau Erhart das Telefongespräch mit dem Steuerbeamten zu führen. Ich teilte ihm, wie vorher mit der Patientin besprochen, mit, daß sie wegen ihrer mißlichen finanziellen Verhältnisse im Augenblick lediglich Fr. 50.– pro Monat zahlen könne. Wir würden uns wieder melden, wenn sich die Situation verbessert habe. Der Beamte war mit diesem Vorgehen einverstanden, forderte aber eine neue Verhandlung nach Ablauf von drei Monaten.

Als diese Zeit abgelaufen war, wandte sich Frau Erhart wiederum mit der inständigen Bitte an mich, ich möge noch einmal mit dem Beamten verhandeln. Da sich ihre Angst- und Spannungstoleranz in der Zwischenzeit aber verbessert hatte, teilte ich ihr mit, daß wir den Inhalt dieses Gespräches miteinander bedenken könnten, daß sie dann aber, wenn sie wolle in meiner Gegenwart, das Gespräch selbst führen solle. Obwohl sie voller Angst dieser direkten Konfrontation mit dem Steuerbeamten entgegensah, erklärte sie sich mit meinem Vorschlag einverstanden. Immerhin hielt sie sich aber noch nicht für fähig, den ersten Kontakt zu dem Beamten herzustellen, und bat mich, das Gespräch wenigstens einzuleiten. Ich rief den Beamten an und sagte ihm, ich hätte mit Frau Erhart das weitere Vorgehen durchgesprochen, und sie werde ihm nun unseren Vorschlag unterbreiten. Damit gab ich den Telefonhörer an die Patientin weiter. Sie teilte dem Beamten daraufhin unseren Vorschlag mit und war sichtlich erleichtert, als er für weitere drei Monate darauf einging. Nach Ablauf dieser Zeit stellte sich wiederum die Frage nach einer neuen Ratenabmachung. Bei diesem Mal legte ich Frau Erhart nahe, die Verhandlung selbständig zu führen. Sie bat darum, in meiner Gegenwart mit dem Steuerbeamten telefonieren zu dürfen. Auf diesen Vorschlag ging ich ein. Frau Erhart führte das ganze Gespräch aber ohne meine Mithilfe.

Wie dieses Beispiel zeigt, ist es möglich, im Verlauf einer Behandlung, je nach Angst- und Spannungstoleranz der Klienten, die Anforderungen an sie nach und nach zu erhöhen. Auf diese Weise können wir Schritt um Schritt ihre Selbständigkeit fördern, ohne sie zu überfordern.

Ein anderes Beispiel für den Umgang mit anklammerndem Verhalten stellt eine Situation dar, die ich mit Herrn Schumacher (Pseudonym) erlebte:

Ich hatte ihm zu Beginn der Behandlung gesagt, daß ich gern gelegentlich ein Treffen mit den anderen Professionellen, die an seiner Betreuung beteiligt waren, anberaumen würde. Wie stets in solchen Situationen, besprach ich mit dem Patienten sorgfältig, wie wir diese Sitzung gestalten würden, über welche Themen es zu sprechen gelte und wie unsere Rollen verteilt sein würden. Dabei äußerte Herr Schumacher den dringenden Wunsch, wenn er schon bei dieser Sitzung anwesend sein müsse, dann wolle er aber gern auf einem niedrigen Hocker *hinter* mir sitzen; ich solle für ihn das Gespräch mit den anderen Professionellen führen. Ich erwiderte daraufhin, es sei für mich selbstverständlich, daß er im Kreis der Gesprächspartner sitze und selbst zu den ihn ja betreffenden Fragen Stellung nehme. Wenn wir in dem von ihm gewählten Bild bleiben wollten, dann könne man höchstens sagen, daß *er* im Kreis sitze und ich auf einem niedrigen Hocker hinter ihm Platz nähme, um ihm vielleicht dann und wann wie ein Souffleur ein Stichwort zuzuflüstern. Die Verhandlung müsse aber er selbst führen.

Oft ergeben sich im Vorfeld gemeinsamer Sitzungen psychodynamisch außerordentlich interessante Situationen. So läßt die Vorstellung von Herrn Schumacher, er werde außerhalb des Kreises auf einem niedrigen Hocker hinter mir sitzen, unschwer eine idealisierende, sich in eine passiv-regressive Position begebende Übertragungsdisposition erkennen. Wie meine Intervention zeigt, habe ich die regressiven Wünsche des Patienten zurückgewiesen und ihn zur Entwicklung progressiver Kräfte aufgefordert. Durch meinen Hinweis, ich sähe meine Rolle als Souffleur, habe ich ihm zu verstehen gegeben, daß ich mich als externes Hilfs-Ich zur Verfügung stellte, ohne aber auf seine Wünsche nach totaler Umsorgung und nach Übernahme aller Verantwortung einzugehen.

3. Besonderheiten in der Betreuung und Behandlung

Beratungen, Betreuungen und Psychotherapien von Klientinnen und Klienten mit schwerwiegenden psychosozialen Problemen gleichen zwar in etlicher Hinsicht den Begleitungen von Menschen mit anderen gravierenden psychischen Störungen wie den Charakterneurosen (HOFFMANN 1979) oder den Borderline-Persönlichkeitsstörungen im Sinne KERNBERGS (1979, 1989). Dennoch zeichnen sich die hier beschriebenen Klientinnen und Klienten aber auch durch eine Reihe spezifischer Persönlichkeitszüge und Verhaltensweisen aus, die ein therapeutisches Vorgehen erfordern, das von der Behandlung anderer Klienten abweicht. Auf einige dieser Besonderheiten bin ich bereits in anderen Kapiteln dieses Buches, nicht zuletzt bei den kasuistischen Beispielen, eingegangen. Im vorliegenden Kapitel möchte ich die wichtigsten spezifischen Merkmale solcher Begleitungen und Therapien noch einmal systematisch darstellen. Soweit es bereits behandelte Themen sind, werde ich mich unter Verweis auf die entsprechenden Kapitel auf eine kurze Rekapitulation und auf die Akzentuierung der wichtigsten Gesichtspunkte beschränken. Mit anderen Aspekten, die bisher noch nicht diskutiert worden sind, werde ich mich hingegen ausführlicher beschäftigen.

Das Ineinandergreifen sozialer und psychischer Probleme

Der Hauptunterschied zwischen den hier geschilderten Klientinnen und Klienten und anderen Ratsuchenden und Patienten liegt darin, daß bei den ersteren massive soziale Schwierigkeiten vorliegen, die in einer engen Wechselwirkung mit den psychischen Problemen dieser Menschen stehen. Der sich daraus ergebende Teufelskreis führt häufig zu einer Eskalation der psychischen Symptomatik (Ängste, Depressionen, Beziehungsprobleme, narzißtische Störungen usw.) und zugleich zu einer immer tieferen Verstrickung in soziale Schwierigkeiten wie Arbeitslosigkeit, Verschuldung und Wohnungsprobleme mit ihrer unheilvollen Eigendynamik. Dabei fällt es in der Regel schwer zu entscheiden, ob die Verschärfung der sozialen Probleme Grund für die Zunahme der psychischen Störungen ist, oder ob die Ursache für die Eskalation der sozialen Probleme vor allem bei den psychischen Schwierigkeiten dieser Menschen zu suchen sind. Diese Frage läßt sich – wenn überhaupt – nur in der ganz konkreten Situation eines bestimmten Klienten beantworten. Oft gelingt es uns aber beim besten Willen nicht, Ursache und Wirkung eindeutig zu identifizieren. Wir müssen vielmehr im Sinne der *Systemtheorie* (VON BERTALANFFY 1974) von einer *engen Wechselwirkung zwischen der sozialen Realität und den psychischen Symptomen* ausgehen, die je Ursache und Wirkung zugleich sind.

Diese theoretische Einsicht hat, wie in früheren Kapiteln zum Teil bereits dargestellt, ein von anderen Betreuungen und Behandlungen abweichendes therapeutisches Vorgehen zur Folge. Wir können uns als Sozialarbeiter, Psychotherapeutinnen, Sozialpädagogen, Seelsorgerinnen und Fachleute anderer Richtungen im Umgang mit diesen Klientinnen und Klienten *nicht entweder auf die soziale oder auf die psychische Dimension beschränken,* sondern müssen in unseren Aktivitäten *beide Aspekte gleichermaßen berücksichtigen.* Gewiß werden wir, allein aus Kompetenzgründen, je nach unserer beruflichen Grundausbildung verschiedene Prioritäten setzen müssen. Doch scheint mir eine größtmögliche Offenheit gegenüber den Nachbardisziplinen und eine intensive Zusammenarbeit, zum Teil sogar eine Grenzüberschreitung in die Nachbarbereiche, eine der zentralen Bedingungen der von mir geschilderten Betreuungen und Behandlungen zu sein.

Dies bedeutet zum einen, daß wir uns in *einer spezifischen Postgraduierten-Weiterbildung* Kenntnisse aus den Disziplinen aneignen müssen, die nicht zu unserer beruflichen Grundausbildung gehört haben. Zum anderen müssen wir bei den Klientinnen und Klienten mit schwerwiegenden psychosozialen Problemen lernen, in ganz besonderer Weise *interdisziplinär zu arbeiten.* Auch dazu bedarf es detaillierter Kenntnisse über die Inhalte, Methoden und Arbeitsweisen der Nachbardisziplinen. Neben der theoretischen Weiterbildung ist nach meiner Erfahrung das persönliche Kennenlernen und die Erarbeitung gemeinsamer Betreuungs- und Behandlungskonzepte, und zwar unter Einbezug der Klienten, von großer Bedeutung. Ich werde ein solches Vorgehen noch genauer schildern (Seite 123 ff.).

Ich möchte an zwei kasuistischen Beispielen veranschaulichen, wie die Arbeit an und mit dem aus der sozialen Realität stammenden Material äußerst fruchtbar für die Psychotherapie sein kann. Zugleich wird vor allem das zweite Beispiel aber auch die bei einem solchen Vorgehen auftauchenden Schwierigkeiten in bezug auf die Übertragungs- und Gegenübertragungsprozesse sichtbar werden lassen.

Herr Werner (Pseudonym), ein dreißigjähriger Mann, hatte sich wiederholt wegen Sachbeschädigung, Körperverletzung, als Heranwachsender auch wegen Einbrüchen, strafbar gemacht. Ihm war schließlich nach Art. 43 des Schweizerischen Strafgesetzbuches vom Gericht eine ambulante Psychotherapie auferlegt worden. Herr Werner zeigte nicht nur massive psychische Störungen von der Art einer Borderline-Organisation im Sinne KERNBERGS (1979), sondern daneben auch eine Fülle von Defiziten in seinen sozialen Kompetenzen, die ihrerseits zu gravierenden sozialen Problemen geführt hatten, insbesondere einer erheblichen Verschuldung, und zu langjähriger Arbeitslosigkeit. Außerdem bestand bei meinem intellektuell durchschnittlich begabten Klienten seit Kindheit eine schwere, nicht behandelte Legasthenie (Herr Werner hatte sich nach eigenen Angaben vehement gegen die in der Volksschulzeit eingeleitete Legasthenietherapie gewehrt). Diese Behinderung hatte im Erwachsenenalter nun ein solches Ausmaß erreicht, daß Herr Werner größte Mühe hatte, sich in schriftlicher Form zu äußern und längere Texte zu lesen. In der Psychotherapie war mir indes aufgefallen, daß der Patient seine schwere Legasthenie allerdings auch teilweise funktionalisiert hatte: Wann immer er bestimmte Realitätsaspekte aus psychodynamischen Gründen nicht wahrnehmen wollte, benutzte er seine Legasthenie als Mittel zur Ausblendung und Verleugnung der unangenehmen Wahrnehmung von ihn kränkenden oder bei ihm Angst auslösenden sozialen Gegebenheiten.

In einer Therapiestunde erschien er in größter Erregung und zeigte mir einen Bescheid, den er von der Steuerbehörde erhalten habe. Herr Werner wies darauf hin, daß er mit diesem vorgedruckten Formular gerügt werde, weil er seine Steuern noch nicht bezahlt habe; es sei unverschämt, ihm als Termin für die Zahlung ein Datum anzugeben, das bereits eine Woche zurückliege. Sein wütender Kommentar gipfelte in den Worten: »Die meinen natürlich, mit mir als Verbrecher könnten sie so umgehen. Aber die sollen was erleben! Ich gehe zum Steueramt und schlage denen alles kurz und klein«. Tatsächlich befand sich auf dem Steuerbescheid ein fettgedrucktes Datum der vergangenen Woche. Der Text lautete jedoch anders, als der Patient annahm: Es hieß, in der Abrechnung seien Zahlungen bis zum angegebenen Datum berücksichtigt.

Diese im Grunde triviale Begebenheit lieferte uns eine Fülle von Material für die psychotherapeutische Arbeit. Das »Mißverstehen« des Steuerbescheids bot zum einen die Möglichkeit, an den *pathologischen Abwehrformationen,* die zu einer derartigen Realitätsverkennung geführt hatten, zu arbeiten. Konkret bedeutete das: Ich forderte Herrn Werner auf, mir den vollständigen Text vorzulesen. Die Tatsache, daß er dies zunächst wütend verweigerte, läßt erkennen, daß das Mißverstehen der Mitteilung nicht lediglich als »Unachtsamkeit« interpretiert werden durfte und nicht nur Ausdruck seiner durch die Legasthenie bedingten Leseprobleme war, sondern daß hier ein (aus ich-strukturellen und psychodynamischen Gründen) aktiv eingesetzter Widerstand gegen die Wahrnehmung der äußeren Realität in Erscheinung trat. Der von Herrn Werner erlebte »Vorwurf« konnte zudem verstanden werden als Projektion seiner eigenen Aggressivität, als deren Opfer er sich nun erlebte, woraus er die Berechtigung zu einer Gegenaggression ableitete (im Sinn der projektiven Identifizierung).

Neben diesen Manifestationen der *ich-strukturellen Störung* trat in der beschriebenen Episode auch die *Über-Ich-Problematik* des Patienten deutlich hervor: Die Selbstetikettierung als »Verbrecher«, von dem andere »natürlich« meinen, sie dürften so mit ihm umgehen, vermittelt ein anschauliches Bild von den den Patienten entwertenden sadistischen Über-Ich-Kernen. Deutlich wird hier auch der vor allem von dissozialen Menschen vielfach eingesetzte Mechanismus der Projektion dieser sadistischen Über-Ich-Kerne auf Über-Ich-Träger in der Außenwelt, mit der Konsequenz, daß gegen diese dann ein geradezu verzweifelter Kampf geführt wird, in der allerdings irrigen Hoffnung, damit die entwertenden Stimmen im eigenen Innern zum Schweigen bringen zu können.

Ferner war es möglich, die *narzißtische Dimension* im Verhalten von Herrn Werner zu deuten: Stellte doch der Plan, er werde nun zum Steueramt gehen und es »denen zeigen« und dort »alles zusammenschlagen«, den Versuch dar, in einer grandiosen Weise seine Ohnmachtsgefühle zu verleugnen und sich durch die Äußerung seiner narzißtischen Wut als omnipotenter Beherrscher der Situation zu fühlen.

Schließlich stellte sich beim weiteren Gespräch über den Steuerbescheid heraus, daß das Verhalten von Herrn Werner auch einen zentralen *psychodynamischen Kern* enthielt: Erstmals berichtete er ausführlich davon, er lasse einerseits alle seine finanziellen Belange von der Mutter erledigen, fühle sich von dieser aber andererseits ständig bevormundet und kontrolliert. Hier wurde ein Stück seines zentralen Autonomiekonflikts deutlich, der eine wesentliche Rolle in der Entwicklung seiner Störungen gespielt hatte und den er in seinem heutigen sozialen Leben in den verschiedensten Zusammenhängen immer wieder von neuem inszenierte – nicht zuletzt auch per Übertragung in der therapeutischen Beziehung zu mir. Der psychodynamische Konflikt und die Übertragungsdimension waren indes Themen, die in der Zeit, in der sich die beschriebene Episode ereignete, noch nicht angesprochen wurden. Erst in einer späteren Phase der Therapie konnte ich auch diese Dimensionen aufgreifen und psychotherapeutisch bearbeiten.

Wie dieses Beispiel zeigt, ist es möglich, anhand völlig »alltäglicher«, aus der sozialen Realität der Klientinnen und Klienten stammender Probleme wichtige ich- und über-ich-strukturelle Störungen, narzißtische Verarbeitungen und psychodynamisch bedeutsame Konflikte zu bearbeiten. Auf jeden Fall kommt insbesondere in der Anfangsphase der Behandlung den aktuellen sozialen Konflikten Priorität zu. Bei der Besprechung solcher Themen steht die Arbeit an der pathologischen Abwehr, die den Einsatz wichtiger anderer Ich-Funktionen (z. B. der Realitätsprüfung) beeinträchtigt und ihrerseits zu weiteren Konflikten im sozialen Leben führt, unbedingt im Vordergrund.

Das zweite Beispiel betrifft einen anderen Patienten.

Herr Meister (Pseudonym), ein fünfundzwanzigjähriger junger Mann hatte mich auf Veranlassung seines Hausarztes aufgesucht, weil er sich in einer psychisch wie sozial chaotischen Situation befand. Herr Meister hatte nach Abschluß der Schule noch eine kaufmännische Lehre absolviert, hatte aber bereits damals unter einer Fülle von psychischen Schwierigkeiten gelitten, insbesondere unter massiven Ängsten und Kontaktproblemen. Schon an der Lehrstelle war es zu erheblichen Problemen gekommen: Herr Meister erwies sich als in nur ganz geringem Masse belastbar, reagierte auf die kleinste Kritik mit – der äußeren Realität völlig unangemessenen – schweren Selbstwertkrisen, die entweder zu einem passiv-resignativen Verhalten und totaler Infragestellung seiner selbst oder zu Ausbrüchen narzißtischer Wut führten – beides Verhaltensweisen, die ihn schließlich untragbar an der Arbeitsstelle machten. Nach der Lehre fand er keine weitere berufliche Beschäftigung und zog sich mehr und mehr von allen sozialen Kontakten zurück. Als Herr Meister mich aufsuchte, lebte er seit einigen Jahren im elterlichen Haushalt völlig zurückgezogen in seinem Zimmer.

Ein erstes zentrales Ziel der Behandlung sah ich darin, nach Möglichkeit zu verhindern, daß Herr Meister sich immer mehr in die bereits bestehenden sozialen Schwierigkeiten mit ihrer unheilvollen Eigendynamik verstrickte, dies nicht zuletzt deshalb, weil jeder weitere Schritt in die soziale Desintegration nur wieder eine Fülle negativer sekundärer Folgen nach sich zöge. Aus diesen Überlegungen ergab sich für mich, zunächst die Fragen der Berufstätigkeit und der Sanierung der finanziellen Verhältnisse in den Mittelpunkt zu rücken.

Herr Meister war mit diesem Vorgehen völlig einverstanden und schien zunächst auch gut motiviert, bei der Lösung der sozialen Probleme mitzuarbeiten. Meinen Vorschlag, sich bei einer Sozialdienststelle für Schuldensanierungen beraten zu lassen, wies er jedoch strikt zurück: Er schäme sich zutiefst wegen seiner finanziellen Misere, und es sei ihm deshalb unmöglich, fremden Menschen Einblick in seine privaten Verhältnisse zu gewähren. Außerdem fürchte er, die Mitarbeiter in der Stelle für Schuldensanierungen würden ihn nicht nur beraten, sondern ihm sicher Vorschriften machen wollen, ihm unter Umständen sogar sein Geld von der Arbeitslosenkasse (Herr Meister war zu dieser Zeit noch arbeitslos) »wegnehmen« und nach eigenem Gutdünken einteilen. Ich versuchte zwar in etlichen Therapiestunden, ihm die Vorteile einer fachlichen Beratung bei der Schuldensanierung plausibel zu machen. Herr Meister blieb jedoch strikt bei seiner von heftigen Gefühlen begleiteten Weigerung, obwohl er rational durchaus den Sinn einer solchen Maßnahme einsah. Als sich seine finanzielle Situation immer mehr verschärfte und das finanzielle Chaos, in dem Herr Meister lebte, immer größer wurde, machte er mir schließlich folgenden Vorschlag: Es sei ihm durchaus klar, daß er sich ohne Hilfe von außen immer tiefer in die finanziellen Schwierigkeiten verstricke und beim besten Willen sein Geld nicht richtig einteilen, geschweige denn seine Schulden abtragen könne. Er sei deshalb jetzt bereit, Hilfe anzunehmen. Doch dürfe dies nicht durch eine ihm fremde Person geschehen. Aus diesem Grunde habe er sich entschieden, mich zu bitten, die freiwillige Lohnverwaltung bei ihm zu übernehmen.

So sehr ich zu Beginn seiner Ausführungen angesichts seiner endlich erreichten Einsicht positiv überrascht war, so irritiert war ich durch seinen Vorschlag, ich solle die freiwillige Lohnverwaltung übernehmen. Im Grunde sprach alles gegen die Übernahme einer solchen Aufgabe: Zum einen wollte ich nicht noch weiter, als ich es bisher ohnehin schon getan hatte, in die soziale Welt von Herrn Meister eintreten und darin nun sogar noch eine so konkrete Rolle einnehmen, für die ich mich im übrigen auch gar nicht kompetent fühlte. Zum anderen hatte ich große Bedenken, die psychotherapeutischen und sozialarbeiterischen Funktionen noch weiter zu vermischen, weil dadurch die Übertragungs- und Gegenübertragungsverhältnisse immer unüberschaubarer zu werden drohten. Ich hatte schon bei meiner bisherigen starken Ausrichtung auf die soziale Realität etliche Mühe, Herrn Meister zu zeigen, wo er mich aufgrund seiner psychodynamischen Probleme unter dem Einfluß des Mechanismus der projektiven Identifizierung als mächtigen, bedrohlichen »Verfolger« erlebte, der ihm (in seinem Erleben) zu schaden versuchte und gegen den er sich mit zum Teil erheblicher Aggressivität wehren zu müssen glaubte. Um wieviel schwieriger und für uns beide verwirrender müßte die Situation werden, wenn ich nun in eine soziale Rolle einträte, die mich tatsächlich mit der Macht ausstatten würde, die Herr Meister projektiv bei mir wahrzunehmen meinte und von der er sich bedroht fühlte. Zugleich war mir aber klar, daß ich in Anbetracht der strikten Weigerung des Patienten nur eine Alternative hätte: Entweder ich schaute tatenlos der weitere Eskalation seines finanziellen Chaos zu, oder ich entschiede mich trotz aller eigenen Bedenken für den Versuch einer so weitgehenden Vermischung psychotherapeutischer und sozialarbeiterischer Aufgaben, wie es die freiwillige Lohnverwaltung im Rahmen einer Psychotherapie ist.

Ich habe meine eigenen Überlegungen ausführlich dargelegt, da es mir wichtig erscheint, daß wir alle Abweichungen von unserem üblichen Vorgehen sorgfältig reflektieren.

Die in der psychotherapeutischen Ausbildung vermittelten Richtlinien und die in der Fachliteratur beschriebenen Rahmenbedingungen sind ja Regeln, die sich aus den jeweiligen Therapiekonzepten herleiten und auf jahrzehntelangen Erfahrungen einer großen Zahl von Therapeutinnen und Therapeuten beruhen. Sie sind hilfreiche Koordinaten, an denen wir uns orientieren können und die uns und unsere Klienten davor schützen, daß die Behandlung in ineffiziente, unter Umständen sogar für Klienten wie Therapeuten schädliche Bahnen gerät. So hilfreich solche Therapieregeln einerseits sind, so wichtig erscheint es mir andererseits aber, sie auch kritisch zu reflektieren und sich jeweils zu fragen, inwieweit sie unbedingt eingehalten werden müssen und welche Vorteile oder Gefahren es mit sich bringt, wenn wir da und dort Modifikationen an ihnen vornehmen. Je weiter wir indes von der »Standardtechnik« abweichen, desto sorgfältiger müssen wir unser Vorgehen mit allen Konsequenzen, die sich für die Klienten wie für uns daraus ergeben, reflektieren. Mit derartigen Problemen konfrontieren uns in ganz besonderer Weise viele Menschen mit erheblichen psychosozialen Schwierigkeiten. Es ist charakteristisch für ihre Begleitungen und Behandlungen, daß wir uns über weite Strecken hin nicht an die üblichen Therapie- und Betreuungskonzepte halten können und immer wieder gezwungen sind, zum Teil erhebliche Modifikationen vorzunehmen.

Einer solchen Situation sah ich mich nun auch mit Herrn Meister gegenüber. Ich entschloß mich nach reiflicher Überlegung, den Vorschlag des Patienten anzunehmen, wobei ich mir darüber klar war, daß ich mich auf ein für die Durchführung einer Psychotherapie schwieriges Setting einließe, wenn ich eine so weitgehende Modifikation vornähme. Ich teilte dies Herrn Meister offen mit und erklärte ihm auch so genau wie möglich mein therapeutisches Konzept: Ich verwies darauf, daß es für uns beide ein Experiment sei, dessen glücklichen Ausgang ich zwar erhoffte, ohne jedoch sicher sein zu können, daß die Übernahme zweier so unterschiedlicher Rollen wie die des Psychotherapeuten und die des Lohnverwalters durch mich sich fruchtbar für den Patienten auswirken werde. Ich erklärte ihm in allgemein verständlicher Weise, in unseren Gesprächen würden sich vor allem dadurch Schwierigkeiten ergeben, daß er mich, wenn es um die Lohnverwaltung gehe, in der konkreten Rolle dessen erleben werde, der strikt auf der Einhaltung der finanziellen Abmachungen bestehe, daß wir aber zugleich auch über den Hintergrund seiner verzerrten Bilder von mir (wenn er mich vielleicht als hart, abweisend, einengend etc. empfinden werde) sprechen müßten. Es sei ein sinnvoller therapeutischer Grundsatz, im allgemeinen die Rollen des Psychotherapeuten und des Sozialarbeiters nicht zu vermischen, weil der Patient, wenn es um die inneren Bilder und deren Aktualisierung in der Beziehung zum Therapeuten gehe, sich bei einem solchen Setting leicht darauf berufen könne, der Therapeut sei doch tatsächlich in dieser oder jener Situation hart gewesen. Auf diese Weise könne die Arbeit an den inneren Bildern und den an sie gebundenen Gefühlen völlig blockiert werden. Im Wissen um diese Schwierigkeiten müßten wir uns gemeinsam bemühen, die beiden Dimensionen der Psychotherapie und der Lohnverwaltung klar voneinander zu trennen. Ich würde meinerseits versuchen, konsequent psychotherapeutisch zu arbeiten und die Verzerrungen, die sich aufgrund der inneren Konflikte von Herrn Meister in seine Wahrnehmung von mir einschleichen würden, konsequent mit ihm zu besprechen.

Um dem Ganzen einen möglichst verbindlichen Rahmen zu geben, schloß ich mit Herrn Meister einen schriftlichen Vertrag, in dem wir festlegten, daß ich auf seinen Wunsch hin die freiwillige Lohnverwaltung für ihn übernähme. Er verpflichtete sich, mir am Tag der Auszahlung der Arbeitslosengelder den gesamten Betrag zu bringen. Ich würde dann für die Überweisungen der laufenden Kosten und der anfallenden Rechnungen besorgt sein und ihm wöchentlich für den Lebensunterhalt einen Betrag von Fr. 348.70 aushändigen. Außerdem waren Beträge für Kleidung und »Extras« im Budgetplan vorgesehen. Ich würde versuchen, mit den Personen und Stellen, bei denen Herr Meister Schulden hatte, Abzahlungsregelungen zu treffen. Herr Meister verpflichtete sich ferner im Vertrag, keine weiteren Schulden zu machen und sich an unsere Abmachungen zu halten. Schließlich nahm ich in den Vertrag den Passus auf, daß ich die freiwillige Lohnverwaltung sofort beenden würde und Herr Meister sein Geld wieder selbst verwalten müsse, wenn sich herausstellen sollte, daß durch die Übernahme dieser Aufgabe durch mich seine Psychotherapie litte oder gar unmöglich würde.

Ich habe mein Vorgehen ausführlich dargestellt, weil ich der Ansicht bin, daß bei so weitreichenden Modifikationen nicht nur wir Professionellen unser Konzept sorgfältig reflektieren müssen, sondern daß es für einen erfolgreichen Ausgang der Betreuung von großer Bedeutung ist, daß auch die Klientinnen und Klienten genau wissen, was geplant ist und welche Schwierigkeiten sich dabei ergeben können. Fachlich gesprochen: Ich habe Herrn Meister mein *bifokales Vorgehen* erklärt, wobei ich einerseits die soziale Dimension im Auge habe (hier in Form der freiwilligen Lohnverwaltung) und andererseits im Sinne psychoanalytisch orientierter Therapie an Widerstand, negativer Übertragung und pathologischer Abwehr arbeite. Ich habe Herrn Meister dargelegt, daß es im Rahmen projektiver Identifizierungen zu Manifestationen negativer Partialobjektübertragungen kommen wird, die ich bearbeiten möchte, wobei sich jedoch Schwierigkeiten ergeben könnten, wenn Herr Meister seine auf mich projizierten Bilder durch mein reales Verhalten validiert sieht und das Durcharbeiten dieser Mechanismen verweigert. Er habe es in dieser Hinsicht einfach, weil er sich leicht darauf berufen könne, ich sei doch in meiner Funktion als Lohnverwalter tatsächlich da und dort hart und versagend gewesen.

Ich habe in der geschilderten Situation Herrn Meister *mein Therapiekonzept und die in unserer Interaktion zu erwartende Dynamik besonders genau erklärt* und mit ihm in allen Einzelheiten durchgesprochen. Dies ist ein Vorgehen, das ich nicht nur bei ihm gewählt habe, sondern bei Patienten mit schweren psychosozialen Problemen häufig anwende. Dafür sind drei Gründe ausschlaggebend: Zum einen ist es mir wichtig, gerade bei Menschen mit zentralen Autonomieproblemen (im Fall der hier geschilderten Klienten sind es ja nicht nur die »inneren« psychodynamisch bedeutsamen Autonomiekonflikte, sondern auch ihre Abhängigkeits- und Ohnmachtserfahrungen im sozialen Raum) *alles zu tun, was ihre Autonomie stärkt*. Dazu gehört beispielsweise die beschriebene genaue Aufklärung über das therapeutische Vorgehen. Auf diese Weise läßt sich auch am ehesten die Mitarbeitsbereitschaft der Klienten gewinnen.

Zum zweiten dient die genaue Erklärung dessen, was wir in der Therapie tun wollen und mit welcher Dynamik wir rechnen müssen, der *Betonung und Orientierung an der äußeren Realität.* Wie bereits ausgeführt, ist es bei den hier geschilderten Klientinnen und Klienten, die ohnehin ihren primärprozeßhaften Inhalten in erheblichem Masse (zum Teil fast schutzlos) ausgeliefert sind, kontraindiziert, regressive Prozesse zu fördern, und wir sind deshalb in Betreuungen und Therapien bestrebt, ihren Bezug zur äußeren Realität zu stärken. Dies ist nach meiner Erfahrung nicht zuletzt auch dadurch möglich (und fruchtbar), daß wir die Klienten als Partner ansprechen, die mit uns zusammen das therapeutische Prozedere planen. Sie sind dann auch viel eher bereit, die Behandlung mit größerem Engagement und mehr Selbstverantwortung mitzutragen, als wenn wir sie mit einem Therapieprogramm konfrontieren, dessen Sinn ihnen nicht einleuchtet und das sie deshalb nur als feindlich, ihre Autonomie noch weiter unterhöhlend und als Ziel vielfältiger Projektionen erleben können.

Der dritte Grund für meinen Versuch, den Klientinnen und Klienten mein Vorgehen möglichst transparent zu machen und mit ihnen zusammen zu planen, geht von der Tatsache aus, daß gerade diese Klienten in starkem Maße *zu negativen Übertragungen neigen.* Wir verstehen darunter verzerrte Wahrnehmungen von uns Professionellen, die von den Klienten aufgrund ihrer bisherigen lebensgeschichtlichen Erfahrungen als verfolgend, einengend oder ihnen in einer anderen Weise gefährlich erlebt werden. Es ist ein Grundsatz in der Therapie solcher Patienten, daß die »negative« (d. h. von aggressiven Gefühlen bestimmte) Übertragung, die das Arbeitsbündnis schwächt, sofort, im Hier und Jetzt der therapeutischen Beziehung, gedeutet und durchgearbeitet werden muß. Geschieht dies nicht, so kommt es zu massiven Wahrnehmungsverzerrungen und unter dem Einfluß der aggressiven Impulse zur Entwicklung von

Gewalttätigkeit, Selbstschädigung und unter Umständen zu einem Abbruch der Behandlung. Der Gefahr solcher Realitätsverzerrungen suche ich dadurch vorzubeugen, daß ich den Klienten mein Vorgehen genau erkläre. Ich kann sie dann beim Auftauchen von Konflikten an unsere Abmachungen und an das gemeinsam geplante Vorgehen erinnern und ihnen auf diese Weise zeigen, inwiefern sie mich verkennen (indem sie mich beispielsweise als sie schädigende, verfolgende oder einengende Instanz empfinden) und daß die bei mir vermutete Aggression eigentlich mit ihnen selbst zu tun hat.

Nachdem ich mit Herrn Meister das Vorgehen und das Risiko, das wir beide mit einer so weitgehenden Modifikation der Behandlung eingehen würden, genau besprochen hatte, übernahm ich die freiwillige Lohnverwaltung. Diese erwies sich keineswegs als einfach und brachte viele Konflikte mit sich, insbesondere dann, wenn Herr Meister sich nicht an das gemeinsam aufgestellte Budget halten wollte und von mir höhere Geldbeträge forderte, die ich ihm aber nicht geben konnte. Es war dann trotz aller vorherigen Erklärungen außerordentlich schwierig, meine reale Machtstellung von der in der Übertragung mir beigemessenen – sich vermeintlich in destruktiver Weise gegen den Patienten wendenden – Macht zu trennen und Herrn Meister den projektiven Anteil seiner eigenen Aggression aufzuzeigen. Mir scheint eine so weitgehende Modifikation der therapeutischen Technik auch nur in Ausnahmefällen indiziert. Dabei sollte man besonders sorgfältig die eigene Gegenübertragung reflektieren und sich immer wieder kritisch prüfen, ob man nicht in ein Gegenagieren verfällt. Dennoch hat mir die Therapiesequenz, in der ich bei Herrn Meister die freiwillige Lohnverwaltung übernommen habe, eine Fülle von Material gebracht, das ich im strengen Sinn psychotherapeutisch verwenden konnte. Das will ich an zwei Situationen veranschaulichen.

Den Herrn Meister wöchentlich jeweils am Montag auszuzahlenden Betrag hatten wir aufgrund des Budgets auf Fr. 348.70 festgelegt. In einer Woche hatte ich es am Freitag versäumt, das Geld passend zu wechseln, um ihm den exakten Betrag geben zu können. Ich schlug ihm deshalb am Montag vor, daß ich ihm diesmal statt Fr. 348,70 einen Betrag von Fr. 350.– gäbe. Die ihm mehr gezahlten Fr. 1,30 könnten wir gut von dem Posten »Geld für Unvorhergesehenes« nehmen. Herr Meister nahm den Betrag ohne Kommentar entgegen. In der kommenden Woche entspann sich jedoch, als ich ihm wieder den exakten Betrag von Fr. 348,70 geben wollte, eine lange, heftige Diskussion darüber, daß ihm mehr Geld zustünde. Er begann auf einem Blatt lange, umständliche Berechnungen durchzuführen und brachte es schließlich dahin, daß ich völlig verwirrt war und beim besten Willen nicht mehr wußte, ob nun der Patient noch von mir einen bestimmten Betrag, den ich ihm beim letzten Mal zu wenig bezahlt hätte, zugute hätte, oder ob er mir etwas zurückzahlen müsse. Ich war schließlich nicht mehr fähig, einen einzigen klaren Gedanken zu fassen, und sah mich in einen Streit und eine Feilscherei um Rappen und Franken verwickelt, wobei die ganze Angelegenheit sich für mich immer weiter verwirrte.

Als ich dem Patienten dieses Gegenübertragungsgefühl mitteilte, hielt er erstaunt inne. In der dann folgenden gemeinsamen Klärung dessen, was eben zwischen uns abgelaufen war, vermochten wir schließlich zu erkennen, daß Herr Meister permanent unter dem Eindruck steht, zu kurz zu kommen, und daß aus diesem Gefühl heraus eine gierige Haltung entsteht, mit der Tendenz, alles an sich zu raffen, dessen er nur habhaft werden kann. Außerdem stellten wir fest, daß bereits die geringste Abweichung vom »Üblichen«, das heißt von den (ihm innerlich Halt gebenden) äußeren klaren Strukturen, ihn in ein Chaos stürzt, in dem er sich überhaupt nicht mehr zurechtzufinden vermag. Daraus entsteht bei ihm ein panikartiger Zustand, ein Gefühl, das ich interessanterweise in meiner Gegenübertragung in der geschilderten Stunde in gleicher Weise erlebt hatte. Erst nach dieser gemeinsamen Erfahrung, als ich an mir selbst die Verwirrung gespürt hatte, in die Herr Meister in solchen Situationen gerät, war es mir möglich, zu begreifen, was in ihm abläuft. Auf diese Weise lieferte der von außen gesehen geringfügige Anlaß der Auszahlung seines Wochengeldes Material für mehrere psychotherapeutische Gespräche im engeren Sinn, zumal dieses Ereignis eine gemeinsame Erfahrung betraf und deshalb besser miteinander geklärt und reflektiert werden konnte als Begebenheiten, an denen ich selbst nicht direkt beteiligt war.

Die zweite – therapeutisch sehr ergiebige – Situation betrifft eine andere Sequenz in der Behandlung von Herrn Meister. Immer wieder äußerte er in der Zeit, in der ich die freiwillige Lohnverwaltung für ihn übernommen hatte, den dringenden Wunsch, ich möge ihm mehr Geld geben, da er unbedingt bestimmte Kleidungsstücke, Schuhe oder Gebrauchsartikel benötige. Dabei wußte er jeweils eine Fülle – aus seiner subjektiven Sicht überzeugender – Gründe anzuführen. Wenn ich ihm unter Verweis auf das von uns gemeinsam aufgestellte Budget mitteilte, seinen Wunsch jetzt nicht erfüllen könne, reagierte er entweder aggressiv-vorwurfshaft, eine Haltung, die sich bis zu haßerfüllten Ausbrüchen mir gegenüber steigern konnte, oder er verhielt sich regressiv-weinerlich und brachte zum Ausdruck, daß er immer und überall zu kurz komme und sinnlos leiden müsse. Hingegen war ein sachliches Gespräch mit ihm – zumindest in der Situation selbst – nicht möglich.

Eines Tages äußerte Herr Meister wiederum den Wunsch nach einem zusätzlichen Betrag von Fr. 200.–, da er unbedingt neue Schuhe kaufen müsse. Wie bei anderen derartigen Anlässen verwies ich auf die soziale Realität (Budget, Mangel an zusätzlichen finanziellen Mitteln) und fügte hinzu, wir könnten ja für den nächsten Monat eine entsprechende Anschaffung planen und dann auch realisieren. Herr Meister war indes keinen rationalen Argumenten zugänglich, sondern brach in Haßtiraden gegen mich aus. Sein Eindruck war: »Sie könnten mir, wenn Sie nur wollten, sehr wohl Geld geben, das wir in diesem Monat irgendwo anders einsparen. Aber Sie wollen mich nur quälen und gönnen es mir nicht, daß ich auch einmal etwas habe. Mein Leben lang war die ganze Welt böse zu mir, immer muß ich leiden und die anderen machen sich einen Spaß daraus, mich zu quälen.« Durch mein unbeirrtes Verweisen auf die soziale Realität und unsere Abmachungen sowie durch gleichzeitige konsequente Deutung der in den Äußerungen von Herrn Meister sichtbar werdenden negativen Übertragung (mit der entsprechend verzerrten Wahrnehmung unserer Beziehung) kam es nach einiger Zeit zu einer gewissen Entspannung der Situation, so daß es mir möglich wurde, mit dem Klienten zu klären, warum denn ein derart drängender Wunsch in ihm aufgetaucht war, dessen Erfüllung offensichtlich keinerlei Verzug ertrage. Auf die Schuhe, die er im Augenblick trug, weisend, fragte ich ihn, ob denn nicht diese Schuhe und ein anderes Paar, an das ich mich aus einer der vergangenen Stunden erinnerte, vorerst ausreichten. Herr Meister antwortete darauf, er könne beide Paare nicht länger tragen. Die Schuhe, die er jetzt anhabe, hätten doch »unmögliche Flecken«, und das andere Paar sei »ebenfalls völlig ruiniert«, weil das Leder an der Seite verkratzt sei. Mich erstaunte diese Erklärung, da ich auf den Schuhen, die er jetzt trug, keinerlei Flecken erkennen konnte. Selbst als er mir auf diesen Hinweis hin empört zeigte, daß die Schuhe doch »schrecklich verfleckt« aussähen, vermochte ich nur mit Mühe auf der Schuhkappe eine etwas andere Farbschattierung zu erkennen, die man jedoch nicht im entferntesten als »Fleck« bezeichnen konnte. Mir fiel bei dieser Diskussion allerdings ein, daß Herr Meister vor einiger Zeit schon einmal, damals eher beiläufig, erwähnt und mir gezeigt hatte, sein anderes Paar Schuhe sei »total verkratzt«. Ich hatte auch damals nur ganz geringfügige Schäden entdecken können. Im weiteren Gespräch berichtete der Klient mir wie selbstverständlich, daß er Schuhe, die irgendeine Beschädigung aufwiesen, nicht länger trage. Er lasse sie auch nicht reparieren, sie seien durch die Kratzer oder Flecken für ihn »völlig wertlos« und »untragbar« geworden. Es stellte sich schließlich heraus, daß in seiner Wohnung ein ganzer Berg von Schuhen liege, die er aus den erwähnten Gründen nicht mehr trage. Beim Gespräch über dieses merkwürdige Verhalten von Herrn Meister fiel mir ein, wie er vor einiger Zeit an einem regnerischen Wintertag mit völlig durchnäßten Schuhen und Strümpfen gekommen war und mir gezeigt hatte, daß er wegen eines großen Lochs in der Schuhsohle nasse Füsse hatte. Das hatte ihn zu meinem Erstaunen offenbar überhaupt nicht gestört.

Als ich Herrn Meister mit diesen für mich widersprüchlichen Verhaltensweisen konfrontierte, äußerte er sichtlich erstaunt, das seien doch zwei völlig verschiedene Situationen: im Falle der durchlöcherten Schuhsohle sei der Schaden doch unter dem Schuh und damit nicht sichtbar gewesen. Die Schuhe, um die es nun gehe, hätten jedoch eine weithin sichtbare Beschädigung. Aus diesem Grunde könne er sich »mit diesen Schuhen nicht länger unter die Leute trauen«.

Diese Erklärung mag auf den ersten Blick konstruiert und unlogisch erscheinen. Bei genauerer Betrachtung erweist sie sich jedoch als psycho-logisch und eröffnete mir Einblicke in die Psychodynamik meines Klienten, wie ich sie früher in dieser Form nicht gefunden hatte. Was er am Beispiel der

Schuhe ausdrückte, hieß im Grunde doch: »Das Wichtigste für mich ist, daß alles nach außen Sichtbare makellos ist. Selbst wenn ich persönlichen Schaden davontrage (zum Beispiel Erkältung oder Schlimmeres durch nasse Füsse), nehme ich das ohne weiteres in Kauf. Hauptsache: das äußere ist perfekt.« Man könnte im Sinn WINNICOTTS (1974) davon sprechen, daß Herr Meister im Spannungsfeld zwischen einem »wahren« und einem »falschen Selbst« lebte und für ihn das Wichtigste war, nach außen ein makellos erscheinendes falsches Selbst zu präsentieren. Wir konnten diese psychodynamische Situation miteinander als ein geradezu verzweifeltes Streben danach verstehen, den »Schein« auf Kosten des »Seins« zu leben. Dem entsprach eine Haltung, über die wir in einem anderen Zusammenhang bereits einmal kurz gesprochen hatten, nämlich sein maßloses Ausgerichtetsein auf seine äußere Wirkung unter totaler Vernachlässigung all dessen, was innerlich in ihm vorging. So konnte er beispielsweise strahlend, leichthin plaudernd, in mein Zimmer treten, und erst etliche Zeit später stellte sich heraus, daß dies eine »Maske« war, hinter der sich tiefe Verzweiflung, Trauer, Wut oder andere Gefühle verbargen, die er jedoch nur schwer nach außen (und zum Teil auch kaum vor sich selbst) zulassen konnte.

Wie diese kasuistische Vignette erkennen läßt, ist es durchaus möglich, in der sozialen Realität unserer Klientinnen und Klienten tätig zu werden (bei der freiwilligen Lohnverwaltung sogar in eine konkrete soziale Rolle eintreten) und zugleich im strengen Sinne psychotherapeutisch mit ihnen arbeiten. Für mich war gerade die zuletzt geschilderte Episode so eindrücklich, weil wir erst über die Auseinandersetzung um den zusätzlichen Betrag für neue Schuhe auf das zentrale Selbstwertproblem von Herrn Meister gestoßen waren, das sich hier in einer ganz konkreten – und damit auch für ihn viel besser verstehbaren – Weise präsentiert hatte. Erst nach der Klärung der psychodynamischen Hintergründe begriff ich, warum Herr Meister so verzweifelt für den Kauf neuer Schuhe gekämpft hatte, ging es in dieser

Situation doch um die zentrale Frage, wie er, konfrontiert mit seinen Insuffizienz- und Selbstunwertgefühlen, ohne grandiose Kompensationen leben könne.

Die Externalisierung innerer Konflikte – Das impulsive Handeln

Neben der »mangelnden Motivation« (vgl. S. 29 ff.) gilt die Neigung der Klientinnen und Klienten zur Externalisierung ihrer inneren Konflikte vielen Sozialarbeitern, Seelsorgerinnen und Therapeuten als Hauphinderungsgrund für die Übernahme einer Behandlung oder Betreuung. Häufig wird vom »lästigen Agieren«, von der »therapeutisch nicht in den Griff zu bekommenden Impulsivität« und von den »äußerst unangenehmen Manipulationstendenzen« solcher Klienten gesprochen. Mit dem Begriff des Agierens beschrieb FREUD (1914) seine Beobachtung, »der Analysierte erinnert überhaupt nichts von dem Vergessenen und Verdrängten, sondern agiert es. Er reproduziert es nicht als Erinnerung, sondern als Tat, er *wiederholt* es, ohne natürlich zu wissen, daß er es wiederholt«. Für FREUD war das Agieren ein Widerstandsphänomen. Andere Autoren wie FENICHEL (1945), GREENACRE (1950), DEUTSCH (1966), HEINZ HARTMANN (1964), GREENSON (1973) und GRÜTTER (1968) haben den Begriff des Agierens jedoch ausgeweitet und verwenden ihn zur Beschreibung ganz unterschiedlicher Verhaltensweisen, die der Befriedigung von Triebwünschen, der Abwehr der Objektabhängigkeit beziehungsweise der Rettung der eigenen Autonomie und der Reparation narzißtischer Kränkungen dient. Im allgemeinen haftet dem Begriff des Agierens nach wie vor eine negative Einschätzung an. Das Agieren gilt vielen Therapeutinnen und Therapeuten als Behinderung in der Behandlung, und für sie spricht aus agierendem Verhalten die Unfähigkeit oder Weigerung von Patienten, sich mit den zugrundeliegenden Konflikten auseinanderzusetzen.

Die Konsequenz dieser Einschätzung ist nicht selten: von vornherein Ablehnung einer Behandlung oder das Setzen äußerst strikter Rahmenbedingungen, da nur ein solches Vorgehen Aussicht auf Erfolg biete. Man spürt aus den verbalen Umschreibungen und bei Diskussionen über die Externalisierungstendenzen einen starken negativen (Gegenübertragungs-)Affekt.

Unsere Angst und die heftige Ablehnung agierenden Verhaltensweisen gegenüber scheint mir zumindest zwei Wurzeln zu haben: Zum einen ist es nach meiner Erfahrung die *unreflektierte Antwort auf die grandiosen Machtansprüche* und die daraus resultierenden *Manipulationstendenzen,* welche Klientinnen und Klienten mit schweren psychosozialen Störungen uns gegenüber einsetzen. Die Klienten fordern die Ablehnung geradezu heraus und sind bei einem derartigen Verhalten der Professionellen, so kränkend es für sie auch sein mag, letztlich doch »zufrieden«, da in ihrer negativen Identität für sie die Welt dann wieder »stimmt«, wenn sie sich in der Rolle der verfolgten, mißhandelten Opfer erleben (vgl. S. 63 ff.).

Zum anderen stellt die Ablehnung von Behandlungen aber auch eine Reaktion aufgrund *unseres Gekränktseins* dar. Oft fühlen sich die Professionellen durch die zum Teil massive Infragestellung und Zurückweisung, die sie von den Klientinnen und Klienten erfahren, zutiefst gekränkt und reagieren darauf ihrerseits mit einem Rückzug, was dann Ablehnung der Behandlung oder Betreuung bedeutet.

Tatsache ist, daß gerade das impulsive Handeln der Klientinnen und Klienten für viele Sozialarbeiter, Sozialpädagoginnen, Seelsorgerinnen und Psychotherapeuten ein großes Hindernis darstellt und bei ihnen viel an negativen Gefühlen auslöst. Sie reagieren deshalb außerordentlich heftig, sobald sich ein derartiges Verhalten zeigt. Es liegt auf der Hand, daß wir in dem Moment, in dem wir uns so herausgefordert fühlen und emotional aufgerührt sind, nicht mehr therapeutisch handlungsfähig sind und uns ein wichtiges Instrument unserer Tätigkeit verlorengeht, nämlich die aus der Haltung der technischen Neutralität (vgl. S. 32) hervorgehende abwägend-kritische Reflexion unseres eigenen Erlebens und Handelns ebenso wie das der Klienten. Um angemessen (das heißt therapeutisch sinnvoll) auf das impulsive Verhalten der Klienten reagieren zu können, bedarf es jedoch auch im Umgang mit impulsivem und manipulativem Verhalten der gleichschwebenden Aufmerksamkeit und der Reflexion der Motive eines solchen Agierens.

Gelingt uns eine solche Reflexion und vermögen wir die Beziehung zwischen den Klienten und uns im Sinn des »szenischen Verstehens« (LORENZER 1983) als Abbild einer ganz spezifischen Interaktionsdynamik, an der Therapeuten wie Klienten beteiligt sind, zu verstehen, so werden wir leicht feststellen, daß impulsive Verhaltensweisen und manipulative Tendenzen der Klienten *Externalisierungen, unbewußte Inszenierungen ihrer Konflikte in der Außenwelt* darstellen und ihnen damit ein *großer Informationswert* zukommt. Viel plastischer und eindrücklicher, als es mit Worten möglich wäre, schildern uns diese Klientinnen und Klienten durch ihr Handeln ihre innere Befindlichkeit. Nur kommt es darauf an, daß wir fähig und bereit sind, ihre Botschaft aufzunehmen und darauf mit einem »fördernden Dialog« (LEBER 1988) in therapeutisch sinnvoller Weise zu reagieren. Gelingt uns eine solche Haltung, so können wir, je nach Klient und Situation, bei den Externalisierungen innerer Konflikte verschiedene Motive ausmachen.

Häufig kommt es zu solchen Inszenierungen in der Außenwelt, wenn die zentralen, für viele der beschriebenen Klienten charakteristischen Konflikte im Hinblick auf *Ohnmachts- und Insuffizienzgefühle* aktualisiert werden. Diese Menschen haben sich in Kindheit und Jugend bis in die Gegenwart immer wieder in der Position hilfloser Opfer erlebt, die sich einer ihnen feindlichen, angsterregenden Umwelt gegenübersehen. Sie haben vielfältige Verletzungen körperlicher und seelischer Art erlitten und sind aus diesem Grund für derartige Situationen hoch sensibilisiert. Sobald sich in ihrem aktuellen Leben auch nur der geringste Hinweis zeigt, der sie vermuten läßt, sie könnten wiederum ausgenutzt, zurückgestoßen oder auf andere Art verletzt werden, reagieren sie fast reflexartig mit einer »Flucht nach vorne«. Ihr unbewußter Lebensentwurf lautet, daß sie auf jede nur mögliche Art vermeiden wollen, wieder hilfloses Opfer zu werden. Ein wirksames Mittel zum Schutz vor solchen ihnen unerträglichen Situationen des Erleidens von Verletzungen scheint ihnen die Entfaltung eigener Aktivität zu sein (Mechanismus der *Verkehrung ins Gegenteil*, hier: Verkehrung der Passivität in Aktivität). Insofern müssen wir das Inszenieren innerer Konflikte in der Außenwelt als eine *Überlebensstrategie* ansehen, die ihnen in der Vergangenheit eine Hilfe war, sich vor erneuten Verletzungen zu schützen. Wie nicht zuletzt die Reaktionen vieler Professioneller zeigen, führt das impulsive Handeln aber auch zu schwerwiegenden Konflikten mit der Umgebung und ist deshalb neben aller Hilfe, die es den Klientinnen und Klienten bietet, zugleich auch eine ausgesprochen selbstdestruktive Strategie. Die von vielen Klienten praktizierte »Flucht nach vorne« hat zwar primär eine Schutzfunktion für sie erfüllt, führt heute jedoch zu einer Fülle sozialer Konflikte und bringt die Klienten tragischerweise oft gerade in die von ihnen am meisten gefürchteten Situationen, in denen sie hilflos mächtigen Personen und Instanzen ausgeliefert sind.

Agierendes Verhalten findet sich nicht selten auch als *symbolischer Ausdruck innerer Konflikte*. Herr Kurz (s. S. 24), der mir einen pseudologischen Bericht von seiner angeblichen Speditionsfirma gab, ist ein Beispiel für diese Art des Agierens, demonstrierte er mir doch durch seine Äußerungen und sein Verhalten, daß er mich nicht als Bittsteller aufsuche, sondern von mir als ebenbürtiger Partner wahrgenommen werden wollte. Er stellte durch sein Agieren seinen inneren Konflikt zwischen Insuffizienz- und Grandiositätsvorstellungen dar, und zwar in einer viel anschaulicheren Weise, als er es je verbal hätte tun können.

Ein anderes, weit weniger provokatives Verhalten, das

100

mir zunächst völlig unverständlich war und mich deshalb irritierte, zeigte Herr Feiner (Pseudonym), der über viele Monate hin zu Beginn jeder Therapiestunde die gleiche Verhaltenssequenz präsentierte: Er betrat das Zimmer, begrüßte mich und äußerte den Wunsch, sich auf einer im Zimmer stehenden Waage zu wiegen. Er registrierte sorgfältig die geringste Änderung seines Gewichts und äußerte Überlegungen über die möglichen Ursachen von Gewichtsänderungen. Objektiv gesehen, hatte Herr Feiner keinerlei Probleme mit seinem Gewicht. Er war weder adipös noch auffallend schlank, sondern hatte ein nach seiner Größe zu erwartendes Gewicht. Auch subjektiv bestand für ihn kein Problem in diesem Bereich. Zum Verständnis der hinter diesem »Agieren« stehenden Dynamik muß erwähnt werden, daß Herr Feiner seinem eigenen Körper gegenüber völlig gleichgültig war, zum Teil sogar ausgesprochen selbstschädigende Tendenzen aufwies. Vor diesem Hintergrund konnte das Wiegen als erster Ansatz zu einem Interesse verstanden werden, das Herr Feiner nun an seinem eigenen Wohlergehen zu entwickeln begann. Es bedurfte dazu anfangs vermutlich deshalb meiner Gegenwart, weil nur so die Übermacht der »bösen Introjekte« eingeschränkt werden konnte. Sobald Herr Feiner ein neues intrapsychisches Gleichgewicht gefunden und ein stabileres Selbstwertgefühl erlangt hatte, konnte er auf das Wiegen verzichten, ohne daß der Hintergrund dieses Verhaltens expressis verbis mit ihm durchgearbeitet worden war. So gelang es ihm, über das symbolhafte Agieren eine neue Form des Umgangs mit sich selbst zu finden.

In beiden beschriebenen Episoden handelten meine Klienten und stellten auf diese – sehr anschauliche – Weise einen inneren Konflikt (Herr Kurz) beziehungsweise die neue Art des Umgehens mit sich selbst (Herr Feiner) dar. Die Externalisierung und Inszenierung der inneren Befindlichkeit in der Außenwelt war die Sprache, in der sie sich mir mitteilten. Es liegt an uns Professionellen, die uns zugedachte Botschaft zu entziffern, was natürlich um so leichter fällt, je weniger wir uns durch das Handeln der Klienten provoziert fühlen.

Nicht selten äußern sich auch *Über-Ich-Konflikte* der Klientinnen und Klienten in Form eines agierenden Verhaltens im weiteren Sinn. Wir können insbesondere bei Menschen mit dissozialen Fehlentwicklungen keineswegs von einem Fehlen ihrer Gewissensinstanz sprechen, obwohl es oft so erscheinen mag, als verübten sie selbst schwere Gewalttaten und andere ihre Mitmenschen schädigende Handlungen völlig ungerührt. Tatsächlich liegt bei vielen dieser Klienten eine Störung ihres Über-Ich vor. Es fehlt ihnen jedoch nicht an einer Gewissensinstanz, sondern sie leiden im Gegenteil unter geradezu sadistischen Über-Ich-Anteilen, derer sie sich durch Projektion zu entledigen versuchen und die sie in der sozialen Realität inszenieren.

Herr Schmidt (Pseudonym), ein immer wieder in Straftaten (Körperverletzung, Diebstähle, Fahren ohne Fahrausweis usw.) verwickelter Mann, bat mich in der Anfangsphase seiner Therapie einmal dringend, ihn zu einer Polizeidienststelle zu begleiten. Er habe die Aufforderung erhalten, er müsse eine Buße, von der er allerdings gar nichts wisse, innerhalb von drei Tagen bezahlen. Der Patient war sehr erregt über diese Aufforderung, zumal es dort hieß, er sei bereits mehrmals gemahnt worden. Wenn er der jetzigen Aufforderung nicht Folge leiste, müsse er mit einer Inhaftierung rechnen. Er befürchtete, wie er sagte, daß er sich auf dem Polizeiposten vor lauter Erregung nicht verständlich machen könne und beim geringsten Anlaß eine tätliche Auseinandersetzung mit dem Polizisten beginnen werde. Es sei ihm wichtig, daß ich mit ihm komme, weil meine Gegenwart für ihn ein Schutz vor einem unkontrollierten Aggressionsausbruch sei. Ich sollte für diesen Patienten also in Form einer externalisierten steuernden Instanz eine Hilfs-Ich-Funktion übernehmen. Da der Patient mir zu dieser Zeit noch auf eine solche Hilfe von außen angewiesen zu sein schien, ging ich auf seine Bitte ein und begleitete ihn zur Polizeistelle.

Es war eindrücklich zu sehen, wie dieser Mann, der in anderen Situationen nicht zögerte, beim geringsten Anlaß eine Schlägerei zu beginnen, in Gegenwart der Polizisten zu zittern begann, sich in geradezu unterwürfiger Weise um eine höfliche Darlegung seines Problems bemühte und auf eine schroffe Entgegnung des Beamten erschrocken zurückzuckte. Seine Reaktion auf die Angst vor einem solchen Über-Ich-Repräsentanten bestand normalerweise in einer aggressiven Auflehnung, in der er diese externalisierte Instanz abzuschütteln versuchte. Ich brauchte bei seinem jetzigen Gespräch mit den Polizeibeamten indes überhaupt nicht in die Diskussion einzugreifen, sondern es gelang dem Patienten, allein durch Blickkontakt mit mir, den Angst- und damit auch den Aggressionspegel so niedrig zu halten, daß er diese Gefühle zu ertragen vermochte, ohne in aggressiver Weise handeln zu müssen. Der sich hier in der Außenwelt manifestierende Konflikt stellte ein eindrückliches Abbild der innerpsychischen Situation des Patienten dar, der sich in einem verzweifelten Kampf gegen sadistische Über-Ich-Anteile befand. Hinzu kommt, daß sich in dieser Episode auch deutlich zeigte, wie die Umwelt oftmals auf die Neigung solcher Menschen zur Projektion sadistischer Über-Ich-Anteile sehr bereitwillig eingeht: Während ein erster Beamter die Angabe des Patienten, er habe die früheren Zahlungsaufforderungen nie erhalten, schroff als Lüge zurückwies, stellte sich bei genauerer Durchsicht der entsprechenden Akten durch einen zweiten Beamten heraus, daß die Zahlungsaufforderungen jeweils tatsächlich als »unzustellbar« an die Polizei zurückgeschickt worden waren, den Patienten also keinerlei Schuld traf.

Mit der Externalisierung von Über-Ich-Anteilen hängt eng eine andere Dynamik zusammen, die wir nicht selten bei Menschen mit schweren psychosozialen Problemen finden. Es ist ein agierendes, zum Teil ausgesprochen *impulsives*, mitunter sogar *selbst- und/oder fremdgefährliches Verhalten*, das die *Umgebung zum Eingreifen zwingt*. Dies ist selbstverständlich nicht das bewußt angestrebte Ziel, entspricht jedoch einem unbewußten inneren Bedürfnis der Klientinnen und Klienten. Dahinter stehen verschiedene Motive: Zum einen provozieren die Klienten die Menschen ihrer Umgebung zu strafenden oder sie in anderer Weise einengenden Reaktionen, um sich selbst stets von neuem zu beweisen, daß die Welt so böse ist, wie es ihrem inneren Lebensentwurf entspricht. Sie halten damit an einer *negativen Identität* fest, wie ich sie in Kapitel 2 beschrieben habe. Zum anderen suchen sie, die unter einem erheblichen Aggressionsdruck stehen, sich ihrer ihnen selbst bedrohlich erscheinenden Impulse per Projektion auf ihre Bezugspersonen zu entledigen, und meinen dann, die projizierte Aggression in den anderen wahrzunehmen. Um sich gegen diese vermeintlich von außen kommende Aggression zu wehren, setzen sie selbst aggressive Impulse ein, die sie jedoch als »Notwehr« verstehen und damit als legitim empfinden (Mechanismus der *projektiven Identifizierung*).

Mit dieser Dynamik hängt ein drittes Motiv zusammen: Die von ihnen selbst provozierte versagende, strafende Haltung der Umgebung dient diesen Klienten zur *Validierung ihrer Projektionen.* Sie mögen zwar unter den Verletzungen und Einschränkungen, die sie von ihren Bezugspersonen erleben, leiden. Doch scheint ihnen die Aggression der Umgebung zu bestätigen, daß es nicht eigene projizierte aggressive Impulse sind, die sie in anderen wahrzunehmen meinen, sondern daß die Aggressivität der Bezugspersonen der Realität entspricht.

Dem impulsiven Verhalten kann schließlich der unbewußte Wunsch zugrunde liegen, *die Umgebung möge in kontrollierender und strukturierender Weise eingreifen und damit für die Klientinnen und Klienten eine Funktion übernehmen, an der es ihnen selber mangelt.* Auch wenn sie unter den Reglementierungen und Einschränkungen, mit der die Umgebung in der Regel auf ihre Impulsivität antwortet, leiden, suchen sie durch ihr Verhalten doch gerade eine solche Reaktion zu provozieren, weil sie spüren, daß sie selber ihre Impulse nicht zu steuern vermögen und ihnen ein angemessener Realitätsbezug fehlt. In dieser Situation zwingen sie die Menschen ihrer Umgebung (und dazu gehören neben Partnerinnen und Partnern natürlich auch wir Professionelle), die Steuerungs- und Kontrollfunktionen für sie zu übernehmen.

Mitunter beschreiben strafentlassene Klienten diese Dynamik selbst, wenn sie in Zeiten großer innerer Konflikte darauf hinweisen, es sei eigentlich das beste, wenn sie wieder in Haft wären. Aus derartigen Äußerungen spricht nicht nur Resignation, sondern auch die Einsicht, daß sie selbst nicht in der Lage sind, ihre Impulse zu steuern, und daß sie deshalb äußerer Strukturierungen bedürfen, die an die Stelle der fehlenden inneren Kontrollmechanismen treten. PECHER (1989) spricht unter anderem in diesem Sinne auch vom »Gefängnis als Vater-Ersatz«, als einer Institution, die den Delinquenten in verschiedener Hinsicht Schutz bietet.

Zu impulsivem Verhalten ganz unspezifischer Art (d. h. nicht im Sinne eines Agierens auf einen bestimmten Konflikt hin) kommt es schließlich aufgrund der bei vielen der beschriebenen Klientinnen und Klienten bestehenden *mangelnden Angst- und Spannungstoleranz* , wie KERNBERG (1979) sie bei seiner strukturellen Analyse als Merkmale der »unspezifischen Anzeichen von Ich-Schwäche« beschrieben hat. Aufgrund ihrer ich-strukturellen Beeinträchtigungen wie Mangel an differenzierten, »höheren« Abwehrmechanismen, Störungen in der Realitätskontrolle und weitgehende Offenheit gegenüber den primärprozeßhaften Inhalten führt jeder Anstieg von Angst oder innerer Spannung bei diesen Menschen fast reflexhaft zu eruptiven Entladungen. Gelingt es ihnen schon unter »normalen« weitgehend spannungsfreien Lebensbedingungen nur mit Mühe, die Integration ihrer Persönlichkeit aufrechtzuerhalten, so führt jede zusätzliche Belastung sie innerhalb kürzester Zeit an den Rand der Dekompensation. Dabei ist zu berücksichtigen, daß diese Klientinnen und Klienten Angst im allgemeinen nicht wie die meisten anderen Menschen als Signal auf eine bestimmte innere oder äußere Gefahr erleben, sondern Angst für sie die totale Infragestellung ihrer Lebensbezüge bedeutet und die *Qualität einer Vernichtungsangst* besitzt. Jede spannungsreiche und konflikthafte Situation löst bei ihnen Panikgefühle aus und führt zu oft völlig unüberlegten, sie selbst wie andere Menschen gefährdenden Reaktio-

105

nen. Die Probleme verschärfen sich noch dadurch, daß die Klienten zumeist über eine nur *geringe Introspektionsfähigkeit* verfügen und deshalb ihrem impulsiven Verhalten nicht reflektierend gegenübertreten können. Es bedarf oft erst eines längeren therapeutischen Prozesses, ehe sie zu einer derartigen Auseinandersetzung mit ihren Gefühlen und ihrem Handeln und damit zum Abbau des Agierens fähig sind.

Schutz vor der desolaten Realität

Es dürfte nicht schwer nachvollziehbar sein, daß die Konfrontation mit gravierenden sozialen Problemen für die hier geschilderten Klientinnen und Klienten mit gleichzeitig bestehenden vielfältigen psychischen Störungen oft eine unerträgliche Belastung darstellt. Gerade sie, deren Verarbeitungsmechanismen so fragil und wenig tragfähig sind und die über eine nur so geringe Angst- und Spannungstoleranz verfügen und eine so hohe narzißtische Kränkbarkeit aufweisen, sind besonders großen sozialen Belastungen ausgesetzt, die viele wesentlich tragfähigere Menschen bereits an den Rand der Dekompensation treiben würden. So ist verständlich, wenn sie sich auf jede mögliche Art vor der Einsicht in die bedrückende Realität ihrer Situation zu schützen versuchen. So hilfreich dieser Schutz zur Vermeidung eines völligen Zusammenbruchs auch ist, so verhängnisvoll sind aber auch die Konsequenzen eines solchen Verhaltens, da das Ausblenden der desolaten Realität immer tiefer in das soziale Chaos führt und die Klienten immer hilfloser werden läßt im Umgang mit ihren Aufgaben im sozialen Feld. Aus diesem Grund ist die Arbeit an und mit der sozialen Realität etwas Spezifisches und ein zentraler Aspekt in der Behandlung und Betreuung von Menschen mit schwerwiegenden sozialen Problemen.

Die Erfahrung, in nahezu allen Bereichen des sozialen Lebens auf Widerstände zu stoßen, Mißerfolge einstecken zu müssen und keine positiven Zukunftsperspektiven zu besitzen, führt zwangsläufig zu Gefühlen der Hoffnungslosigkeit und Verzweiflung. Allein das immer wieder erneute Verfassen und Verschicken von Stellenbewerbungen im Wissen darum, daß die Chancen, auf diese Weise eine Arbeit zu finden, oft gleich Null sind, ist für jeden Menschen außerordentlich deprimierend und erfordert ein Höchstmaß an Selbstbewußtsein und Frustrationstoleranz, um nicht völlig zu resignieren. Werden nun jedoch von diesen schweren sozialen Belastungen Menschen betroffen, die über eine nur geringe emotionale Belastbarkeit verfügen, so sind die Folgen um so verhängnisvoller. Das, was wir als »Boykott« unserer Bemühungen empfinden und als »fehlenden Biß« der Klienten beklagen, ist oft Ausdruck ihrer totalen Resignation. Sie haben den Glauben an eine wie auch immer geartete Wendung zum Besseren verloren und können sich aufgrund ihrer negativen Vorerfahrungen beim besten Willen nicht vorstellen, wie wir ihre Lage verbessern könnten. Das »Auf-stur-Schalten«, das mehr oder weniger offene »Torpedieren« unserer Bemühungen und die mitunter provokative Passivität, die wir bei ihnen erleben, sind Ausdruck dieser Hoffnungslosigkeit. Sie wollen nicht immer wieder von neuem enttäuscht werden und schützen sich durch eine Art »Totstellreflex« vor weiteren Verletzungen.

Diese Strategie ist nicht nur verständlich, sondern auch durchaus effizient, stellt sie doch einen wirksamen Schutz dar vor der zermürbenden Abfolge von Hoffnung – Enttäuschung – Hoffnung – Enttäuschung, und so weiter. Zugleich ist es jedoch auch eine verhängnisvolle Bewältigungsstrategie, da sie die Chance, einen Weg aus der sozialen Misere zu finden, auf Null reduziert und weil ein solches passiv-resignatives Verhalten von Betreuern und Therapeutinnen oft als ausgesprochen provokativ (weil ihre professionellen

Angebote untergrabend) erlebt wird und bei ihnen deshalb aggressive Impulse den Klienten gegenüber auslöst. So kann das, was eigentlich Schutz vermitteln sollte, unversehens zur Ursache heftiger Auseinandersetzungen zwischen Professionellen und Klienten werden.

Gewiß können und sollen wir die Klientinnen und Klienten nicht in ihrer Resignation bestärken und ihnen damit noch den letzten Funken der Hoffnung auf eine bessere Zukunft nehmen. Doch wirkt es sich nicht minder verhängnisvoll aus, wenn wir ihre Passivität als »Fehlverhalten« deklarieren – und ihnen dies gar noch tadelnd vorhalten – und nicht verstehen, daß es der verzweifelte (wenn auch letztlich selbstschädigende) Versuch dieser Menschen ist, sich vor einer unendlichen Kette neuer Verletzungen zu schützen. Aufgrund ihrer vielfältigen Enttäuschungen in Vergangenheit und Gegenwart können sie es oft nicht wagen, sich auf neue, in irgendeiner Hinsicht Besserung versprechende Angebote einzulassen. Erst wenn wir uns dieser hintergründigen Dynamik bewußt sind, können wir angemessen mit den Klienten umgehen. Wir werden uns dann nicht wegen ihrer »Passivität« und »Zurückweisung« gekränkt zurückziehen, sondern ihre Schutzmaßnahmen respektieren und ihnen bei kontinuierlicher Stärkung ihrer Angst- und Spannungstoleranz und durch tatkräftige Unterstützung bei der Lösung der schwierigen sozialen Probleme die Hoffnung vermitteln, daß sich doch noch neue Wege eröffnen werden und die Zukunft nicht so düster ist, wie sie ihnen im Moment erscheinen mag.

Gier

Ein zwar verständliches, aber selbst bei vielen Professionellen heftige negative Reaktionen auslösendes Verhalten ist die ausgesprochene Gier, die wir bei Klientinnen und Klienten mit schweren psychosozialen Störungen feststellen können. Ihr mitunter panisch anmutender gieriger Griff nach allem, dessen sie habhaft werden können (und dazu zählen neben materiellen Gütern auch Bezugspersonen, nicht zuletzt wir Professionellen), hat verschiedene Wurzeln und läßt sich deshalb auch nur schwer bearbeiten und auflösen.

Ein wesentliches Motiv ist das *Erleben eines permanenten Zu-kurz-Kommens*, eines dauernden erzwungenen Verzichts angesichts der Fülle von Besitz, den sie bei anderen Menschen in ihrer Umgebung wahrnehmen. Die Unerträglichkeit dieses Gefühls wird noch verstärkt, wenn die Klientinnen und Klienten (oft in durchaus realistischer Weise) wahrnehmen, daß sie kaum eine Chance besitzen, sich aus ihrer sozialen Misere wieder zu befreien. Ihre Kräfte sind primär schon schwach gewesen, sie sind im Kampf gegen den Sog der sozialen Verelendung mehr und mehr erlahmt, und die Zukunftsperspektiven sind düster. Wenn es nicht zur totalen Passivität und Resignation kommen soll, bleibt eigentlich nur der gierige Griff nach dem, was erreichbar ist.

Seine spezielle Dynamik erhält dieses Verhalten noch durch die Tatsache, daß das heute erlebte Zu-kurz-Kommen diese Menschen schmerzlich an die Einschränkungen erinnert, die sie in ihrer Kindheit und Jugend haben erleiden müssen. Es ist die Dynamik des im ersten Kapitel beschriebenen oral-aggressiven Kernkonflikts, der zu einer fundamentalen Bedürftigkeit und zu einem Gefühl der Unersättlichkeit führt.

Erst wenn wir uns über diese Entstehungsgeschichte und die doppelte Wurzel der heute in Erscheinung tretenden Gier klar sind, können wir verstehen, warum es derart heftige Impulse sind, und warum nicht selten die Erfüllung eines Wunsches eine ganze Kette weiterer Wünsche zur Folge hat. Mitunter entsteht bei uns Professionellen in solchen Situationen der Eindruck, uns einer Hydra gegenüber zu sehen, der für jeden abgeschlagenen Kopf sieben neue wachsen. Aus diesem Gegenübertragungsgefühl heraus müssen sich die Klienten oft den Vorwurf gefallen lassen, sie seien »unersättlich«, »undankbar« und »ausbeuterisch«. Bedenken wir jedoch ihre frühkindliche Entwicklung, die in verhängnisvoller Weise eine Neuauflage in der Gegenwart erfährt, so wird die Dynamik ihrer Gier verständlich. Das heißt natürlich nicht, wir müßten alle ihre Wünsche bedingungslos und uneingeschränkt erfüllen (was uns ja auch gar nicht möglich wäre). Es wird gerade darauf ankommen, dort Grenzen zu setzen, wo wir den Raum der Therapie, uns selbst und letztlich auch die Klientinnen und Klienten vor der Gewalt ihrer unmässigen oralen Ansprüche schützen müssen.

Verleugnung

Die einfachste und wohl auch wirkungsvollste Methode, sich vor der Wahrnehmung der bedrängenden, desolaten sozialen Realität zu schützen, stellt die Verleugnung dar. Manche Klientinnen und Klienten sind hierin wahre Meister und bringen es nicht selten dahin, daß auch wir, obwohl wir die Realität eigentlich kennen, in ihre Verleugnung einstimmen. Charakteristischerweise fühlen wir uns in derartigen Situationen im Hinblick auf die Zukunft unserer Klienten plötzlich völlig beruhigt und stehen unter dem Eindruck, wir hätten die Lage bisher allzu pessimistisch eingeschätzt und den Klientinnen stünden weitaus mehr Wege offen, als wir bisher gemeint hatten. Auf die skeptischen Stimmen von Vertretern anderer Disziplinen reagieren wir (wenn wir sie überhaupt zur Kenntnis nehmen) in bagatellisierender Weise, nicht selten aber auch gekränkt und empört über den »Negativismus«, den diese Kolleginnen und Kollegen an den Tag legten. Dabei finden wir uns in völliger Übereinstimmung mit unseren Klientinnen, die die Lage ebenfalls positiv einschätzen und jeglichen kritischen Einwand als unbegründeten Zweifel und kränkende Infragestellung empfinden.

Die Schwierigkeit liegt darin, daß wir uns bei der Begleitung und Behandlung der hier geschilderten Klienten im Grunde in einer paradoxen Situation befinden: Auf der

110

einen Seite ist es für sie ebenso wie für uns wichtig, die Realität, so bedrückend sie auch sein mag, scharf ins Auge zu fassen, weil wir nur dann in der Lage sind, adäquat auf sie zu reagieren. Auf der anderen Seite müssen wir beide aber auch wenigstens einen Funken von Hoffnung in uns tragen und positive Zukunftsvisionen entwerfen, die uns die Kraft verleihen, in der Aussicht auf eine bessere Zukunft all das Schwere und Dunkle, mit dem die Gegenwart uns belastet, zu ertragen. Es ist indes ein schmaler Grat, auf dem wir uns zusammen mit den Klienten zwischen der Verzweiflung über eine aussichtslos erscheinende Situation einerseits und der völligen Verleugnung aller unangenehmen und bedrückenden Realitäten andererseits bewegen. Zudem befinden wir uns bei diesen hoch kränkbaren Menschen oft in der schwierigen Lage, sie mit der Realität konfrontieren und dabei das Risiko eingehen zu müssen, daß wir sie durch diese Konfrontation empfindlich verletzen – was unter Umständen zu einem noch weitergehenden Rückzug in die Verleugnung führen kann.

Häufig ertragen aber auch wir Professionellen das Leid und das soziale Elend, in dem unsere Klientinnen und Klienten leben, nicht und nehmen, wie sie, Zuflucht zu massiven Verleugnungen. Es kommt dann zu einer gemeinsamen Abwehr. Diese schützt uns zwar vor der Einsicht in die soziale Misere. Doch wirkt sie sich zugleich verhängnisvoll aus, da wir auf diese Weise wichtige Realitätsaspekte übersehen und ungewollt sogar zu einer weiteren Eskalation der Schwierigkeiten beitragen, ganz abgesehen davon, daß das Weglaufen vor der Realität stets nur eine gewisse Zeit möglich ist und der dann erfolgende Zusammenprall mit den zuvor verleugneten Gegebenheiten um so schmerzlicher ist. Mitunter ist es allerdings nur ein vages, nicht genauer begründbares Gefühl, das uns die Hoffnung nicht aufgeben läßt und uns als Professionelle darin bestärkt, selbst in aussichtslos erscheinenden Situationen unsere Klientinnen und Klienten in ihren – unter Umständen völlig unrealistisch anmutenden – Plänen zu unterstützen.

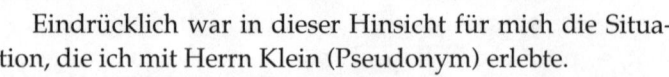

Eindrücklich war in dieser Hinsicht für mich die Situation, die ich mit Herrn Klein (Pseudonym) erlebte.

Er hatte nach der Schule eine kaufmännische Lehre abgeschlossen, dann aber nur noch kurze Zeit als Verkäufer in einem Konfektionsgeschäft gearbeitet. Als er zu mir kam, war er seit etlichen Jahren arbeitslos und wurde vom Fürsorgeamt finanziell unterstützt. Unter dem Druck der verschiedenen sozialen Institutionen, die im Verlauf der Zeit mit ihm zu tun gehabt hatten, hatte er sich zwar an der einen oder anderen Arbeitsstelle beworben. Er tat dies jedoch ausgesprochen lustlos und wies ganz offen darauf hin, daß er gar kein Interesse an diesen Stellen habe. Immer wieder erging sich Herr Klein in ausführlichen Darstellungen über die Tätigkeiten, zu denen er sich eigentlich »berufen« fühle, die jedoch weit weg von dem lagen, was ihm in Realität erreichbar war (zumal er ja nicht einmal in seinem ursprünglichen Beruf hatte Fuß fassen können). In abwertender Weise äußerte er sich dann jeweils über »das dumme Pack« der Sozialarbeiterinnen und der anderen Angestellten der verschiedenen Ämter, die seine »wahren Fähigkeiten« nicht zu erkennen vermöchten, und nicht selten verstieg er sich dazu zu sagen, eigentlich sei er ein »genialer Mensch«, der darunter leiden müsse, daß seine Mitmenschen so »grauenvoll beschränkt« seien.

Aufgrund seiner überheblichen und entwertenden Äußerungen und seiner bisherigen Unfähigkeit, in irgendeiner beruflichen Stellung Fuß zu fassen, war auch ich der Ansicht, daß seine hochgeschraubten Ambitionen völlig unrealistisch seien und er sich mit seinem unerbittlichen Festhalten daran den Weg zur beruflichen Integration total verbaute. Ich versuchte ihm dies immer wieder klarzumachen, stieß dabei jedoch bei ihm auf heftigsten Widerstand. So blieb mir eigentlich nichts anderes übrig, als ihn über seine Pläne berichten zu lassen, in der Hoffnung, da und dort vorsichtig meiner Skepsis Ausdruck verleihen zu können und auf diese Weise nach und nach seinen Bezug zur Realität zu verbessern. Im Zentrum seiner Pläne stand der Wunsch von Herrn Klein, eine hochspezialisierte, komplizierte Ausbildung in der Computerbranche zu absolvieren. Wenn er sich Kenntnisse in diesem Bereich angeeignet hätte, stünde ihm, so seine feste Überzeugung, »die ganze Welt offen«. Alle Einwände meinerseits, zum Beispiel der Hinweis, daß er bisher doch noch niemals mit Computern gearbeitet habe und wegen seines Hauptschulabschlusses wohl auch Wissenslücken bei einer so qualifizierten Ausbildung aufweise, fruchteten nichts. Sie hatten nur den »Erfolg«, daß Herr Klein sich, wenn immer ich meine Skepsis offen zeigte, zutiefst gekränkt fühlte und sich in solchen Situationen wutentbrannt

gegen mich wendete, der genau wie alle anderen seine Fähigkeiten
unterschätze und ihn im Stich lasse.

Trotz meiner schwerwiegenden Bedenken brachte ich Herrn
Klein gegenüber zum Ausdruck, daß ich seinen Wunsch, sich wei-
terzubilden und möglichst günstige Bedingungen für den Einstieg
in einen Beruf zu schaffen, gut verstünde und für wichtig halte.
Vielleicht sei sein Plan als Fernziel tatsächlich sogar realisierbar.
Nur erscheine es mir völlig unrealistisch, wenn er die gewünschte
Ausbildung jetzt, sozusagen aus dem Stand heraus, in Angriff nehmen wolle. Unbeirrt durch alle meine Bedenken, beharrte Herr
Klein jedoch darauf, daß der einzig mögliche und sinnvolle Weg
der sei, die von ihm gewünschte einjährige Ausbildung zu absolvieren. Einerseits beeindruckte mich die Zielstrebigkeit von Herrn
Klein, andererseits war ich aber auch beunruhigt darüber, daß er so
unbeirrt an seinen unrealistischen Ambitionen festhielt. Im Verlauf
der Zeit bemerkte ich allerdings, daß in mir neben aller Skepsis
immer wieder – und zwar zunehmend – auch der Gedanke auftauchte, ob Herr Klein nicht vielleicht tatsächlich fähig sei, eine solche Ausbildung zu durchlaufen; vielleicht irrte ich mich ja wie die
Mitarbeiterinnen und Mitarbeiter der anderen Institutionen und
unterschätzte seine Fähigkeiten. Waren meine Bedenken wirklich
so realitätsgerecht wie ich annahm? So fühlte ich mich hin und her
gerissen zwischen der Befürchtung, in die Verleugnungen von
Herrn Klein einzusteigen und mit ihm zusammen die bedrückende
Realität auszublenden, und der Sorge, ihm bei der Erreichung seiner konstruktiven Pläne nicht die nötige Unterstützung zu bieten,
ja ihn noch zu entmutigen und ihm durch meine Einwände bei der
Realisierung seiner Pläne im Wege zu stehen.

Herr Klein beharrte seinerseits weiterhin darauf, die Spezial-
ausbildung absolvieren zu wollen. Er besorgte sich Unterlagen
darüber und zeigte sie mir, was meine Skepsis indes noch größer
werden ließ, weil ich erkannte, welche hohen Anforderungen der
Kurs an die Selbstdisziplin und Lernbereitschaft der Teilnehmer
stellen würde. Aus den Unterlagen entnahm ich auch, daß die
Kosten für die Ausbildung die finanziellen Möglichkeiten von
Herrn Klein weit überschritten. Schon aus diesem Grund erschien
mir der Plan völlig unrealistisch. Herr Klein hielt dem entgegen, er
könne sich doch um ein Stipendium bewerben, und es verging
nicht lange Zeit, bis er mir einen entsprechenden Antrag mit der
dringenden Bitte, mich als Auskunftsperson angeben zu dürfen,
vorlegte. Diese Bitte brachte mich in verschiedener Hinsicht in
Schwierigkeiten: Zum einen war ich, wie geschildert, der Ansicht
daß sein Plan, eine so anspruchsvolle Ausbildung zu durchlaufen,
im Grunde völlig unrealistisch sei. Ich befürchtete deshalb, meine

Bereitschaft, mich als Referenzperson zur Verfügung zu stellen, würde die illusionären Erwartungen von Herrn Klein noch verstärken und damit den Bezug zur Realität weiter schwächen. Zum anderen fragte ich mich, ob es überhaupt sinnvoll sei, als Psychotherapeut in eine so reale soziale Rolle (die ich zudem nur äußerst ambivalent übernehmen würde) einzutreten. Auf das intensive Drängen meines Patienten hin und aufgrund meiner eigenen Unsicherheit, ob ich ihm durch meine Skepsis nicht vielleicht doch unrecht tue, erklärte ich mich schließlich aber dazu bereit, mich als Referenzperson nennen zu lassen. Tatsächlich wurde ich kurz darauf von der Stelle, bei der Herr Klein eine finanzielle Beihilfe beantragt hatte, angefragt, und ich gab (allerdings halbherzig) die Auskunft, daß ich Herrn Klein für geeignet für die angestrebte Ausbildung hielte und sein Gesuch unbedingt unterstützte.

Herr Klein begann voller Elan mit der Ausbildung und betonte immer wieder, er werde allen, die an seinen Fähigkeiten zweifelten, schon zeigen, zu was er fähig sei. Neben Zeiten, in denen er offenbar eifrig lernte und die Aufgaben, die ihm gestellt wurden, bearbeitete, gab es Zeiten, in denen es chaotisch zuging: Herr Klein fühlte sich in solchen Situationen im Kreis der anderen Kursteilnehmer völlig insuffizient, empfand die Ausbilder als ungerecht ihm gegenüber und verstieg sich nicht selten in wilde Drohungen, was er ihnen antun werde, wenn sie weiterhin »so« mit ihm umgingen. Besonders dramatisch wurde die Situation, als die Zeit der Abschlußprüfung nahte. Herr Klein hatte von den anderen Kursteilnehmern erfahren, daß im allgemeinen ein Viertel der Teilnehmer die Prüfung nicht bestünde. Dies löste bei ihm größte Panik aus, und er erschien kaum noch fähig, sich auch nur einigermaßen zielstrebig auf die Prüfung vorzubereiten. Bei mir verfestigte sich der Eindruck, er werde sicher durchfallen, und ich setzte meine ganze Kraft in den Therapiestunden darein, die zu erwartende Enttäuschung abzufangen und Herrn Klein klarzumachen, er habe schon ungeheuer viel dadurch geleistet, daß er das ganze Jahr der Ausbildung überhaupt durchgehalten habe. Der von uns beiden gefürchtete Tag der Abschlußprüfung kam – und Herr Klein bestand die Prüfung mit einem guten Resultat! Bei ihm löste dies nicht nur Freude über den Erfolg, sondern auch unverhohlenen Triumph über all die Menschen aus (zu denen auch ich gehörte), die voller Skepsis gewesen waren und seinen Plan für »völlig unrealistisch« gehalten hatten. Ich war ebenfalls voller Freude über seinen unerwarteten Erfolg, zugleich aber auch beschämt, weil ich offensichtlich die Fähigkeiten und das Durchhaltevermögen von Herrn Klein unterschätzt hatte.

Für mich war die geschilderte Therapiesequenz insofern äußerst lehrreich, als sie mir gezeigt hat, wie wir in der Arbeit mit Menschen, die unter erheblichen psychosozialen Schwierigkeiten leiden, oft vielleicht zu stark auf die Defizite und Behinderungen unserer Klientinnen und Klienten ausgerichtet sind und ihnen aus diesem Grund zu wenig zutrauen. Ich habe aus dieser Erfahrung für mich die Lehre gezogen, meine Klienten ihre Pläne und Zukunftentswürfe frei äußern zu lassen und nicht sofort meine Bedenken ins Feld zu führen. Dabei habe ich etliche Male erlebt, daß zwar der ursprünglich geschilderte Plan nicht realisierbar war, sich aus dem Gespräch darüber aber ein anderer Weg auftat, der sich als gangbar erwies und positive Entwicklungen einleitete.

Doch darf diese prinzipielle Bereitschaft, zunächst einmal möglichst unvoreingenommen die Pläne der Klientinnen und Klienten zu prüfen, nicht heißen, dort, wo – nach sorgfältiger Prüfung – eindeutig Realitätsverzerrungen und -verleugnungen am Werk sind, kommentarlos zuzuschauen und die Klienten in finanzielle Schwierigkeiten oder andere unheilvolle soziale Verstrickungen laufen zu lassen.

Wie von Kernberg (1979) und anderen Autoren beschrieben, geht die Verleugnung im allgemeinen mit einer Reihe anderer Abwehrmaßnahmen einher, so vor allem mit *projektiven Prozessen*, insbesondere mit der projektiven Identifizierung, sowie mit *Spaltungen, Idealisierungen* und *Entwertungen*. Diese Mechanismen leisten vor allem dadurch einen wesentlichen Beitrag bei der Ausblendung wichtiger Realitätsaspekte, daß sie dem Betreffenden dazu verhelfen, die Bezugspersonen in die beiden Kategorien der idealisierten »Freunde« und der entwerteten, gehaßten »Feinde« einordnen zu können. Auf diese Weise wird die sonst so verwirrende, angsterregende Welt überschaubar und beherrschbar, und die aggressiven Impulse können, sich häufig als »Notwehr« legitimierend, ungehemmt gegen die Menschen gerichtet werden, die in irgendeiner Weise als versagend, einschränkend oder kränkend erlebt werden. Nicht selten geraten wir Professionellen in das belastende »Wechselbad«, einerseits ein idealisiertes Selbst-Objekt im Sinn Kohuts (1973, 1979) zu sein, das heißt von den Klienten als idealisierter Teil ihrer selbst empfunden zu werden, andererseits aber bei der geringsten Enttäuschung (die oft allein darin bestehen kann, daß die Klienten uns nicht in totaler Übereinstimmung mit sich erleben) Ziel kränkender Entwertung und heftigster Aggression zu werden. Zu einem solchen Gefühlsumschlag kommt es vor allem dann, wenn wir die Klienten mit ihrer desolaten sozialen Realität, die sie durch die Verleugnung von sich fernzuhalten versuchen, konfrontieren müssen.

In derartigen Situationen geraten wir leicht in die Schwierigkeit, einerseits zu spüren, daß unsere Klientinnen und Klienten sich geradezu verzweifelt an ihre Umdeutungen der Realität klammern, uns andererseits aber so unrealistischen Plänen und Ansichten gegenüberzusehen, daß sie eine Konfrontation mit der Realität notwendig machen. Dabei werden die Realitätsverzerrungen von uns in der Gegenübertragung nicht selten als so provokativ erlebt, daß wir diese Konfrontation mit einem gehörigen Schuß an Aggression versehen. Oft befinden wir uns dann in einem unlösbar erscheinenden Dilemma, weil wir die Klienten nicht verletzen und ihnen nicht noch den letzten Strohhalm, an den sie sich klammern, entreißen wollen, sie aber auch nicht weiter in ihr Elend laufen lassen können, indem wir sie nicht mit den Realitätsverleugnungen konfrontieren.

Eine solche Situation erlebte ich mit Herrn Klausen (Pseudonym), einem jungen Mann, der sich seit etlichen Jahren in einer sozial desolaten Lage befand ohne Arbeit, finanziell vom Fürsorgeamt unterhalten und hoch verschuldet.

Eines Tages erschien Herr Klausen bei mir in einer ungewöhnlich heiteren, fast freudig-erregten Stimmung und berichtete mir voller Begeisterung, er habe nun endlich einen Weg gefunden, der ihn aus seiner sozialen Misere hinausführe. Ich war freudig überrascht und vermutete, er habe endlich eine Arbeit gefunden. Was mir Herr

Klausen dann jedoch berichtete, machte mich fassungslos: Er habe in einer Zeitschrift die Annonce eines Juweliergeschäfts in einer anderen, relativ weit entfernten Stadt gefunden; das Geschäft habe einen kostbaren Diamanten angeboten. Er habe daraufhin an die angegebene Adresse geschrieben – bei diesen Worten zog Herr Klausen einen auf schwerem Büttenpapier geschriebenen Brief des Juweliergeschäfts hervor –, und der Juwelier biete ihm nun den Diamanten in einem Wert von 1,5 Millionen Franken zum Verkauf an. In dem Brief, den mich Herr Klausen zu lesen bat, schlug der Juwelier meinem Patienten vor, dieser möge ihm einen Termin nennen; dann werde er ihm den kostbaren Stein, der sonst natürlich im Safe aufbewahrt werde, zur Ansicht vorlegen.

Angesichts der sozialen Situation, in der Herr Klausen lebte, war der Plan, einen solchen Stein zu kaufen, so absurd, daß ich mich nur mit Mühe eines sarkastischen Kommentars enthalten konnte. Zugleich spürte ich aber auch, wie mein Patient sich geradezu verzweifelt an die Vorstellung klammerte, nun endlich einen Weg gefunden zu haben, der »das ganze Leben mit einem Schlag verändert«, wie er es formulierte. Auf meine Frage, wie er sich denn eine solche Änderung vorstelle, entgegnete er, sichtlich irritiert, dies sei doch ganz einfach. Er werde den Diamanten für 1,5 Millionen erwerben, dann für 3 Millionen weiterverkaufen und habe auf diese Weise 1,5 Millionen gewonnen. Ich mußte zugeben, daß die Logik dieser Überlegung bestechend war, und ich hütete mich in Anbetracht der freudigen Erregung, in der Herr Klausen sich bei dieser Erzählung befand, ihn hart mit der Undurchführbarkeit seines Planes zu konfrontieren. Vielmehr versuchte ich mit ihm ausführlicher über seinen Plan zu sprechen, in der Hoffnung, er werde dann vielleicht mit der Zeit selbst wahrnehmen, wie unrealistisch seine Überlegungen waren. Dabei wurde jedoch spürbar, daß Herr Klausen zwar gerne und voller Begeisterung über seinen Plan sprach und sich in ausgedehnte Phantasien darüber erging, was er später mit den gewonnen 1,5 Millionen tun werde. Hingegen reagierte er äußerst abwehrend, sobald ich auch nur den geringsten Versuch unternahm, die Durchführbarkeit in Zweifel zu ziehen. Besonders schwierig wurde die Situation, als Herr Klausen erwähnte, er werde gleich nach der Therapiestunde zum Bahnhof gehen, eine Fahrkarte kaufen (in seiner derzeitigen Lage eine Ausgabe, die er sich eigentlich gar nicht leisten konnte) und am folgenden Tag in die Stadt reisen, in der sich das Juweliergeschäft befand.

Ich sah mich damit vor die Wahl gestellt, ihn das Geld für die Fahrkarte ausgeben zu lassen und ihn in die für ihn höchst peinliche und verletzende Situation, in die er im Juweliergeschäft geraten würde, laufen zu lassen, oder ihn mit der Realität zu konfrontieren und ihn damit zweifellos empfindlich zu kränken. Ich entschied mich für das letztere und versuchte ihm möglichst behutsam klarzumachen, daß ich seinen Wunsch nach einer »schlagartigen Veränderung« sehr gut verstehen könne, daß sein Plan aber nicht durchführbar sei. Diese Mitteilung hatte, wie ich befürchtet hatte, eine enorme Wirkung auf Herrn Klausen: Seine Heiterkeit und seine freudige Erwartung waren wie weggewischt. Er brach in Tränen aus und stieß hervor, immer werde ihm alles, was er plane, wieder zerstört; er habe sich so gefreut, endlich einen Weg aus seinem Elend gefunden zu haben, und nun machte ich alles wieder zunichte. Ich teilte Herrn Klausen daraufhin die Überlegungen offen mit, die ich vor meiner Intervention angestellt hatte, und betonte, daß ich ihn auf keinen Fall habe verletzen wollen; ich hätte aber angesichts seines offenbar feststehenden Planes nur noch die von mir gewählte Intervention als Möglichkeit gesehen, ihn vor noch schwereren Verletzungen zu bewahren. Ich fügte hinzu, ich verstünde ihn gut, wenn er verzweifelt nach einem Weg aus seiner Misere suche. Ich fände auch die Entwicklung einer Phantasie, wie er sie von einer möglichen Lösung seines Problems entworfen habe, keineswegs schlecht. Er habe damit im Gegenteil etwas Konstruktives getan, indem er nicht in Resignation und Verzweiflung versunken sei, sondern die Vision einer besseren Zukunft entwickelt habe. Wir alle könnten im Grunde gar nicht ohne solche hoffnungsvollen Ausblicke leben. Das Problem sähe ich jedoch darin, daß er die ihm Zukunftsperspektiven eröffnende Vision mit der Realität verwechsle. Für ihn hätten sich die Grenzen zwischen seiner (völlig legitimen) Wunschwelt und der sozialen Realität verwischt, was insofern gefährlich sei, als dadurch neue Konflikte und umso schwerere Enttäuschungen vorprogrammiert würden. Dies allein sei der Grund, warum ich mich entschlossen hätte, ihn mit der Undurchführbarkeit seines Planes zu konfrontieren.

Herr Klausen beruhigte sich im Verlauf dieses Gesprächs zunehmend und vermochte schließlich sogar meine Unterscheidung zwischen durchaus legitimen Wünschen und tröstlichen Zukunftsvisionen einerseits und realisierbaren Plänen andererseits nachzuvollziehen. Unser Gespräch darüber erwies sich auch insofern als fruchtbar, als ich Herrn Klausen bei späteren Gelegenheiten mit ähnlichen Realitätsverzerrungen jeweils an die geschilderte Episode erinnern konnte und er dann meine Realitätskonfrontationen eher zu akzeptieren vermochte. Stets bleiben derartige Situationen aber äußerst heikle Gratwanderungen, bei denen wir uns genau überlegen müssen, ob es besser ist, die illusionären Umdeutungen der Realität kommentarlos hinzunehmen (wie ich es bei dem in Kapitel 2 geschilderten Herrn Kurz angesichts seines pseudologischen Berichts von seinem großen Transportunternehmen tat), oder ob wir, wie bei Herrn Klausen, die Verleugnungs- und Umdeutungsmechanismen aufdecken müssen, um unsere Klienten vor noch größerem Schaden zu bewahren.

Die Entfaltung blinder Aktivität

Wollen Menschen sich vor dem Versinken in Hoffnungslosigkeit, Verzweiflung und Apathie schützen, so ist es eine keineswegs unsinnige, sondern eine wirkungsvolle Strategie, sich in Aktivitäten zu stürzen. Diese Reaktionsform kann durchaus sinnvoll sein, wenn es sich dabei um eine zielgerichtete Aktivität handelt, die dazu führt, daß die Betreffenden ihr Schicksal in die Hand nehmen und sich durch Rückschläge und Hindernisse nicht entmutigen lassen. Gerade an einer solchen zielstrebigen Aktivität mangelt es jedoch vielen Klientinnen und Klienten mit schweren psychosozialen Störungen. Sie haben viel zu viele Enttäuschungen erlebt und fühlen sich derart hilflos, daß sie sich häufig einen Ausweg aus ihrem Elend gar nicht mehr vorstellen können, geschweige denn bestimmte Ziele tatkräftig zu verfolgen vermögen.

Bei ihnen sind wir hingegen häufig mit einer anderen Form von Aktivität konfrontiert, die sich als leere Betriebsamkeit, als geradezu verzweifeltes Suchen nach »action«, nach immer wieder neuen erregenden Erfahrungen erweist. Dabei ist es ihnen mitunter völlig gleichgültig, wodurch der »thrill« herbeigeführt wird, ob durch die Einnahme von Drogen oder Alkohol, durch gefährliche Unternehmungen (wie Raserei mit Autos oder illegale Aktivitäten) oder durch das Herbeiführen von immer wieder neuen Konflikten. Das Hauptziel liegt darin, die unerträglichen Gefühle der Leere, der Hoffnungslosigkeit und der immensen Angst durch Aktionen zu übertönen. Mitunter entsteht bei solchen Klientinnen und Klienten der Eindruck, sie müßten alles, was sie erreicht haben und was ihnen eine gewisse Befriedigung verschaffen könnte, in masochistischer Weise sofort wieder zerstören. Eine derartige Dynamik können wir bei einigen von ihnen durchaus feststellen (vgl. Seite 138 ff.). Häufig scheint mir der Hauptmotor für dieses Verhalten jedoch in dem Bestreben dieser Menschen zu liegen, unter keinen Umständen zur Ruhe kommen zu dürfen, da dann für sie die Gefahr bestünde, mit ihrem ganzen seelischen und sozialen Elend konfrontiert zu sein, sie sich dieser Konfrontation aber in keiner Weise gewachsen fühlen.

In einer solchen Situation bietet die Suche nach immer neuen Reizen, das Sich-Stürzen in blinde Aktivitäten tatsächlich einen gewissen Schutz und stellt insofern eine Überlebensstrategie für sie dar, als dieses Verhalten sie vor einem völligen Zusammenbruch bewahrt. Zugleich hat es jedoch in zweierlei Hinsicht verhängnisvolle Folgen: Zum einen läßt die Entfaltung blinder Aktivität die sozialen Konflikte immer weiter eskalieren und treibt die Betreffenden damit immer tiefer in die psychosozialen Probleme hinein, und zum anderen provoziert dieses Verhalten bei vielen Professionellen negative Reaktionen, da sie ihre Bemühungen immer wieder untergraben sehen und dies bei ihnen entweder Resignation oder massive Verärgerung auslöst.

In ganz ausgeprägter Weise präsentierte Herr Miller (Pseudonym) ein solches Verhalten. Er sprach nicht nur gehetzt und von einem Thema zum anderen springend, sondern führte ein Leben, das in mir den Eindruck entstehen ließ, ich schaute mir einen Action-Film an. Das nahm mitunter so groteske Formen an, daß ich mich in solchen Situationen fragen mußte, ob Herr Miller mir tatsächliche Erlebnisse berichtete oder mir Szenen aus Romanen oder Filmen präsentierte. Mit der Zeit wurde mir indes klar, daß er all das, was wie die Karikatur eines billigen Action-Films wirkte, tatsächlich erlebte (mitunter stellte sich später heraus, daß er mir bei seinem ersten Bericht etliche Details sogar noch verschwiegen hatte). Bei der Suche nach den Gründen für dieses ihn permanent in Atem haltende, ihn von einer Katastrophe in die nächste stürzende Verhalten zeigte sich schließlich, daß der Hauptmotor für ihn darin lag, unter keinen Umständen zur Ruhe zu kommen. Das hätte für ihn bedeutet, mit sich selbst und der Misere seines Lebens konfrontiert zu sein. Herr Miller litt zwar unter den immer wieder neuen Problemen, die er provozierte. Doch war dieses Leiden offensichtlich weniger schlimm als die Gefühle der Leere und Verzweiflung, die in ihm aufgetaucht wären, wenn er sich nicht permanent in Atem gehalten hätte. So befand er sich im Grunde dauernd auf der Flucht vor sich selbst, weil jedes Verweilen, und sei es auch nur, indem er im Gespräch während einiger Zeit bei einem bestimmten Thema geblieben wäre, für ihn die immense Gefahr in sich barg, vor dem »Nichts« zu stehen und total zu verzweifeln.

Ich habe in diesem Fall, wie bei anderen Klienten mit einem solchen Verhalten, die Strategie verfolgt, diese Überlebenstechnik dort unangetastet zu lassen, wo sie ihre Wirkung nicht in schlimmster selbst- und fremddestruktiver Weise entfaltete. Hingegen habe ich Herrn Miller auf diese Dynamik hingewiesen, wenn ich den Eindruck gewann, er bringe sich in größte Schwierigkeiten. Außerdem habe ich versucht, den Patienten in unseren Gesprächen behutsam aber doch zugleich auch bestimmt dazu anzuhalten, über längere Zeit bei einem bestimmten Thema zu bleiben und nicht wie gehetzt von einem Thema zum nächsten zu springen. Dazu gehörte etwa auch, daß ich von Herrn Miller forderte, mich aussprechen zu lassen, wenn ich ihm etwas mitteilen wollte, und mich nicht, wie er es früher stereotyp getan hatte, schon beim ersten Wort, das ich aussprach, mit dem Hinweis zu unterbrechen, er müsse »schnell etwas ganz Dringendes« sagen. Auf diese Weise ließ sich, wenn auch in kleinen Schritten, nach und nach seine Spannungstoleranz erhöhen, und es gelang Herrn Miller mit zunehmender emotionaler Stabilisierung, auch in seinem sozialen Leben außerhalb der Therapie eine etwas größere Ruhe einkehren zu lassen. Er vermochte in dieser Zeit auch erstmals seine Angst, die er früher durch die Entfaltung blinder Aktivität schon in statu nascendi abgewehrt hatte, wahrzunehmen. Dies bot ihm dann auch die Möglichkeit, andere – konstruktivere – Verarbeitungsstrategien zu suchen.

Wesentlich erscheint mir für den Umgang mit Klientinnen und Klienten, die ein derartiges Verhalten blinder Betriebsamkeit zeigen, uns als Professionelle darüber klar zu sein, daß es ein von Angst bestimmtes Fluchtverhalten ist, das trotz aller negativen Folgen einen wirksamen Schutz bietet und für die Klienten eine Überlebensstrategie darstellt. Auch wenn wir wissen, daß sie auf diese Fluchtmöglichkeit nicht ohne weiteres werden verzichten können, muß es doch unser Bestreben sein, nach und nach Ruhe in ihr Leben zu bringen und sie zunächst wenigstens im Umgang mit uns eine etwas langsamere »Gangart« einschlagen zu lassen. Letztlich kommt es darauf an, ihre Angst- und Spannungstoleranz zu stärken und sie auf diese Weise instand zu setzen, sich mit den bedrückenden, angsterregenden Facetten ihres inneren und äußeren Lebens zu konfrontieren. Das gelingt am ehesten, wenn wir die hinter dem Verhalten liegende Dynamik benennen und mit ihnen durcharbeiten. Dabei habe ich die Erfahrung gemacht, daß es sinnvoll ist, wenn wir uns den Klienten in besonders kritischen Situationen als externer Schutzschild zur Verfügung stellen. Diese Funktion können wir auf ganz verschiedene Weise erfüllen, zum Beispiel indem wir die Klienten anregen, sich mit Dingen, die ihnen große Angst machen, zunächst in unserer Gegenwart zu konfrontieren (beispielsweise unangenehme Briefe in unserer Gegenwart zu öffnen, angstauslösende Telefongespräche von unserem Zimmer aus zu führen oder mit uns Situationen, denen sie mit Bangen entgegensehen, im voraus zu besprechen und mit uns Verhaltensmöglichkeiten durchzuphantasieren, was unter Umständen auch in einer Art Rollenspiel erfolgen kann). Wir können ihnen auf diese Weise durch unsere Präsenz und durch unsere Hilfe bei der Entwicklung von Lösungsstrategien einen gewissen Schutz bieten und damit die Angst reduzieren, die zum Fluchtverhalten führen würde.

Zusammenarbeit und Konflikte
mit Drittpersonen

Eines der spezifischen Merkmale der Behandlungen und Betreuungen von Menschen mit schwerwiegenden psychosozialen Problemen stellt die Tatsache dar, daß wir bei ihnen wie wohl bei keiner anderen Klientengruppe mit Vertreterinnen und Vertretern anderer sozialer Berufe zusammenarbeiten müssen – oder zusammenarbeiten dürfen. Es hängt in erster Linie von unseren Betreuungskonzepten ab, ob wir die Multidisziplinarität als ein lästiges Übel oder als eine große Chance empfinden, und von dieser Einschätzung werden wesentlich unsere Gefühle den anderen Berufsgruppen gegenüber bestimmt. Sind wir beispielsweise der Ansicht, Psychotherapie, sozialarbeiterische Maßnahmen, Seelsorge und Aktivitäten im Bereich der Sachhilfe seien Interventionsformen mit je eigenen Vorgehensweisen und Zielen, die nichts miteinander zu tun hätten, so werden wir die Zusammenarbeit mit anderen Fächern nicht suchen, ja wir werden derartige Angebote sogar (unter Umständen unter Berufung auf bestimmte Konzepte) zurückweisen und höchstens bei Konflikten zwischen den verschiedenen Aktivitäten die anderen an der Betreuung Beteiligten überhaupt zur Kenntnis nehmen. Völlig anders hingegen ist es, wenn wir der Überzeugung sind, die Begleitung der Klientinnen und Klienten erfordere eine enge Zusammenarbeit zwischen den verschiedenen Angeboten, und dies werde sich nicht nur für die Klienten, sondern auch für uns Professionelle positiv auswirken.

Tatsächlich stehen Menschen mit schwerwiegenden psychosozialen Problemen in der Regel mit etlichen Institutionen und Personen im sozialen Feld in Kontakt. Häufig sind die Klienten in quantitativer Hinsicht überbetreut und lassen sich dabei aber auf keine der professionellen Bezugspersonen intensiver ein. Nicht selten laufen die Betreuungen nebeneinander her, mitunter wissen die Vertreterinnen und Vertreter der verschiedenen Institutionen nicht einmal voneinander. Gewiß kommt es vor, daß die Klienten ihren Betreuerinnen und Betreuern bewußt ihre Kontakte mit anderen Institutionen verschweigen. Oft interessieren wir uns aber auch nicht für die Arbeit anderer Disziplinen und wissen aus diesem Grund wenig bis gar nichts von dem, was die anderen tun. Das führt nicht nur zu Doppelspurigkeiten in der Betreuung, sondern kann für die Klientinnen und Klienten auch ausgesprochen verwirrend werden, etwa wenn die Vertreter zweier Institutionen gegensätzliche Ziele verfolgen oder in der Betreuung völlig unterschiedlich vorgehen.

Noch in einer anderen Hinsicht kann das Nebeneinanderherarbeiten verhängnisvolle Folgen für die Klientinnen und Klienten haben: Bei Menschen, die von Kindheit an zu überleben gelernt haben, indem sie sich im Netz der miteinander in Konflikt stehenden Interaktionspartner »hindurchschlängeln« und sie gegeneinander ausspielen, besteht beim Nebeneinanderherarbeiten der verschiedenen an der Betreuung Beteiligten die große Gefahr, daß diese Verhaltensweisen der Klienten nicht abgebaut, sondern im Gegenteil noch verstärkt und geradezu zementiert werden. Gerade weil es nahezu automatisierte Überlebensstrategien sind, bedarf es oft großer Anstrengungen, diese trotz aller Schutzfunktionen, die sie für die Klienten erfüllen, sich letztlich selbstdestruktiv auswirkenden Verhaltensweisen durch konstruktive Interaktionsformen zu ersetzen. Aus diesem Grund ist es von großer Bedeutung, alles zu vermeiden, was zur Unterstützung dieser unheilvollen Verhaltensmuster beitragen könnte. In dieser Hinsicht liegen in der Zusammenarbeit mit Vertreterinnen und Vertretern anderer Berufskategorien Gefahren, die es zu vermeiden gilt, aber auch große Chancen, die uns die bei diesen Klienten charakteristischen Rahmenbedingungen bieten.

Ich habe bisher ausschließlich von den professionellen Bezugspersonen der Klientinnen und Klienten gesprochen. Wir müssen indes berücksichtigen, daß in der näheren oder weiteren Umgebung der uns Aufsuchenden, selbst wenn sie sozial weitgehend isoliert, geradezu vereinsamt leben, immer auch noch eine mehr oder weniger große Zahl von Menschen existiert, mit denen sie im sozialen Feld zusammentreffen: Eltern, Geschwister oder andere Familienangehörige, Partnerinnen und Partner, Vermieter, Arbeitgeber, Nachbarn und andere. Das heißt: Wir nähmen nur einen sehr beschränkten Ausschnitt aus dem sozialen Leben unserer Klienten wahr, wenn wir nur unsere eigenen Kontakte zu ihnen und allenfalls noch die Aktivitäten einiger Kolleginnen und Kollegen berücksichtigten. Häufig werden wir uns der Gegenwart anderer Bezugspersonen erst in dem Moment bewußt, in dem sie für die Klienten ein Problem darzustellen beginnen (zum Beispiel durch Konflikte am Arbeitsplatz oder mit den Professionellen anderer Institutionen) oder wenn wir den Eindruck bekommen, diese Bezugspersonen störten unsere therapeutischen, seelsorglichen und sozialberaterischen Maßnahmen (wenn sie sich beispielsweise negativ über unsere Interventionen äußern, die Klienten gar zum Abbruch der Behandlung drängen oder Strategien verfolgen, die im Gegensatz zu unseren Konzepten stehen).

Allerdings stellen diese Drittpersonen privater wie professioneller Art keineswegs immer nur eine Behinderung dar oder verhalten sich bestenfalls »still«, so daß sie uns nicht weiter stören. Sie wirken sich vielmehr oft stützend für unsere Klienten aus und leisten einen Beitrag zu ihrer sozialen und emotionalen Stabilisierung, den wir nicht selten erheblich unterschätzen – dies nicht zuletzt deshalb, weil wir gar nicht wissen, wer diese Bezugspersonen sind und welche Rolle sie im Leben der Klienten spielen. Wie oft wirken sich einfühlsame und den beruflichen Alltag doch klar strukturierende Arbeitgeber, warmherzige Nachbarn, Hilfs-Ich-Funktionen übernehmende Angehörige und die Klienten im Räderwerk der sozialen Institutionen tatkräftig unterstützende Ärzte, Rechtsanwältinnen, Pfarrer und die Mitarbeiter der verschiedensten anderen Institutionen segensreich für unsere Klientinnen und Klienten aus. Häufig überschätzen wir unseren Einfluß enorm, weil wir die Bedeutung der anderen Bezugspersonen nicht wahrnehmen (wollen?).

Gerade weil die anderen Bezugspersonen der Klienten oft eine wichtige Rolle spielen, betrachte ich es bei Menschen mit gravierenden psychosozialen Problemen als ein *verhängnisvolles Versäumnis*, wenn wir uns nicht dafür interessieren, wer sie sind und welche Bedeutung ihnen im Leben unserer Klienten zukommt. Dazu gehört für mich auch, daß ich die Hauptbezugspersonen nach Möglichkeit *persönlich kennenlernen* möchte. Das hat vor allem vier Vorteile:

Erstens: Die persönliche Begegnung ermöglicht es mir, etwas besser einschätzen zu können, *welche Rolle* diese Menschen im Leben der Klienten spielen, welche *Unterstützung* ich von ihnen erwarten kann und mit welchen *Widerständen* ich von ihrer Seite allenfalls rechnen muß. Das wirft beispielsweise Fragen auf wie: Wie schätzen sie die Therapie des Klienten bei mir ein? Welche Strategien verfolgen sie mit dem Klienten? Welche Erwartungen hegen sie dem Klienten wie mir gegenüber? Wie belastbar sind sie? Inwiefern könnten sie aufgrund eigener Probleme in Konflikt mit dem Klienten oder mir geraten?, und so weiter. Wenn ich ihre Rolle im Leben des Klienten auch nur annähernd einschätzen kann, ist es mir viel eher möglich, manche Schwierigkeiten und Konflikte zu vermeiden oder auch ihre Hilfe dort in Anspruch zu nehmen, wo der Klient und ich ihrer dringend bedürfen.

Zweitens: Gerade wenn ich die wichtigsten Bezugspersonen der Klientinnen und Klienten persönlich kennengelernt habe, kann ich bei Konflikten der Klienten mit ihnen besser *abschätzen,* ob der Bericht der *äußeren Realität* entspricht, oder ob bei der Darstellung der Klienten in starkem Maße projektive Wahrnehmungsverzerrungen, Realitätsverleugnungen, Idealisierungen, Entwertungen und andere *pathologische Verarbeitungsmechanismen* eine Rolle spielen. Dadurch vermag ich den Klienten auch eher gerecht zu werden und

126

kann therapeutisch viel gezielter intervenieren, als wenn ich in der brisanten Konfliktsituation erst damit beginne, mir ein genaueres Bild von der entsprechenden Bezugsperson zu verschaffen.

Drittens: Das persönliche Kennen stellt ferner einen wirksamen (wenn auch keinen absoluten!) *Schutz vor dem Mitagieren* bei den verhängnisvollen Spaltungstendenzen der Klientinnen und Klienten dar. Auch wenn wir noch so selbstkritisch unsere Gegenübertragung reflektieren, können wir von den Klienten unversehens in eine Position gedrängt werden – und aus dieser heraus in einer unter Umständen für die weitere Betreuung verhängnisvollen Art handeln –, die nicht zur Auflösung der Spaltungstendenzen beiträgt, sondern sie sogar noch verfestigt. Es reicht oft bereits völlig aus, wenn die Klientinnen und Klienten uns in subtiler Weise vermitteln, die Mitarbeiter einer anderen sozialen Institution gingen »so hart« mit ihnen um, oder Angehörige seien »so uneinfühlsam«, und schon entsteht in uns der – von den Klienten im Rahmen ihrer Idealisierungen unbewußt intendierte – Eindruck, wir selbst seien doch »so viel« einfühlsamer und rücksichtsvoller. Die »anderen« hingegen verhielten sich »unmöglich« (in dieser Einschätzung zeigt sich unter dem Einfluß der Spaltung deutlich die Entwertung als Pendant zur Idealisierung). Gerade Menschen wie die hier beschriebenen, die nur mit derartigen Interaktionsmustern haben überleben können, besitzen oft eine unglaubliche Fähigkeit, auch uns Professionelle in ein solches Schwarzweißdenken hineinzuziehen und uns dahingehend zu manipulieren, daß wir »Guten« mit den Klienten zusammen die Aggression gegen die »Bösen« richten. In solchen Situationen stellt nach meiner Erfahrung das persönliche Kennenlernen einen nicht unerheblichen Schutz für uns dar.

Viertens: Schließlich ermöglicht das persönliche Zusammentreffen mit den für die Klientinnen und Klienten wichtigen Bezugspersonen, *gemeinsame Betreuungs- und Behandlungsstrategien* zu erarbeiten und festzulegen. Gerade wenn bei Menschen mit gravierenden psychosozialen Problemen mitunter etliche Vertreterinnen und Vertreter verschiedener Institutionen an der Betreuung beteiligt sind und Arbeitgeber, Vermieter und Angehörige oft von großer Bedeutung für die Klienten sind, erscheint es mir notwendig, daß diese Personen einander kennen und mit den Klienten zusammen überlegen, welche Rollen mit welchen Funktionen sie einnehmen werden, welche Ziele sie je einzeln und alle zusammen verfolgen wollen, und wie die Zusammenarbeit sich gestalten soll. Dabei ist es mir sehr wichtig, die Klientinnen und Klienten selbst in den ganzen Prozeß einzubeziehen. Wir müssen mit ihnen zusammen die gemeinsame Sitzung sorgfältig vorbesprechen (auch mit den daran sich knüpfenden Erwartungen und Ängsten), müssen unsere Rollen dabei festlegen und müssen die in der gemeinsamen Sitzung zu besprechenden Themen miteinander abstimmen.

Einen Vorteil solcher Sitzungen sehe ich auch darin, daß ein Stück *gemeinsamen Lernens* stattfinden kann. Die Klienten erleben, daß wir uns von Fachleuten anderer Disziplinen beraten lassen müssen (wobei diese Erfahrung in der konkreten sozialen Situation den zum Teil starken Idealisierungstendenzen der Klienten entgegenwirkt). Außerdem wird den Klienten deutlich, daß im Zusammenleben mit anderen Menschen immer wieder Kompromisse gesucht werden müssen – und sich auch finden lassen! – und daß ihr Welt- und Menschenbild, das vielfach vom »Alles-oder-Nichts«-Prinzip geprägt ist und in dem es nur die beiden Kategorien »Freunde« und »Feinde« gibt, revidiert und differenziert werden muß.

Die genannten Vorgehensweisen und Problembereiche haben nicht nur eine sachliche Seite, sondern sind auch stark von den Ängsten, Erwartungen, Selbsteinschätzungen und anderen Gefühlen der Klienten und Klientinnen bestimmt und geben deshalb vielfältige Anregungen für die psychotherapeutische Arbeit im engeren Sinn. Schon das Vorgehen an sich, gemeinsame Sitzungen mit starker Beteiligung der Klienten durchzuführen, hat nicht nur einen organisatorischen Aspekt. Dahinter steht vielmehr das psychotherapeutische Ziel der *Autonomieförderung* und der möglichst weitgehenden Übernahme von *Selbstverantwortung*. So erlebe ich häufig, wie schon das Vorgespräch über unsere Rollen bei der anzuberaumenden Sitzung vielfältige Übertragungsdispositionen sichtbar werden läßt (vgl. das auf S. 79 ff. geschilderte Verhalten von Herrn Schumacher). Es können idealisierende, von großen Erwartungen an mich bestimmte Übertragungskonstellationen sein, ebenso aber auch aggressiv-getönte, mit Entwertungen operierende Versuche, jedes Hilfsangebot zurückzuweisen. Wieder andere Klienten möchten sich in eine ausgesprochen passive Rolle zurückziehen und alle Verantwortung an mich delegieren – mit der Konsequenz, sich hinterher, wenn ihnen eine bei der gemeinsamen Sitzung getroffene Entscheidung in einer bestimmten Situation aus irgendeinem Grunde nicht behagt, darauf zu berufen, sie selbst seien ja »wieder einmal« nicht gefragt worden; sie fühlten sich deshalb an keine Abmachung gebunden.

Bei Diskussionen im Kreis von Psychotherapeutinnen und -therapeuten taucht bei einem solchen Vorgehen häufig das Argument auf, sie lehnten derartige Sitzungen mit Drittpersonen ab, da sie sich an die Schweigepflicht gebunden fühlten und den Raum der Therapie im Interesse der Klientinnen und Klienten »schützen« müßten. So sehr ich auch die strikte Einhaltung der Schweigepflicht befürworte, so skeptisch bin ich jedoch, wenn die Schweigepflicht als Argument gegen den Kontakt zu Drittpersonen angeführt wird. Es scheint mir zumeist eine Rationalisierung des Wunsches zu sein, sich mit einer gewissen Überheblichkeit anderen Berufsgruppen gegenüber in den intimen Raum der Einzeltherapie zurückzuziehen, in der (nach meiner Ansicht allerdings irrigen) Annahme, die wichtigste Arbeit für die Klientinnen und Klienten geschehe dort; alles, was die Vertreter anderer Disziplinen täten, könne zwar durchaus geschehen, man greife »bei Bedarf« ja auch gerne auf sie »zurück«; doch habe das nichts mit der Psychotherapie zu tun und müsse sorgsam von ihr getrennt werden. Zugegebenermaßen ist das von mir geschilderte bifokale Vorgehen unter starkem Einbezug der sozialen Realität mitunter schwierig und erfordert viel an selbstkritischer Reflexion der Gegenübertragung. Doch können wir uns bei der Betreuung und Behandlung von Menschen mit gravierenden psychosozialen Problemen nicht darauf beschränken, nur die soziale *oder* die psychische Dimension ins Auge zu fassen, sondern müssen beide Problembereiche gleichermaßen beachten.

Aus diesen Überlegungen ergibt sich für mich geradezu zwingend der Einbezug der anderen an der Betreuung beteiligten Professionellen und mitunter auch der Kontakt zu den wichtigsten Personen aus dem privaten und beruflichen Umfeld der Klientinnen und Klienten. Wir können dabei sehr wohl die Schweigepflicht respektieren, nicht zuletzt dadurch, daß wir jeden Schritt in diesem Prozeß sorgfältig mit den Klienten besprechen. Dazu kann beispielsweise auch gehören, daß ich bei einem derartigen Vorgespräch das Pro und Kontra des Kontaktes zu bestimmten Personen in dieser spezifischen Situation erwäge und auf die unter Umständen großen Nachteile hinweise, die ein solcher Kontakt für die Klienten haben könnte. Auch bei solchen Fragen geht es mir nicht lediglich um eine vordergründige Beratung der Klienten. Ich verstehe unser gemeinsames Abwägen vielmehr in einem psychotherapeutischen Sinn als Übung und Differenzierung von Ich-Funktionen (wie Denken, Wahrnehmen, antizipierende Funktionen etc.) und als eine Art der psychotherapeutischen Auseinandersetzung mit den Problemen des sinnvollen, konstruktiven Mißtrauens, der gefährlichen Vertrauensseligkeit, der Anlehnungs- und Distanzierungsbedürfnisse und anderer Gefühle und Konfliktbereiche, die bei solchen Entscheidungen eine Rolle spielen.

Nicht selten gilt es bei solchen Diskussionen genau darauf zu achten, daß wir als Professionelle nicht in eine »Falle« gelockt werden (das ist nicht im wertenden Sinne zu verstehen, sondern ein solches Verhalten stellt wie die erwähnten Spaltungs-, Idealisierungs- und Entwertungsprozesse Überlebensstrategien für die Klienten dar). Wir müssen deshalb stets zu klären versuchen, welche psychodynamischen Motive beispielsweise hinter dem Wunsch eines Klienten, wir sollten Kontakt zu einer Drittperson aufnehmen, stehen könnten.

Eindrücklich war für mich in dieser Hinsicht eine Situation, die ich mit Herrn Dorn (Pseudonym), einem 32jährigen Patienten, erlebte.

Gemäß meinem üblichen Vorgehen teilte ich Herrn Dorn am Beginn der Therapie mit, daß ich zwar prinzipiell zu Kontakten mit Drittpersonen bereit sei, ein solches Gespräch aber nur in Gegenwart des Patienten führen wolle. Herr Dorn entgegnete, er habe volles Vertrauen zu mir, ich dürfe mit jedem, mit dem ich wolle, über ihn sprechen. Es sei nicht nötig, daß er anwesend sei. Er sei absolut sicher, alles, was ich täte, geschehe zu seinen Gunsten, und ich sei bezüglich der Informationen, die ich Drittpersonen über ihn geben würde, verschwiegen. Herr Dorn gab mir damit quasi einen »Blankoscheck« für sämtliche Kontakte zu Drittpersonen und schien ein absolutes Vertrauen in mich zu signalisieren (womit er auch zum Ausdruck brachte, daß er mich erheblich idealisierte und sich scheinbar vertrauensvoll bei mir anlehnen wolle).

Als ich darauf beharrte, mich strikt an die genannte Regel halten zu wollen, fügte Herr Dorn unvermittelt hinzu: Bei einem anderen Therapeuten, den er früher einige Male aufgesucht habe, sei er allerdings in dieser Hinsicht sehr enttäuscht worden. Der Therapeut habe ihn in einer Sitzung auf ein Thema angesprochen, das Herr Dorn unmittelbar vorher zu Hause mit der Ehefrau diskutiert habe. Er sei überzeugt, daß der Therapeut hinter seinem Rücken mit der Ehefrau gesprochen, ihm dies aber nicht gesagt habe. Herr Dorn hat, wie er weiter berichtete, niemals auch nur den Versuch unternommen, seinen Verdacht mit dem Therapeuten offen zu diskutieren. Er hat vielmehr die Behandlung ohne weitere Erklärung abgebrochen!

An dieser Episode zeigt sich deutlich, wie die Klientinnen und Klienten uns im Rahmen einer idealisierenden Übertragung scheinbar mit größtem Vertrauen begegnen. Unversehens kann dieses scheinbare Vertrauen jedoch in höchstes Mißtrauen umschlagen und, wie bei Herrn Dorn, unter

Umständen sogar bis zum abrupten Abbruch der Betreuung führen. Aus diesem Grund teile ich allen Klientinnen und Klienten zu Beginn der Behandlung meine prinzipielle Bereitschaft zu Kontakten mit Drittpersonen mit, unterstreiche dabei aber, wie bei Herrn Dorn, daß ich diese Kontakte nur führen möchte, wenn die Klienten bei mir anwesend sind. Ich halte mich in den Behandlungen strikt an diesen Grundsatz und habe die Erfahrung gemacht, daß dies sowohl für die Klienten als auch für die Drittpersonen ein sinnvolles Vorgehen ist, das sich fruchtbar für die Therapie auswirkt.

An der geschilderten Situation mit Herrn Dorn zeigt sich, daß Kontakte zu Drittpersonen keineswegs immer unproblematisch sind. Aus diesem Grund ist bei dieser wie bei allen anderen Abweichungen von unserem therapeutischen »Standard«-Vorgehen eine besonders sorgfältige Analyse der Situation (das heißt der bewußten und unbewußten Motive der Klientinnen und Klienten und unserer Gegenübertragung) notwendig.

Mitunter sind es nicht besondere – gar konflikthafte – psychodynamische Konstellationen, die zu solchen Kontakten mit Dritten führen, sondern viel »banalere« Ursachen (»banaler« aus *unserer* professionellen Sicht), die jedoch für die Klienten selbst unter Umständen von großer Bedeutung sind. Wenn wir uns selbstkritisch prüfen, bemerken wir häufig, daß *wir* es sind, die durch die Wünsche und das Verhalten der Klienten irritiert sind und vor allem aus diesem Grunde ablehnend reagieren.

Herr Baumann (Pseudonym), ein 25jähriger Klient, brachte mich in eine solche Situation, als er eines Tages zusammen mit seiner Freundin vor meiner Tür stand und darauf bestand, die Freundin solle an der Therapiestunde teilnehmen. Ich war durch dieses Anliegen irritiert, zumal ich keine Hypothese über die Motive seines Wunsches zu entwickeln vermochte. Ich dachte allenfalls an einen Paarkonflikt, den die beiden in der Therapiestunde klären wollten. Mein Erstaunen war indes groß, als Herr Baumann seine Freundin aufforderte, auf meiner Couch Platz zu nehmen und sie wie selbstverständlich ein Heft aus der Tasche zog und zu lesen begann. Ich war verblüfft, irritiert und – zugegebenermaßen – zumindest am Anfang der Therapiestunde recht befangen. Ganz anders hingegen Herr Baumann: Er ließ sich durch die Gegenwart seiner Freundin in keiner Weise stören, und sie las offensichtlich seelenruhig in ihrem Heft, ohne auch nur den geringsten Anteil an unserem Gespräch zu nehmen – und Herr Baumann und ich hatten eine Therapiestunde wie viele andere.

Gewiß mögen verschiedene Motive bei Herrn Baumann eine Rolle gespielt haben, als er seine Freundin mitbrachte und sie in der Stunde anwesend war. In der an die Stunde sich anschließenden Reflexion habe ich die verschiedenen Möglichkeiten erwogen und eine Reihe von mehr oder weniger wahrscheinlichen psychodynamischen Hypothesen aufgestellt. Neben allen diesen Überlegungen spielte jedoch, soweit ich es heute, rückblickend, beurteilen kann, ein im Grunde recht »banales« Motiv die Hauptrolle: Herr Baumann hatte in der Therapie immer wieder berichtet, daß er gerne eine Freundin hätte, in dieser Beziehung bisher aber immer wieder »Pech« gehabt habe. Nun wollte er mir offensichtlich diese Frau (und sicher auch mich ihr) vorstellen und damit sagen: »Schau her, ich freue mich, ich habe es geschafft«.

Wir Psychotherapeuten sind nach meinem Eindruck daran gewöhnt, nach hintergründigen, oft ausgesprochen konflikthaften Motiven zu suchen und damit zu arbeiten. Beim Umgang mit Klientinnen und Klienten der hier beschriebenen Art denken wir deshalb mitunter allzu »kompliziert« und übersehen darüber das Naheliegendste. Bei Herrn Baumann war es seine Freude, endlich eine Freundin gefunden zu haben, und sein Wunsch, sie mir (als Freund? als Vater?) stolz zu präsentieren. Das Problem liegt darin, daß es in der Arbeit mit solchen Klienten umgekehrt aber häufig auch Situationen gibt, bei denen wir etwas Wichtiges verpaßten, wenn wir am Vordergründigen hängenblieben und nicht nach den unbewußten Determinanten forschten. Es gibt deshalb keine allgemein verbindlichen Regeln, inwieweit wir in den verschiedenen Situationen nach unbewußten Wurzeln forschen sollen und wann es um (zumindest aus unserer fachlichen Sicht) »banalere« Motive geht. Es scheint mir in jedem Fall gut zu sein, die psychodynamischen Konstellationen und die Übertragungsdispositionen zu reflektieren. Doch sollten wir darüber nicht die »reale Beziehung« zwischen den Klienten und uns vergessen, gerade weil wir in solchen intensiven Betreuungen und Therapien (die sich zudem häufig über etliche Jahre erstrecken) zu einer zentralen Bezugsperson werden, die, ob wir es wollen oder nicht, einen wichtigen Faktor im sozialen Leben der Klienten darstellt (vgl. dazu auch die Ausführungen im Kapitel 5 zum *Ende der Behandlung und Betreuung.*).

Die Bedeutung von Trennungssituationen

Ich habe in Kapitel 1 darauf hingewiesen, daß viele Menschen mit schweren psychosozialen Problemen in ihrer Kindheit und Jugend im Beziehungsbereich eine nur geringe Stabilität erlebt haben. Brüchige Beziehungen in der Herkunftsfamilie, das Hin-und-her-geschoben-Werden zwischen eigener Familie, Pflegefamilien und Heimen, das sind nur die sichtbaren Spitzen der Beziehungsprobleme. Auch im weiteren Leben finden wir beim Umgang dieser Menschen mit Partnerinnen und Partnern vielfach flüchtige Kontakte, ohne große Verbindlichkeit und Konstanz. Und auch im Umgang mit den Professionellen wiederholt sich häufig dieses Beziehungsmuster, indem charakteristischerweise zwar eine mehr oder weniger große Zahl von Professionellen bei den Betreuungen und Behandlungen beteiligt ist, die Kontakte zu ihnen aber nicht selten schon bald wieder abbrechen oder die große Zahl an Beteiligten gerade verhindert, daß die Klientinnen und Klienten sich an einer Stelle wirklich tief einlassen.

Es wäre jedoch eine Verkennung der Hintergründe, wenn wir annähmen, dies geschehe allein deshalb, weil die Professionellen sich nicht auf eine konstante, verbindliche Beziehung einließen. Das mag – schon wegen der großen

Zahlen von Klienten, die in manchen Institutionen zu betreuen sind – mitunter tatsächlich der Fall sein. Häufiger aber liegt der Flüchtigkeit und dem baldigen Abbrechen der Beziehungen ein Bedürfnis der Klienten selbst zugrunde: Sie haben von Kindheit an immer wieder schmerzliche Beziehungsabbrüche erlebt und suchen sich vor erneuten Verletzungen zu schützen, indem sie sich nirgends mehr voll einlassen. Sobald sie spüren, eine Person könnte ihnen wichtig werden, löst das bei ihnen massive Angst aus, und sie sind von dem starken Wunsch erfüllt, sich so schnell wie möglich zurückzuziehen und die Beziehung wieder zu lösen. So paradox ein solches Verhalten auch erscheinen mag, ist es aus der subjektiven Sicht der Klienten doch gut verständlich, da der von ihnen selbst herbeigeführte Beziehungsabbruch sie vor dem Erleben von Hilflosgikeit, Abhängigkeit und erneuten Verletzungen schützt.

Die Angst vor dem Erleben von Trennungssituationen und den dadurch ausgelösten schmerzlichen Gefühlen äußert sich, je nach Persönlichkeit und Lebensumständen der Klientinnen und Klienten, bei ihrem Umgang mit den Professionellen in unterschiedlicher Weise.

Vermeiden von intensiven Beziehungen

Aufgrund der lebensgeschichtlichen Erfahrungen und der daraus resultierenden Angst, immer wieder verlassen zu werden, vermeiden es Klientinnen und Klienten oft, intensive Beziehungen zu den Professionellen einzugehen. Sie halten eine vorsichtig-abwartende Distanz zu ihnen ein und suchen sich auf diese Weise vor den so schmerzlich erlebten Trennungen zu schützen. Es wäre daher ein gravierender Irrtum, wenn wir das zögernde und nicht selten auch ganz offen zurückweisende Verhalten solcher Klienten in vordergründiger Weise als »mangelnde Kooperationsbereitschaft«, »Uneinsichtigkeit« oder gar als »Unverschämtheit« uns gegenüber interpretierten. Diese Menschen *können* sich nicht auf eine engere Beziehung zu uns einlassen, gerade *weil* sie sich eine solche im tiefsten Innern so sehr wünschen. Aus ihrer subjektiven Sicht ist ihr ängstliches Distanzhalten durchaus berechtigt, spüren sie doch, daß das Sich-Einlassen auf eine nähere Beziehung zu einem anderen Menschen sie (aufgrund ihrer eigenen immensen Zuwendungswünsche) schnell von der Bezugsperson abhängig werden ließe. Je stärker jedoch diese Abhängigkeit ist, desto größer ist der Schmerz, wenn auch diese für sie so wichtig gewordene Beziehung wieder abbricht.

Ein solches Kontaktverhalten macht unbestreitbar den Umgang mit diesen Klientinnen und Klienten – auch im professionellen Bereich – schwierig. Das Hauptproblem scheint mir aber darin zu liegen, daß wir Professionellen uns allzu leicht durch das manifeste Verhalten beeindrucken lassen (vor allem wenn es uns kränkt, weil wir uns trotz unseres großen eigenen Engagements zurückgewiesen fühlen) und den psychodynamischen Hintergrund dieses Kontaktverhaltens nicht berücksichtigen. Aus diesem Grund kommt es darauf an, bei einem abweisenden und distanziert-mißtrauischen Verhalten von Klientinnen und Klienten zu versuchen, die emotionalen Motive zu erfassen und unsere Reaktionen darauf abzustellen.

Das kann, je nach Art der Klientinnen und der Betreuungssituation, beispielsweise heißen, die Vermeidungstendenzen, selbst wenn sie sich störend auf unsere Arbeit auswirken, während längerer Zeit zu akzeptieren, ohne daß dies bedeuten muß, wir hießen dieses Verhalten ausdrücklich gut. Die Berücksichtigung der emotionalen Hintergründe kann aber auch dazu führen, das Distanzbedürfnis der Klientinnen, nachdem wir es eine gewisse Zeitlang kommentarlos hingenommen haben, zum Thema unserer Gespräche zu machen und – gerade auch in Psychotherapien – die zugrundeliegenden Motive zu bearbeiten und den Klientinnen auf diese Weise zu ermöglichen, neue Beziehungsformen zu entwickeln, die für sie selbst weniger angsterregend sind und dadurch letztlich auch für sie und ihre Partner befriedigender verlaufen. Wie auch immer wir uns in den professionellen Kontakten mit solchen Klientinnen verhalten mögen, ermöglicht uns die Beachtung der psychodynamischen Hintergründe ihres Verhaltens, selber weniger irritiert und gekränkt zu reagieren und damit den Ratsuchenden besser gerecht zu werden.

Anklammerungstendenzen

Die Angst vor dem Erleiden neuer, schmerzlicher Beziehungsabbrüche kann auch zu einem völlig gegensätzlichen Verhalten der Klientinnen und Klienten führen, nämlich zu der – mitunter extremen – Neigung, sich an uns Professionelle anzuklammern, uns geradezu »mit Haut und Haar zu verschlingen«. Die typischen Gegenübertragungsgefühle, die in solchen Situationen bei Betreuern und Therapeutinnen auftauchen, sind die, erdrückt, in die Enge getrieben, mißbraucht, mit Forderungen überhäuft, kurz »ausgesaugt« und »aufgefressen« zu werden.

Auch dieses Verhalten der Klienten läßt auf den ersten Blick nicht erkennen, daß dahinter die tiefe Angst steht, von den Menschen, die für sie große Bedeutung besitzen, verlassen zu werden. Es ist jedoch eben diese Angst, die solche Klienten sich verzweifelt an uns anklammern läßt. Die Tragik liegt darin, daß sie gerade durch das gierige Sich-Anklammern die Professionellen, die sich ihnen zuwenden wollen, in die Flucht schlagen. Oft hat man den Eindruck, daß sei auch das, allerdings unbewußte, Ziel ihres Verhaltens. So schmerzlich der aus Überforderung und Erschöpfung resultierende Rückzug der Professionellen für die Klienten auch sein mag, bestätigt er ihnen doch, daß ihre Angst vor traumatisierenden Trennungserfahrungen berechtigt sei und sie gut daran täten, sich gar nicht auf engere Beziehungen einzulassen. So haben wir es beim ängstlichen Vermeiden von verbindlicheren Beziehungen und beim gierigen Sich-Anklammern im Grunde nicht mit Gegensätzen zu tun, sondern sie stellen nur zwei verschiedene Seiten ein und desselben Phänomens dar.

Paradox erscheinende Reaktionen auf »Besserungen« und auf den Abschluß der Betreuung

Aus der tiefen Angst vor der Wiederholung schmerzlicher Trennungserfahrungen resultiert schließlich ein weiteres Verhalten, das bei den Professionellen oft Irritation und Hilflosigkeit, mitunter aber auch aggressive Reaktionen hervorruft. Es ist die Erfahrung, Verbesserungen der Lebensumstände und des psychischen Befindens führen – fast könnte man sagen: regelhaft – zu »Rückschlägen«. Es tritt nicht die eigentlich zu erwartende Erleichterung und Freude ein, sondern die Klientinnen und Klienten fühlen sich plötzlich wieder besonders schlecht, klagen über vermehrte Ängste, Depressionen und Insuffizienzgefühle, und nicht selten hat man als Betreuer den Eindruck, sie schafften sich im sozialen Bereich selber wieder neue Schwierigkeiten.

Derartige Reaktionen lösen bei den Professionellen verständlicherweise Irritation und Unwillen aus, da die mit Mühe erreichten Erfolge mit einem Schlag wieder zunichte gemacht werden. Typischerweise hört man dann in Gesprächen mit den Betreuern und Therapeutinnen, die Klienten seien offensichtlich »unfähig«, von den professionellen Angeboten zu profitieren, oder es ist die Rede von den »masochistischen Tendenzen« der Klienten, die sich immer wieder selber zu schädigen suchten.

Schauen wir hinter die Fassade dieses tatsächlich selbstschädigenden Verhaltens (FREUD 1916, sprach in diesem Zusammenhang von der »negativen therapeutischen Reaktion«; vergleiche auch DEUTSCH 1966; FENICHEL 1945; GREENACRE 1950; GREENSON 1973; GRÜTTER 1968; HARTMANN 1972), so können wir häufig als Motor die Angst vor dem traumatisierend erlebten Beziehungsabbruch identifizieren. Indem sie jeden Schritt in eine bessere Zukunft mit einem »Rückfall« in Form des Eskalierens der sozialen und psychischen Probleme beantworten, versuchen die Klientinnen und Klienten die drohende Trennung von den Behandelnden zu vermeiden. Durch die erneut aufbrechenden Ängste und Depressionen und durch die wieder sich verschärfenden sozialen Probleme ketten sie die Betreuerinnen und Therapeuten geradezu an sich und hoffen damit die Gefahr der Trennung vermieden zu haben. NACHT und RACAMIER (1960/61) haben eine solche Dynamik bei depressiven Menschen beschrieben und sprechen bei ihnen von der Angst vor dem Zerreissen des symbiotischen Bandes. Die immensen Wünsche nach Zuwendung und die Abhängigkeit von der Bestätigung durch nahestehende Menschen führt dazu, daß solche Klientinnen und Klienten bereits die kleinste Distanzierung als fundamentale Erschütterung ihrer Existenz erleben und ihren Selbstwert und ihre innere Stabilität nur durch die permanente Nähe der betreffenden Bezugsperson garantiert sehen. Es ist angesichts dieser Dynamik verständlich, daß sie jeglichen Fortschritt in der Behandlung oder gar das (wenn auch nur in weiter Ferne auftauchende) Ende der Betreuungsbeziehung als große Gefahr empfinden und darauf geradezu panikartig mit einem »Rückfall« reagieren.

Die unbewußte Erwartung, durch ein derartiges Verhalten die gefürchtete Trennung vermeiden zu können, bestätigt sich auf der einen Seite (und dies macht die Situation therapeutisch so ungemein schwierig, da das selbstdestruktive Verhalten verstärkt wird, indem die Professionellen sich den Klienten in der krisenhaften Situation selbstverständlich vermehrt zuwenden müssen). Auf der anderen Seite ist die »negative therapeutische Reaktion« aber auch insofern in einem doppelten Sinn selbstdestruktiv, als sie nicht nur jede Verbesserung des Befindens und der sozialen Verhältnisse verunmöglicht, sondern die Professionellen nicht selten auch gerade zu jener Reaktion treibt, welche die Klienten durch ihr Verhalten vermeiden möchten, nämlich zum Abbruch der Beziehung.

Ein konstruktiver Umgang mit dieser schwierigen Situation ist nur dann möglich, wenn wir die ihr zugrundeliegende Dynamik erkannt haben und in unserem therapeutischen und betreuerischen Handeln berücksichtigen. Das heißt konkret: Bei Klientinnen und Klienten, die schmerzlichste Beziehungsabbrüche in ihrer Kindheit und im späteren Leben erlitten haben, müssen wir *hellhörig für jede Art von Trennung* sein, das heißt für den zu erwartenden Betreuungsabschluß und alle deutlichen Verbesserungen ebenso wie für »Mikro-Trennungen« wie Ferienabwesenheiten, Stundenausfälle und das Ende jeder einzelnen Sitzung. Wir müssen das Verhalten der Klienten in jeder dieser Trennungssituationen sorgfältig beobachten und, wenn wir ihre spezifische Form des Reagierens erkannt haben, zum Thema unserer Gespräche machen. Dabei reicht es nicht aus, den Klienten zu versichern, daß Besserungen ihres Befindens und Fortschritte im sozialen Bereich nicht einen Abbruch der Beziehung zur Folge haben und daß wir sie weiterhin begleiten werden. Es erscheint mir vielmehr wichtig, zum einen den *psychodynamischen Hintergrund zu thematisieren* (ihre hochambivalenten Wünsche nach Nähe und Zuwendung) und zum anderen die *Selbstdestruktivität ihres Verhaltens zu deuten* (durch die dauernden »Rückfälle« provozieren sie bei ihren Bezugspersonen ja gerade die gefürchtete Trennung).

Diese Dynamik muß immer und immer wieder an den verschiedensten Trennungen, wie sie sich in und außerhalb der Betreuung ereignen, besprochen werden, und die Klienten müssen die Erfahrung machen, daß sie durch »Fortschritte« die Beziehung zu den Professionellen nicht gefährden. Dabei ist es wichtig, sehr genau auf die Nähe- und Distanzbedürfnisse der Klienten sowie auf ihre Angst- und Spannungstoleranz zu achten und unser Handeln darauf abzustimmen. Das kann die Häufigkeit und Dauer der Sitzungen betreffen, aber auch die Inhalte unserer Gespräche (insbesondere wenn es um Themen geht, die für die Klienten emotional hoch besetzt sind) und die Intensität unserer

Interventionen. Allzu leicht besteht die Gefahr, daß wir den Klienten zuviel zumuten, wenn wir den Eindruck haben, sie seien jetzt gerade offen für Interventionen, mit denen wir ihnen unsere psychodynamischen Überlegungen nahebringen möchten.

Um der Gefahr einer Überforderung der Klienten möglichst zu entgehen, fordere ich sie auf, während meiner Ausführungen ihre Gefühle genau zu beobachten und mir mitzuteilen, sobald sie spüren, daß es ihnen »zu viel« wird. Ich achte meinerseits auf alle (vor allem auch auf die nonverbalen) diesbezüglichen Signale und teile sofort meinen Eindruck mit, wenn ich die Vermutung hege, die Klienten fühlten sich durch meine Intervention überfordert. Je nach Tragfähigkeit der Persönlichkeit und nach Stand der Therapie breche ich meine Ausführungen dann ab oder ermuntere die Klienten, doch noch ein wenig »durchzuhalten«, weil es mir wichtig erscheine, ihnen meine Überlegungen vollständig mitzuteilen.

Das Herunterschrauben unserer Ziele

Im Unterschied zu den Therapien und Betreuungen vieler anderer Klientinnen und Klienten sehen wir uns beim Umgang mit Menschen, die unter gravierenden psychosozialen Problemen leiden, im Hinblick auf die Behandlungsziele einer völlig anderen Situation gegenüber. Ihre schweren psychischen Störungen und die desolaten sozialen Verhältnisse, unter denen sie leben, machen es ihnen oft unmöglich, in den Betreuungen und Psychotherapien die Art von »Fortschritten« zu erzielen, die wir (ob wir uns darüber klar sind oder nicht) von ihnen erwarten. Die Diskrepanz zwischen dem tatsächlich Erreichten beziehungsweise Erreichbaren und den Erwartungen, die wir Behandelnde im allgemeinen hegen, ist ein typisches Merkmal dieser Betreuungen. Vermutlich liegt hier auch einer der Hauptgründe dafür, daß eine größere Zahl von Psychotherapeutinnen und -therapeuten diese Klienten nur ungern übernimmt und ihnen eine nur rudimentäre, sich auf das Nötigste beschränkende Behandlung anbietet (vgl. ADLER et al. 1996).

Bei Menschen mit schwerwiegenden sozialen Problemen befinden wir uns in der im Grund paradoxen Situation, einerseits nur wenig erwarten zu können, andererseits aber doch die Hoffnung auf eine Änderung der desolaten Verhältnisse nicht aufgeben zu dürfen. Wir würden uns wohl auch auf keine Betreuung oder Therapie einlassen, wenn wir nicht zumindest einen Hoffnungsschimmer am Horizont erkennen würden.

Diese Überlegungen mögen einleuchtend klingen, und es mag so erscheinen, als ließe sich danach auch ohne größere Schwierigkeiten handeln. Prüfen wir jedoch selbstkritisch unsere Gefühle in derartigen Betreuungen, so werden wir feststellen, daß es immer wieder zu mehr oder weniger großen Diskrepanzen zwischen unseren Erwartungen an die Klientinnen und Klienten und den Zielen kommt, die sie tatsächlich zu erreichen vermögen. Das betrifft nicht nur die großen Betreuungsziele wie »soziale Integration«, »emotionale Stabilisierung«, »Verbesserung der Beziehungsfähigkeit« und ähnliche umfassende Änderungen, sondern etwa auch die im letzten Kapitel diskutierte Fähigkeit der Klienten, unsere verbalen Interventionen oder andere therapeutische Maßnahmen aufnehmen und verwerten zu können. Zu Divergenzen kann es auch leicht bei den erwähnten »Rückfällen« (der *negativen therapeutischen Reaktion*) kommen, mit denen die Klienten auf jede Verbesserung ihrer Situation reagieren.

Wollten wir unbeirrt an unseren überhöhten Therapiezielen festhalten, so würde dies vor allem zu zwei verhängnisvollen Konstellationen führen: Wir würden die Klientinnen und Klienten überfordern, und wir würden über sie und uns selbst zutiefst enttäuscht sein.

Das unreflektierte Festhalten an unseren Therapiezielen kann die Klientinnen und Klienten erheblich überfordern. Sobald wir bemerken, daß wir bei ihnen an Grenzen stoßen, sie unsere Interventionen nicht verwenden können, im sozialen Bereich nicht die Schritte tun, die wir von ihnen erwarten, oder in anderer Hinsicht nicht unserem – zumeist unreflektierten – »Patienten-Ideal« (Kotin 1986) entsprechen, werden wir unsere Bemühungen im allgemeinen verstärken und die Klientinnen vielleicht sogar massiv bedrängen, in der Hoffnung, sie würden sich auf diese Weise doch noch zu einer Anpassung an unser Bild von ihnen bringen lassen. Gerade weil wir uns dieser in uns bestehenden Bilder oft nicht bewußt sind, bemerken wir auch gar nicht, wie wir den Klientinnen mit unseren Erwartungen nicht gerecht werden und sie überfordern.

Diese Situation führt bei den Betreuten oft zu großen inneren Spannungen, da sie sich ja bemühen, es so »gut« wie möglich zu machen, sie aber zugleich unser Drängen und unseren zunehmenden Unwillen über die »mangelnden Fortschritte« spüren. Je nach Persönlichkeit und nach augenblicklicher Beziehungsdynamik reagieren sie darauf mit Resignation und verstärktem Rückzug oder mit verzweifelt-wütenden Ausbrüchen, mit denen sie sich vor der von uns ausgehenden Überforderung zu schützen versuchen.

Enttäuschung

Spüren wir, daß wir mit unseren Bemühungen bei den Klienten »nicht weiter kommen«, so kann dies bei uns massive Enttäuschungen auslösen. Diese Gefühle können sich entweder auf uns selbst richten. In diesem Falle geraten wir in tiefe Selbstwertzweifel über unsere professionellen Fähigkeiten. Oder die Enttäuschung kann sich auf unsere Klientinnen und Klienten richten und löst dann nicht selten in uns erhebliche Aggression ihnen gegenüber aus, da sie sich nach unserer Auffassung als »unfähig« erweisen, von unseren Angeboten zu profitieren. Die dann in uns auftauchende Aggression kann sich in einer Intensivierung unseres Drängens artikulieren, bis hin zu ausgesprochen gewalttätigen Versuchen, die Klienten zu dem von uns erwarteten Verhalten zu zwingen. Charakteristischerweise sind wir uns bei solchen – destruktiven – Machtentfaltungen nicht darüber klar, wie wir Gewalt ausüben, sondern wir suchen unser Handeln mit psychologischen und pädagogischen Konzepten zu legitimieren (RAUCHFLEISCH 1993). Unter Umständen brechen wir die Betreuung oder Behandlung sogar ganz ab und sind auch nicht mehr bereit, in Zukunft derartige Klientinnen und Klienten anzunehmen, mit der Begründung, »Sie wollen sich ja gar nicht ändern« oder »Sie sind unfähig, von unseren Angeboten zu profitieren«.

Konsequenzen

Wir sollten unbedingt drei Aspekte zu beachten:
1. Wir müssen bei der Arbeit mit Menschen, die unter gravierenden psychosozialen Schwierigkeiten leiden, *besonders sorgfältig unser »Patienten-Ideal« reflektieren,* das heißt unsere Bilder von den Klientinnen und Klienten mit den daran geknüpften Erwartungen. Diese subjektiven Entwürfe, die wir von den Klienten in uns tragen, müssen wir mit den tatsächlichen Möglichkeiten konfrontieren, welche sie in bezug auf ihre psychischen und sozialen Veränderungen besitzen. Wir bewegen uns dabei auf dem schmalen Grat zwischen der Überforderung der Klienten und unserer selbst einerseits und der aus der Resignation und der allzu pessimistischen Einschätzung der Prognose hervorgehenden Unterforderung andererseits.
2. Eine realistische Einschätzung der Veränderungsmöglichkeiten, die die Klientinnen und Klienten besitzen, ist

trotz fundierter fachlicher Ausbildung und betreuerischer Erfahrung von außen her oft kaum möglich. Es ist deshalb wichtig, *die Klienten dazu anzuhalten, sich selbst genau zu beobachten und ihre Möglichkeiten selbst einzuschätzen.* Eine solche Empfehlung stellt nicht nur einen gewissen Schutz vor Überforderungen der Klienten dar, sondern führt auch dazu, daß sie sich selbst besser kennenlernen, ein Gespür für ihre eigenen Möglichkeiten und Grenzen bekommen und ein Stück weit die Verantwortung für die Behandlung mit übernehmen. Wenn eines der zentralen Ziele solcher Betreuungen die Förderung von Autonomie ist, so stellt die Übergabe von Eigenverantwortung ein wichtiges Element auf diesem Weg dar. Im Dialog zwischen Klienten und Professionellen muß dann immer wieder geklärt werden, welche Ziele zu hoch gesteckt, zu pessimistisch oder realistisch sind. So wird das *Prozeßhafte,* das ein wesentliches Merkmal jeder Art von Betreuung und Behandlung darstellt, für beide daran Beteiligte immer wieder spürbar. Auf diese Weise läßt sich am ehesten vermeiden, daß sich bei uns Professionellen wie bei den Klientinnen und Klienten die Vorstellungen von dem, was in nächster oder weiterer Zukunft erreicht werden könnte, allzusehr verfestigen.

3. Schließlich konfrontieren uns die Therapien und Begleitungen von Menschen mit schwerwiegenden psychosozialen Problemen mit der Notwendigkeit, *unsere Therapieziele herunterzuschrauben.* Das heißt: Die Klienten selbst, aber auch wir müssen ein Stück *Trauerarbeit leisten.* Wir müssen einsehen, daß trotz aller Bemühungen seitens der Klienten und trotz unseres großen professionellen Einsatzes etliche psychische Probleme und vieles im desolaten sozialen Leben der Klienten sich nicht verändern läßt. Dies ist eine schmerzliche Einsicht, bedeutet sie doch, daß es für beide, für Klientinnen und Klienten wie für uns, darauf ankommt, das Erreichte, das vielleicht weit hinter dem Erwarteten zurückbleibt, zu akzeptieren und sich damit zufriedenzugeben.

Dabei besitzen allerdings die aus unserer Sicht mitunter klein erscheinenden Schritte für die Klienten oft eine ungleich größere Bedeutung, und angesichts der Ausgangslage sind es im Grund erstaunliche Fortschritte. Erst wenn wir diese Relationen berücksichtigen, können wir wahrnehmen, daß vieles, was uns von außen unbedeutend und eher enttäuschend erscheint, für die Klienten bereits wichtige Veränderungen sind. Wir können zwar als übergeordnete Ziele etwa die Autonomieförderung, die Stabilisierung im emotionalen Bereich und die soziale Integration vor Augen haben. Dabei müssen wir uns jedoch stets darüber klar sein, daß unsere Bemühungen immer nur zu mehr oder weniger kleinen Schritten auf diesem Weg führen werden. Mitunter sind bei diesen Klientinnen und Klienten sogar überhaupt keine Fortschritte zu verzeichnen, und wir werden uns damit abfinden müssen (und dies ist ein durchaus legitimes und bei einer Reihe von Klienten keineswegs leicht zu erreichendes Ziel), eine weitere Eskalation ihrer psychosozialen Probleme zu verhindern.

Schließlich gibt es auch Klientinnen und Klienten, denen wir uns als Dialogpartner zur Verfügung stellen, bei denen wir realistischerweise weder Fortschritte noch eine Verhinderung weiterer Eskalationen erwarten können und die wir *trotzdem* – oder *gerade deshalb* – ein Stück auf ihrem schweren Lebensweg begleiten. Wir werden das indes nur tun können, wenn wir unsere Erwartungen an die Klienten radikal abbauen und das Ziel unseres professionellen Handelns allein in der *Begleitung* von Menschen sehen, die in einer zum Teil trostlosen inneren und äußeren Situation leben und denen wir unsere mitmenschliche Nähe anbieten, ohne irgend etwas von ihnen erwarten zu dürfen.

4. Arbeit an Grenzen

Eines der Hauptmerkmale der Arbeit mit Menschen, die sich in schweren psychosozialen Notsituationen befinden, liegt in der Tatsache, daß wir uns mit ihnen in verschiedener Hinsicht in Grenzbereichen bewegen.

Persönliche Grenzen

Die Arbeit in einem Grenzbereich wird bereits ganz offensichtlich an der Charakterisierung dieser Klientinnen und Klienten als unter »psycho-sozialen« Schwierigkeiten leidend. Es sind nicht Menschen, die »nur« in sozialer Not leben und in materieller Hinsicht um das Überleben kämpfen (wobei dies allein schon schlimm genug ist und vielfältige psychische Probleme nach sich ziehen kann). Es sind auch nicht Klienten, die »nur« psychische Störungen aufweisen und innerlich von Ängsten, Zwängen, Selbstwertzweifeln und Depressionen geplagt sind, im sozialen Leben aber mehr oder weniger gut »funktionieren«. Es sind vielmehr Menschen, bei denen sich in beiden Bereichen, im sozialen Leben ebenso wie in psychischer Hinsicht, schwere Beeinträchtigungen finden, die sich in unheilvoller Weise ineinander verschränken und sich gegenseitig potenzieren.

Durch diese Situation wird unsere Arbeit als Psychotherapeutinnen, Seelsorger, Sozialarbeiter und Sozialpädagoginnen ungleich schwieriger als die Begleitung und Behandlung anderer Klienten. Je nach professioneller Vorbildung stoßen wir einmal an die Grenzen der sozialen Realität, für deren Bearbeitung wir als Psychotherapeutinnen und -therapeuten nicht ausgebildet sind. Oder wir stehen als nicht speziell psychotherapeutisch Geschulte mehr oder weniger hilflos an der Grenze der oft als unüberwindbare Wand erscheinenden psychischen Störungen, die alle Bemühungen zur Sanierung der sozialen Situation zunichte machen.

Hier sind wir mit *unseren eigenen Grenzen* konfrontiert. Wir haben eine bestimmte berufliche Ausbildung als Sozialarbeiter, Pfarrer, Psychotherapeuten, Sozialpädagogen oder in einer anderen Disziplin durchlaufen und in diesem Bereich fachliche Kompetenz erworben. Die Arbeit mit Menschen mit schwerwiegenden psychosozialen Problemen läßt uns nun aber schnell erkennen, daß unsere Kenntnisse eigentlich nie ausreichen: Den Psychotherapeuten fehlt die Information und Erfahrung im sozialarbeiterischen und pädagogischen Bereich, den Sozialarbeiterinnen und Pfarrern fehlt das psychotherapeutische und pädagogische Rüstzeug und die Sozialpädagogen beklagen ihre unzureichenden Kenntnisse in sozialarbeiterischer, seelsorglicher und psychotherapeutischer Hinsicht. Im Grund erfordern die hier thematisierten Klientinnen und Klienten Betreuerinnen und Betreuer, die zumindest über *Grundkenntnisse in allen vier Bereichen, Sozialarbeit, Sozialpädagogik, Seelsorge und Psychotherapie, verfügen* (vgl. BECKER 1995). Auch wenn wir aufgrund unserer je spezifischen beruflichen Ausbildung in der konkreten Arbeit mit den Klientinnen eindeutige Prioritäten setzen, müssen wir den anderen Disziplinen gegenüber offen sein und immer wieder auch Grenzüberschreitungen vornehmen. Das bedeutet nicht, unsere Kompetenz zu überschätzen und uns in völlig unrealistischer Weise als »Fachleute für alle Lebenslagen« zu sehen. Es heißt jedoch, sich wenigstens Grundkenntnisse in den anderen Disziplinen anzueignen und die Grenzen des eigenen Faches zu überschreiten, wo es zum Nutzen der Klienten nötig ist. Das wird in vielen Fällen jedoch nur ein vorsichtiger »Abstecher« in das uns doch zumeist relativ fremde Land der anderen Disziplin sein (vgl. Kapitel 3, S. 123 ff.).

Mit unseren eigenen Grenzen konfrontieren uns diese

Klientinnen und Klienten aber auch in einer anderen Hinsicht: Die Arbeit mit ihnen erfordert von uns ein hohes Maß an *Belastungsfähigkeit und gefühlsmäßigem Engagement*. Zugleich müssen wir oft feststellen, daß der große Einsatz, den wir erbringen, zu vergleichsweise geringen Erfolgen führt. Wenn Begleitungen und Behandlungen dieser Art überhaupt empirisch überprüft werden, zeigen sich allenfalls »moderate Haupteffekte«, wie Lösel und Mitarbeiter (1987) sie in ihrer Metaanalyse der Erfolge der Sozialtherapeutischen Anstalten in Deutschland festgestellt haben. Wenn man es ganz scharf formulieren will, kann man sagen: Die in diesen Bereichen Tätigen befinden sich in dem Dilemma, einerseits viel geben zu müssen und andererseits nur vergleichsweise geringe Erfolge verzeichnen zu können. Dies stellt die Professionellen nicht nur im Hinblick auf Geldgeber, die immer wieder auf den Nachweis der Effizienz der durchgeführten Maßnahmen pochen, vor schwierige Probleme, sondern führt bei ihnen auch zu inneren Belastungen, weil sie trotz größten Einsatzes den angestrebten Soll-Zustand nur selten zu erreichen vermögen.

Die Konsequenz könnte heißen, sich derartigen Belastungen nicht auszusetzen. Entweder man meidet Tätigkeitsbereiche, in denen man mit den hier geschilderten Klientinnen und Klienten zusammentreffen könnte (was durchaus legitim ist, aber wenig mit den Klienten, sondern vor allem mit den Professionellen zu tun hat). Oder man entlastet sich selber dadurch, daß man den Klienten »Unbehandelbarkeit« attestiert und auf diese Weise gar nicht erst unter den Leistungsdruck gerät, etwas zum Besseren ändern zu wollen. In diesem Falle wird man allerdings wohl nicht auf eine wie auch immer geartete Behandlung eintreten, sondern nur das Nötigste an Unterstützung leisten und sich möglichst nicht in eine intensivere Beziehung zu den Klienten einlassen.

Neben diesen Möglichkeiten besteht indes noch eine Alternative, bei der das Gewahrwerden unserer professionellen Grenzen nicht unseren Rückzug zur Folge hat, sondern eine konstruktive Herausforderung für uns bedeutet. Die Einsicht, daß die Klienten aufgrund ihrer spezifischen Entwicklungsbedingungen und ihrer desolaten aktuellen Lebensverhältnisse trotz intensiver Betreuung und Therapie *bestimmte Grenzen nicht zu überschreiten vermögen* und wir bei noch so guter Ausbildung und trotz großer Erfahrung ebenfalls an eigene Grenzen stoßen, kann dazu führen, *unsere Ansprüche* an die Klienten wie an uns selbst drastisch *herunterzuschrauben.* Dies bedeutet keineswegs Resignation und Perspektivlosigkeit. Um der Gefahr gegenseitiger Überforderungen wirkungsvoll zu begegnen, erscheint es mir jedoch notwendig, *realitätsgerecht die Grenzen unserer Arbeit wahrzunehmen.* Gelingt uns dies, so können wir uns, wie ich in Kapitel 3 ausgeführt habe, von einem unsere Arbeit immer wieder unterhöhlenden, höchst unproduktiven Druck befreien. Zudem werden wir erst dann erkennen, daß die Klienten durchaus Entwicklungsschritte machen, wir diese aber vorher unter dem Diktat hoher Forderungen an sie und uns gar nicht als solche wahrgenommen haben.

So befinden wir uns in dieser Arbeit in der im Grund paradoxen Situation, eigentlich nichts erwarten zu dürfen und zugleich doch einen Funken von Hoffnung auf eine wie auch immer geartete »Besserung« in uns lebendig zu halten. Es ist eine Hoffnung, die wir zum Teil stellvertretend für die von Resignation und Verzweiflung erfüllten Klienten in uns wachhalten müssen und die über manche schwierige Phase unserer Beziehung hinwegträgt. Es ist eine Haltung, die MANFRED BLEULER (1980) mit den Worten umschrieben hat: »Es ist unrealistisch, alle Not und alles Leid, mit denen wir zu tun haben, der einen oder anderen Krankheit zuzuschreiben, die wir zu heilen hätten. Gar oft haben wir schlichtere Aufgaben: Einem, der leidet, eine Zeitlang nahe zu sein und ihn, wo wir es vermögen, etwas zu stützen … Wir möchten ihn bescheiden ein Stück weit auf seinem Schicksalsweg begleiten, so lange ihm unsere Nähe guttut, und wir können bestrebt sein, ihm da und dort ein wenig zu raten und zu helfen, und zwar in der persönlichen Art, die nur dem Einzelnen angepaßt ist.« Je nach persönlichem Hintergrund kann die Quelle dieser Bereitschaft zum »Durchhalten« im religiösen, sozialen, politischen oder anderweitigen Engagement liegen. Woher auch immer wir die Kraft nehmen, selbst in aussichtslos erscheinenden Situationen psychischen Leidens und sozialer Not bei den Klientinnen und Klienten auszuharren, sehe ich eine Verpflichtung für uns darin, gerade diejenigen unter ihnen, die selbst keine positiven Zukunftsperspektiven mehr zu entwickeln vermögen und auch in uns tiefe Resignation auslösen, nicht allein zu lassen – in der vielleicht niemals zu verifizierenden Hoffnung, daß wenigstens die Beziehung zu uns diesen Menschen irgend etwas geben wird und selbst nach Abbruch der Beziehung zu uns in ihnen noch etwas davon nachwirkt.

Ein hierfür bedenkenswertes Beispiel habe ich mit Herrn Kupfer (Pseudonym), einem fünfzigjährigen Mann erlebt. Er hatte wegen diverser, zum Teil auch gewalttätiger Delikte viele Jahre seines Lebens in Strafanstalten verbracht. Unter dem Druck einer vom Gericht angeordneten Psychotherapie (nach Art. 43 des Schweizerischen Strafgesetzbuches) hatte er eine Behandlung bei mir aufgenommen. Von Anfang an vermittelte er mir verbal und nonverbal, daß er in keiner Weise für eine Psychotherapie motiviert sei und sich auch nicht das geringste davon verspreche. Diese Ansicht vermittelte er indes nicht in provokativer Weise, sondern sie war Ausdruck einer tiefen Resignation. Er sah für sich im Leben keinerlei Perspektiven, weder im Beziehungsbereich (er lebte sozial weitgehend isoliert, hätte zwar gern eine Frau und Kinder gehabt, fand aber:»Einen wie mich nimmt ja sowieso keine«) noch in beruflicher Hinsicht (er war Hilfsarbeiter und machte seine Arbeit gut, besaß aber keine Möglichkeit, beruflich aufzusteigen). Er war, wie er immer wieder äußerte, der Überzeugung, »daß ich ja doch wieder im Knast lande«.

Unsere Gespräche waren außerordentlich zähflüssig, stockend, und in mir entstand in den Stunden oft das Gefühl, mich wie in einem Nebelmeer und in völliger Leere zu bewegen. Welche Themen aus dem beruflichen oder privaten Bereich ich auch ansprach, Herr Kupfer antwortete mit einigen wenigen Worten, selten überhaupt mit einem vollständigen Satz, und verstummte wieder. Selbst das Gespräch über unsere Art der Interaktion erbrachte nichts. Der Patient stimmte mir zu, es laufe sehr zähflüssig, und er begründete dies damit, ihm falle beim besten Willen nichts ein. Meine Frage, ob er die Situation denn dann nicht als sehr unangenehm erlebe, verneinte er. Was auch immer wir miteinander versuchten (längere Zeit gemeinsam zu schweigen und dann über die dabei aufgetauchten Gefühle zu sprechen, bestimmte Probleme aus dem beruflichen Alltag zu klären, über seine wenigen Bezugspersonen zu sprechen etc.), führte stets zum gleichen Ziel: wenige lakonische Äußerungen und Achselzucken beim Patienten, Hilflosigkeit und zunehmende Resignation auch bei mir.

In dieser Situation beschloß ich von allen meinen Ambitionen, »Psychotherapie« mit Herrn Kupfer durchführen zu wollen, Abschied zu nehmen und meine Rolle in Zukunft nur noch darin zu sehen, ihm ein konstanter Begleiter zu sein. Dabei war ich davon überzeugt, daß er im Grund ausgesprochen ungern komme, angesichts der sonst drohenden Einweisung in eine Strafanstalt aber das »kleinere Übel« Therapie mehr oder weniger geduldig über sich ergehen lasse.

Diese Auffassung erwies sich indes als völlig unzutreffend, wie mir eine Episode, die sich nach etwa einjähriger Therapiedauer ereignete, in eindrücklicher Weise zeigte: Ich teilte in einer Therapiesitzung Herrn Kupfer mit, wir könnten die nächste Stunde leider nicht abhalten, da ich eine auswärtige Verpflichtung wahrnehmen müsse. Die Reaktion des Patienten war eine völlig andere, als ich je vermutet hätte: Er schaute mich irritiert an und brachte ein enttäuschtes »Oh!« heraus. Als ich Herrn Kupfer daraufhin fragte, ob er denn, wie wir ja ursprünglich einmal vereinbart hatten, für die ausfallende Sitzung eine Ersatzstunde haben wolle, antwortete er zu meinem Erstaunen lebhaft: »Ja, ja!« Er fügte hinzu, er habe in zwei Wochen Ferien, dann wolle er auf jeden Fall auch kommen. Er sei dann nicht, wie während seiner Berufstätigkeit, auf die Abendstunden angewiesen, sondern könne gerne auch vormittags kommen.

Diese Reaktionen waren für mich nach allem, was ich mit Herrn Kupfer bisher erlebt hatte, völlig unerwartet. Nie hätte ich angenommen, er könnte den Ausfall einer Therapiesitzung bedauern, ja er würde sogar eine Ersatzstunde in Anspruch nehmen. Es wäre jedoch ein Irrtum anzunehmen, dieses Ereignis sei ein Wendepunkt in der Therapie gewesen und der Patient hätte von nun an sein Verhalten wesentlich geändert. Nach wie vor waren die Stunden von Resignation und Leere geprägt, und nach wie vor sprach Herr Kupfer einsilbig und zögernd.

Auf mich jedoch hatte die Äußerung des bedauernden »Oh« und der Wunsch nach einer Ersatzstunde eine starke Wirkung, zeigte mir diese Episode doch, daß unser Beisammensein doch in irgend einer (mir allerdings nicht erkennbaren) Weise für den Patienten von Bedeutung sein mußte. Diese Einsicht bestärkte mich noch mehr in meiner Bereitschaft, Herrn Kupfer weiterhin ganz regelmäßig zu sehen, ohne daß ich auch nur die geringste Wirkung dieser ungewöhnlichen »Therapie« feststellen konnte. Ein Jahr später verübte Herr Kupfer wieder verschiedene Straftaten und wurde daraufhin zu einer unbedingten längeren Gefängnisstrafe verurteilt. Also hatte die Behandlung auch im Hinblick auf die Legalbewährung nichts erbracht.

Waren die fast zwei Jahre, in denen Herr Kupfer und ich uns wöchentlich einmal zu einer Therapiesitzung getroffen hatten, vergeudete Zeit, und war für die Behandlung unnötig Geld ausgegeben worden? Ich glaube es nicht. Auch wenn sich nichts sichtbar in seinem Erleben und seinem Verhalten geändert hat, hat er zum ersten Mal in seinem Leben über eine längere Zeit hin eine konstante Beziehung zu einem anderen Menschen unterhalten und über Dinge gesprochen, die nach unseren üblichen therapeutischen Maßstäben geringfügig sein mögen, für einen Menschen wie Herrn Kupfer aber die Überwindung vieler Ängste und eines tiefen Mißtrauens bedeuteten. Nach seinem Prozeß, vor seiner Verlegung aus der Untersuchungshaft in die Strafanstalt, habe ich dem Patienten mitgeteilt, daß mein Therapieangebot selbstverständlich weiterhin gelte und er sich nach der Entlassung wieder an mich wenden könne. Seine Antwort war – wie eh und je – ein zögernd-ausweichendes »Hm – mal sehen«.

Soziale Grenzen

Menschen mit gravierenden psychosozialen Problemen konfrontieren uns nicht nur mit persönlichen Grenzen, die wir bei uns selbst und bei ihnen anerkennen müssen. Sie führen uns vielmehr auch in Grenzbereiche des sozialen Lebens und lassen uns die unheilvollen Verstrickungen in finanzielle Verschuldung, das mitunter hilflose Zappeln im Netz struktureller Gewalt und die Fülle sozialer Ungerechtigkeit und Benachteiligung gerade der Ärmsten der Armen miterleben. Es ist wohl nicht zuletzt das Erleben dieser Grenzen, das uns die Arbeit immer wieder schwer macht und in uns, wie in den Klienten, Gefühle von Wut, Ohnmacht und Resignation entstehen läßt. In solchen Situationen, in denen wir mit den Klienten zusammen an soziale Grenzen stoßen, spüren wir deutlich, daß wir letztlich nicht bei der Arbeit mit einzelnen Menschen stehenbleiben können, sondern uns sozialpolitisch engagieren müssen. Dabei wissen wir aber, wie schwierig es ist, die Politikerinnen und Politiker und erst recht die breitere Öffentlichkeit davon zu überzeugen, daß materielle Mittel und personelle Angebote für die Menschen zur Verfügung gestellt werden müssen, die – weshalb auch immer – an unserer Gesellschaft krank geworden und auf unsere Hilfe angewiesen sind. Für viele (wenn auch glücklicherweise nicht für alle) Politikerinnen und Politiker ist dies kein zugkräftiges Wahlthema, und es fehlt an einer Lobby für die sozial Entrechteten.

Nicht selten kann man im Kreis von Professionellen, die mit Notleidenden, Straffälligen, Drogenabhängigen und anderen Menschen mit psychosozialen Problemen arbeiten, hören, sie fühlten sich selbst im Kollegenkreis ähnlich ausgegrenzt und diskriminiert wie ihre Klienten. Auch diese Professionellen erfahren wenig Anerkennung, haben keine Lobby, die ihre Anliegen durchsetzt, und sehen sich schnell massiven Vorwürfen gegenüber, sobald auch nur das Geringste in ihrer Arbeit »schiefgeht«.

Diese Parallelität im Erleben von Professionellen und Klienten *kann* sich positiv auswirken, indem wir selbst spüren, wie es ist, wenn man auf Schritt und Tritt an soziale Grenzen stößt, die sich mitunter zu unüberwindlichen Mauern auftürmen. Nicht selten hat das gleichartige Erleben aber negative Konsequenzen: Die Erfahrung, in der eigenen Handlungsfähigkeit durch die verschiedenen Begrenzungen der sozialen Institutionen eingeschränkt zu werden, kann bei den Professionellen zu einem Verschleiß der letzten Kräfte und zum Zerbrechen jeglicher Hoffnung führen und dadurch gerade die besonders Engagierten unter ihnen schließlich total resignieren lassen.

Es ist eine – auch in vielen Studien in verschiedenen Ländern empirisch belegte – Beobachtung, daß Armut in sich ein großes Gewaltpotential birgt und zu einem verhängnisvollen Kreislauf der Gewalt führt (Buhmann 1989, Frey et al. 1988, Gilliand 1990, Leibfried et al. 1985, Mäder et al. 1991, Paugam 1991, Townsend 1979).

Besonders schwierig und belastend für Professionelle wie für Klientinnen und Klienten sind Situationen, in denen es um *strukturelle Gewalt* (Galtung 1975) geht, eine Form der Gewalt, die in die Strukturen unserer Gesellschaft mit ihren Institutionen und Regeln eingebaut ist und sich im allgemeinen nur mit Mühe als Gewalt, das heißt als eine andere Menschen schädigende, auf einer eindeutigen Machtdifferenz beruhende destruktive Kraft erkennen läßt (Rauchfleisch 1992). Typischerweise legitimiert sich strukturelle Gewalt häufig als »Sachzwang« oder »lange bewährtes Vorgehen«, beruft sich gern auf psychologische und pädagogische Konzepte oder führt zu ihrer Rechtfertigung an, es sei »einfach selbstverständlich«, daß bestimmte Dinge so und nicht anders gemacht werden müßten. Die Schwierigkeit liegt darin, daß nicht jede Regel, ja nicht einmal jede Einschränkung an Freiheiten, strukturelle Gewalt darstellt. Wir brauchen, um einigermaßen konfliktfrei miteinander leben zu können, verbindliche Regeln und Abmachungen, die immer auch ein Stück Freiheit des einzelnen einschränken. Das wesentliche Kriterium für Gewalt ist jedoch, ob eine bestimmte Handlung sich schädigend auf andere Menschen auswirkt und sie die Integrität des betreffenden Menschen verletzt. Ist dies der Fall, so müssen wir auch bei angeblich noch so gut gemeinten und mit schlagkräftigen Argumenten begründeten Abläufen und Regeln doch eindeutig von struktureller Gewalt sprechen.

Herr Studer (Pseudonym), ein 25jähriger Mann, hatte bereits während der Schulzeit erhebliche psychische Probleme. Er war in einer von einem sehr strengen Vater dominierten Familie aufgewachsen (noch heute als Erwachsener zittert er vor ihm) und berichtet von harten Bestrafungen, wenn er auch nur geringfügig von den Erwartungen und Forderungen des Vaters abgewichen sei. Immer wieder habe dieser ihm vermittelt, er sei nichts wert, ein

»Versager, der es nie zu etwas bringen wird«. Außerdem empfand Herr Studer sich im Schatten zweier beruflich sehr erfolgreicher älterer Brüder stehend, denen gegenüber er sich völlig insuffizient fühlte und die er wegen ihres höheren sozialen Status zutiefst beneidete.

Trotz seiner Probleme war es ihm gelungen, die Schule und anschließend eine Lehre in einem kaufmännischen Beruf erfolgreich abzuschließen. In der Folge wurden seine persönlichen Schwierigkeiten jedoch immer größer, und es kam zunehmend zu Konflikten am Arbeitsplatz, einem Büro in einer großen Warenhauskette. Je stärker Herr Studer spürte, den beruflichen Anforderungen nicht gewachsen zu sein, desto inadäquater verhielt er sich: Einerseits resignierte er innerlich und äußerte mir gegenüber wiederholt, es habe eigentlich gar keinen Sinn, sich zu bemühen; er könne mit dem Tempo der anderen Mitarbeiter nicht mithalten und sei mitunter so blockiert, daß er keinen klaren Gedanken zu fassen vermöge. Es sei ihm klar, daß er ohnehin bald »rausfliege«. Andererseits verhielt er sich seinen Kollegen und Vorgesetzten gegenüber jedoch zum Teil ausgesprochen provokativ, indem er beispielsweise darauf hinwies, er habe es nicht nötig, »solch eine Dreckarbeit« zu machen; er wolle ohnehin in eine andere Abteilung versetzt werden, in der ihm mehr Möglichkeiten zur Weiterbildung geboten würden. Je weiter Herr Studer sich in seinen Zukunftsplänen von der schwierigen sozialen Realität, in der er lebte, entfernte, desto stärker wurde der Druck, den seine Umgebung auf ihn ausübte. Das hatte bei ihm wiederum eine weitere Eskalation seiner Rückzugstendenzen und seiner unrealistischen Ansprüche zur Folge.

Es wäre eine verkürzte, die komplizierten Verhältnisse allzu sehr vereinfachende Sicht, wenn man die Schuld an derartigen Entwicklungen allein der Gesellschaft mit ihren Forderungen und ihrer oft nur geringen Toleranz Menschen gegenüber, welche die Normen nicht zu erfüllen vermögen, zuweisen wollte. Ebenso falsch wäre es, in einseitiger Weise einen psychisch leidenden Menschen wie Herrn Studer allein für die beruflichen Schwierigkeiten und das Verhalten der Umgebung verantwortlich zu erklären. Hier üben beide Partner Gewalt aus. Jeder von ihnen reagiert auf das Verhalten des anderen und steht dabei subjektiv unter dem Eindruck, »völlig im Recht zu sein«: Herr Studer meint, sich durch besonders großspurig wirkendes Auftreten gegen die Kränkungen, die er von den Kollegen erfährt, wehren zu müssen. Seine Kollegen und Vorgesetzten müssen zunehmend mehr Aufgaben für ihn übernehmen und erfahren dafür keineswegs Dank, sondern werden von ihm sogar noch gekränkt. Außerdem schafft Herr Studer durch sein Verhalten im Team eine Atmosphäre der Gereiztheit und bringt es durch ein geschicktes Intrigenspiel immer wieder auch zu Konflikten zwischen den Mitarbeitern. Es ist angesichts einer solchen Situation keineswegs verwunderlich, wenn sie ihm in aggressiver Weise begegnen und in vielen ihrer Verhaltensweisen Gewalt zum Ausdruck kommt. Das Unheilvolle liegt hier – wie auch sonst bei der Gewalt – in der Tatsache, daß es außerordentlich schwierig ist, eine solche Dynamik aufzulösen. Vielfach kommt es zu einer sich immer mehr zuspitzenden Eskalation von Gewalt, bis schließlich das schwächste Glied der Kette buchstäblich »auf der Strecke bleibt«.

Dies geschah auch bei Herrn Studer: Je mehr sich die Konflikte am Arbeitsplatz zuspitzten, desto größer wurden seine psychischen Schwierigkeiten, was zu immer häufigeren Absenzen, zu erheblichem Alkoholkonsum (mit den entsprechenden Auswirkungen: häufiges Zuspätkommen am Morgen, beeinträchtigte Leistungsfähigkeit, finanzielle Schwierigkeiten etc.) und zu noch grotesker werdenden Ansprüchen und Selbstüberschätzungen führte. Als der Druck, unter dem die ganze Arbeitsgruppe mittlerweile stand, nahezu unerträglich geworden war, kam es anläßlich einer Zurechtweisung durch den Vorgesetzten zu einem heftigen Streit zwischen diesem Mann und Herrn Studer, der sich schließlich wutentbrannt auf den Chef zu stürzen drohte und nur durch das Eingreifen anderer Mitarbeiter daran gehindert werden konnte. Er wurde daraufhin fristlos entlassen. Außerdem mußte er wegen selbstverschuldeter Arbeitslosigkeit eine Sperrfrist von 28 Tagen bis zur Zahlung der Arbeitslosenversicherung in Kauf nehmen.

Herr Studer erhielt zwar vom Arbeitsamt den Hinweis, er könne die fristlose Kündigung und die sofortige Einstellung der Lohnzahlungen gerichtlich anfechten und sich damit den ihm eigentlich zustehenden Lohn sichern. Er wagte es jedoch aus verschiedenen Gründen nicht, eine Klage gegen den Arbeitgeber einzureichen: Zum einen fühlte er sich ohnehin allen staatlichen Stellen gegenüber sehr unsicher und hilflos und hätte deshalb auch den Gang zum Gericht als enorme Belastung empfunden. Zum anderen fürchtete er, wie schon so oft in seinem Leben auch jetzt »den Kürzeren zu ziehen« und, selbst wenn er den Prozeß gewinnen würde, doch als »Verlierer« dazustehen, weil der Arbeitgeber dann allen späteren Firmen, bei denen er sich bewerben würde, schlechte Referenzen über ihn geben würde.

Außerdem lehnte es Herr Studer entschieden ab, eine finanzielle Unterstützung durch die Allgemeine Sozialhilfe in Anspruch zu nehmen, weil er sich schämte, dort »um ein Almosen zu betteln«. Er zog es vor, während der 4 Wochen, bis die Arbeitslosenversicherung gezahlt wurde, mit geringsten finanziellen Mitteln zu überleben. Dabei mußte er viele Einschränkungen in Kauf nehmen bis hin in das tägliche Leben (Essen, Trinken, Kleidung etc.).

War es in den Anfangsstadien dieses sozialen Konflikts eine eher indirekte Gewalt, die sich erst bei einer genaueren Analyse erkennen läßt, so haben wir es nun mit ganz offensichtlichen Formen von Gewalt zu tun: Die fristlose Kündigung, die sofortige Einstellung der Lohnzahlungen, die Sperrung der Arbeitslosenentschädigung und die Angst vor einer gerichtlichen Auseinandersetzung stellen direkte, die Zukunft dieses Mannes überschattende Bedrohungen dar, und es wäre eine unzulässige Bagatellisierung der Situation, wenn wir uns auf das »soziale Netz«, das unser Sozialstaat doch für alle Notfälle biete, beriefen und Herrn Studers Befürchtungen als irrationale, paranoide Angst interpretierten.

Herr Studer begann zunehmend Schulden zu machen, kaufte Waren auf Raten, deren Zahlung ihm eigentlich gar nicht möglich war, und nahm schließlich einen Kredit bei einer Privatbank auf, die von ihm Zinsen in Höhe von 16,2% verlangte (ein Prozentsatz der gerade nur um 1,8% unter der gesetzlich festgelegten *Wuchergrenze* lag). Auch über die Zahlung dieser Zinsen hatte er sich »keine weiteren Gedanken gemacht«. Er hatte sich in seiner Entscheidung, den Kredit aufzunehmen, einzig von der Aussicht auf die baldige Erfüllung etlicher »dringender Wünsche« leiten lassen.

Es dürfte nicht verwundern zu erfahren, daß Herr Studer sich innerhalb kürzester Zeit in einer chaotischen finanziellen Situation befand: Der geringe Betrag, den er von der Arbeitslosenversicherung erhielt, reichte selbstverständlich nicht aus, die zahlreichen finanziellen Verpflichtungen zu erfüllen, und seine verzweifelten Versuche, »ein Loch durch ein anderes zu stopfen«, führten zu einer immer tieferen Verstrickung in Verschuldung und Armut. Um sich dem von der desolaten sozialen Realität ausgehenden Druck zu entziehen, intensivierte er seine bereits früher angewendeten Abwehr- und Verleugnungsstrategien. Er blendete die ihn so kränkende Realität mit allen Mitteln aus, flüchtete sich in immer grandiosere Zukunftsentwürfe und meinte, die zunehmend bedrängender werdende Situation dadurch retten zu können, daß er Rechnungen ungeöffnet liegenließ oder wegwarf und Steuerraten und Wohnungsmiete als »nicht so eilig« zurückstellte (was einen Zahlungsbefehl und die Androhung einer Kündigung zur Folge hatte). Die Konsequenzen dieser »Überlebensversuche« waren verhängnisvoll. Von allen Seiten stürmten Mahnungen und Drohungen auf ihn ein, und er, der nach Freiheit gestrebt hatte, sah sich nun unversehens als hilfloses Opfer in ein Netz sozialer Gewalt verstrickt, aus dem es kein Entrinnen mehr gab.

Es bedurfte in dieser Situation großer Anstrengungen unsererseits, um seine finanzielle Lage wenigstens einigermaßen zu ordnen und schlimmste Konsequenzen (etwa die Kündigung seiner Wohnung und Pfändungen) zu verhindern. Die Tatsache, daß dies nur mit Hilfe von materiellen Unterstützungen durch Dritte und über juristische und soziale Beratungen durch etliche andere Institutionen möglich war, läßt erkennen, wie der Betroffene selber bei einem solchen Versuch, allein einen Ausweg aus seiner sozialen Misere zu finden (selbst wenn er dazu emotional fähig wäre), völlig überfordert ist. Das Netz sozialer Angebote, das einem Menschen wie Herrn Studer Sicherheit und Unterstützung bieten sollte – und nach dem Selbstverständnis der darin tätigen Professionellen auch bieten möchte –, wird hier zu einem Netz, in das sich der Betreffende immer tiefer verstrickt und das sich unbarmherzig über ihm zusammenzieht, bis es ihm völlig die Luft abschnürt.

Nach längerer Arbeitslosigkeit, als bereits die »Aussteuerung« (das heißt die Einstellung der Zahlungen der Arbeitslosenversicherung) drohte, gelang es Herrn Studer, im Rahmen einer intensiven Psychotherapie so viel an emotionaler Stabilität zu gewinnen, daß wir den Versuch einer beruflichen Wiedereingliederung in einer Rehabilitationsinstitution unternehmen konnten. Schon bei den Vorgesprächen, die wir mit den Vertretern der diese Maßnahme finanzierenden Organisation und mit den Verantwortlichen der Rehabilitationsinstitution führten, zeigten sich gravierende Probleme: Wieder reagierte Herr Studer auf die Verunsicherung, die er angesichts solcher Gespräche erlebte, mit dem für ihn typischen grandiosen Gebaren und verstieg sich in völlig unrealistische Zukunftsentwürfe. Auch wenn die Professionellen darauf mit einer bewundernswerten Gelassenheit und mit einer zwar konsequenten, aber niemals verletzend wirkenden Konfrontation mit der sozialen Realität reagierten, fühlte er sich doch immer wieder gekränkt und bedrängt. Nur die kontinuierliche, parallel zur beruflichen Rehabilitation in der Psychotherapie erfolgende Aufarbeitung seiner emotionalen Konflikte mit ihren biographischen Hintergründen verhinderte weitere Eskalationen.

Dennoch brachte die Zeit der beruflichen Wiedereingliederung vielfältige Schwierigkeiten für Herrn Studer mit sich. Ein Hauptproblem ergab sich zu Beginn seines Aufenthaltes in dieser Institution, weil er während seiner Arbeitslosigkeit jegliche Tagesstruktur verloren hatte. Das Leben ohne regelmäßige Verpflichtungen hatte bei ihm, wie bei vielen anderen Menschen, die sich in einer ähnlichen Lage befinden, nicht nur zu sozialer Verunsicherung und zur Verarmung geführt, sondern hatte auch die Konsequenz einer weitgehenden Entwöhnung von den üblichen sozialen

Spielregeln. Schon die Einhaltung der scheinbar selbstverständ-
lichsten Regeln (wie pünktliches Erscheinen am Morgen, Einhalten
der Arbeitszeiten, kontinuierliche Arbeit etc.) stellten für ihn
Anforderungen dar, denen er sich in keiner Weise gewachsen
fühlte und welche die Rehabilitationsbemühungen immer wieder
zunichte zu machen drohten.

Diese Situation erforderte von seiten der Institution Strukturie-
rungsmaßnahmen (wie die Aufstellung von Zeit- und Arbeitsplä-
nen, gewisse Sanktionen, falls diese nicht eingehalten würden,
etc.), die zwar in Absprache mit Herrn Studer erarbeitet wurden,
die er selber jedoch – zumindest phasenweise – trotzdem als unzu-
mutbare Einengungen und geradezu als »Vergewaltigungen«
erlebte. Er empfand sich in solchen Momenten als Opfer rück-
sichtsloser Gewalt, der er hilflos ausgeliefert sei. Umgekehrt standen die Mitarbeiter der Rehabilitationseinrichtung unter dem –
nicht unberechtigten – Eindruck, er setze vielen ihren Bemühungen einen massiven Widerstand entgegen und versuche Spezialre-
geln (in seinem Erleben: »Freiräume«) zu erzwingen, die seine
berufliche Wiedereingliederung boykottierten und sich nicht selten auch zum Nachteil der anderen Klienten der Institution und
der Mitarbeiter auswirkten (etwa wenn er ihnen die »Dreckarbeit«
überließ und für sich – wie selbstverständlich – in Anspruch nahm,
nur Tätigkeiten auszuüben, die ihm kurzweilig erschienen und
sofortige Anerkennung brachten). Auch in solchen Situationen
kam es von Herrn Studer wie auch von den Vertretern der Rehabilitationseinrichtung und von den anderen Klienten her immer wieder zu Auseinandersetzungen, die durchaus Züge von Gewalt
erkennen ließen und für alle Beteiligten große Belastungen mit sich
brachten.

Ich will noch auf ein Ereignis eingehen, das dem Außenstehen-
den keineswegs spektakulär erscheinen mag, das aber zu einem
schweren Einbruch in die eben von Herrn Studer erreichte Stabilität führte: Er bezog während seines Aufenthaltes in der Rehabilitationseinrichtung ein Tagegeld, das ihm jeweils zwischen dem 6.
und 10. Kalendertag des folgenden Monats rückwirkend ausge-
zahlt wurde. Wiederholt kam es zu – allerdings nur geringfügigen
– Verzögerungen in der Auszahlung dieser Beträge. Dabei wirkte
es sich verhängnisvoll aus, daß Herr Studer bei seinen finanziellen
Planungen jeweils vom frühest möglichen Auszahlungstermin
ausging und zutiefst verunsichert war (und entsprechend verzweifelt und wütend reagierte), wenn das Geld nicht »pünktlich«
kam. Es wäre indes eine einseitige Sicht und eine Bagatellisierung
der schwierigen Situation, in der er sich befand, wenn man seine
Gefühle von Wut und Enttäuschung »nur« als Ausdruck seiner

innerpsychischen Probleme interpretieren wollte. Tatsächlich verfügte er über nur so geringe finanzielle Mittel, und die Last der Schulden war trotz aller Sanierungsbemühungen so drückend, daß jede auch noch so geringfügige Verspätung in der Auszahlung der Tagegelder für ihn eine Katastrophe war und zu einer weiteren Verschärfung seiner vielfältigen sozialen Probleme führte.

Besonders schwierig wurde die Situation für ihn, als die Auszahlung in einem Monat selbst am 15. Kalendertag seinem Konto immer noch nicht gutgeschrieben worden war. Er geriet in immer größere Panik, da seine finanziellen Mittel vom vergangenen Monat erschöpft waren und er die monatlichen Zahlungen schon längst hätte leisten sollen. In seiner Beunruhigung hatte er bereits mehrmals bei der das Tagegeld auszahlenden Organisation angerufen und sich, anfangs höflich und unsicher, später zunehmend drängend und schließlich wütend und drohend, nach dem Verbleib des Geldes erkundigt. Die während mehr als sechs Tagen stets gleichbleibende Antwort lautete: Das Geld sei längst unterwegs, man könne sich selber nicht erklären, wo es stecke; er müsse sich gedulden, es werde »schon noch auftauchen«. Je verzweifelter und aggressiver Herr Studer wurde, desto heftiger reagierten auch die Mitarbeiter der Institution. Sie verbaten sich schließlich jegliche weiteren Belästigungen durch seine Anrufe, bezeichneten ihn als »Querulanten, der nie zufrieden ist« und weigerten sich am Ende, überhaupt noch mit ihm zu verhandeln. Dies wiederum provozierte ihn zu heftigen aggressiven Ausbrüchen gegen die »Machenschaften solcher Leute«, und es kam auf diese Weise zu einer Eskalation von Aggression und Gegenaggression, wobei Herr Studer trotz aller Bemühungen, sich sein Recht zu erkämpfen, spürte, daß er hilflos den institutionellen Zwängen ausgeliefert war.

Als sich die Situation immer weiter zuzuspitzen begann und das Geld selbst am 17. Kalendertag noch nicht auf seinem Konto war, erkundigte ich mich nach dem Verbleib des Geldes und betonte ausdrücklich, in welche Schwierigkeiten er durch die so stark verzögerte Auszahlung geraten sei. Die erste Reaktion darauf war, ähnlich wie gegenüber Herrn Studer ein – bei mir allerdings etwas höflicher formuliertes – »Bedauern« über die Verspätung und die Vertröstung, das Geld werde sicher »in den nächsten Tagen« eintreffen. Erst mein Hinweis darauf, daß ich, wenn nötig mit Hilfe eines Juristen, Herrn Studers Rechte wahrnehmen und die die Tagegelder auszahlende Institution für alle ihm entstehenden Schäden haftbar machen würde, führte dazu, daß sich der Angestellte, mit dem ich verhandelte, bereit erklärte, den Verbleib des Geldes genauer zu untersuchen und mir binnen eines Tages eine Nachricht zukommen zu lassen.

Hier wird eine gnadenlose Gewalt über einen Menschen ausgeübt, der sich über kurz oder lang wie die Protagonisten in Franz Kafkas Romanen »Der Prozeß« und »Das Schloß« fühlen muß: Überall stößt er auf Widerstände und unüberwindbare Grenzen in Form von »Regeln«, »Gesetzen« und »Sachzwängen«, ohne daß sie ihm greifbar werden, und sieht sich hilflos in eine Maschinerie von Macht und Unterdrückung verstrickt. Ich meine dies in einem wörtlichen Sinn und nicht als literarische Umschreibung eines Zustandes der Einengung und Behinderung. Wer als selbst Betroffener oder auch nur – wie ich – als Therapeut eines solchen Menschen eine derartige Situation aus der Nähe miterlebt hat, weiß, daß selbst psychisch gesunde, durchsetzungsfähige Menschen hier schier verzweifeln können und schließlich nicht mehr ein noch aus wissen. Ihre Reaktion darauf ist, wie Herrn Studers Verhalten und mein Vorgehen erkennen lassen, dann oft selbst wieder von Gewalt geprägt.

Die therapeutische Grenzsetzung

In der Beratung, Betreuung und Psychotherapie von Menschen mit gravierenden psychosozialen Problemen haben wir es noch mit einer anderen Art von Grenzerfahrung zu tun, die ich geradezu als das Hauptaktionsfeld unseres therapeutischen Wirkens bezeichnen möchte: Es sind die Grenzen, die wir als Professionelle zum Schutz der Klienten und ihrer Bezugspersonen, aber auch zu unserem eigenen Schutz und nicht zuletzt zum Schutz des therapeutischen Raumes setzen müssen. In Anbetracht der Neigung vieler dieser Klienten zu exzessivem Handeln, zur Inszenierung innerer Konflikte in der sozialen Realität (Rauchfleisch 1981), liegt ein wesentlicher Teil unserer Begleitung und Behandlung darin, verbindliche Grenzen zu definieren und darauf hinzuarbeiten, daß die Klienten sie auch einhalten, weil sonst eine konstruktive Zusammenarbeit nicht möglich ist.

Viele Professionelle empfinden gerade das impulsive, zum Teil ausgesprochen manipulative Handeln dieser Klienten als äußerst hinderlich, und nicht wenige Therapien und Betreuungen scheitern letztlich, wenn die Professionellen sich dadurch so provoziert fühlen, daß sie die Betreuung von sich aus abbrechen oder so restriktiv darauf reagieren, daß die Klienten sich zurückziehen. Immer wieder bewegen wir uns in solchen Begleitungen auf dem schmalen Grat zwischen therapeutisch kontraproduktiven aggressiven Reaktionen unsererseits und hilflosem Laissez-faire. Oft kommt es zwischen den Professionellen und den Klienten zu einem sadomasochistischen Beziehungsmuster, bei dem die Positionen der Macht und der Hilflosigkeit schnell wechselnd von den Interaktionspartnern übernommen werden. Die Folge ist eine für die Betreuung unheilvolle Kampfsituation, in der es nur »Sieger« und »Besiegte« gibt, während die Klienten die für sie dringend notwendige Erfahrung einer ihnen als hilfreiche Leitlinie dienenden Grenze nicht machen können. Auf eine solche *konstruktive Grenzsetzung* jedoch kommt es an, bei der wir durch den äußeren Rahmen ein Stück weit die fehlenden inneren Strukturen dieser Klienten zu ersetzen versuchen.

Das agierende Verhalten der Klientinnen und Klienten, selbst wenn es noch so provokativ und inadäquat erscheint, vermag uns eine Fülle von Informationen zu liefern. Die grundlegende Voraussetzung für ein therapeutisch effizientes Handeln liegt jedoch darin, daß wir Professionelle nicht gekränkt, verängstigt oder unkontrolliert aggressiv reagieren, sondern auch dem *impulsiven Verhalten der Klienten mit der Haltung der gleichschwebenden Aufmerksamkeit begegnen und den hintergründigen Sinn dieser Äußerungen zu verstehen versuchen.*

Ein wesentlicher Teil des psychotherapeutischen und sozialpädagogischen Handelns betrifft bei diesen Klienten die Arbeit an den Grenzen. Die Schwierigkeit liegt darin, daß ein völlig nachgiebiges, nur re-agierendes, abwartendes Verhalten der Professionellen ebenso verhängnisvolle Konsequenzen hat wie rigide Grenzsetzungen und die Forderung der Einhaltung starrer Regeln. Im Fall der therapeutischen Passivität fühlen sich die Klienten, denen es oft an tragfähigen inneren Strukturen mangelt, völlig verunsichert und werden versuchen, uns soweit wie möglich zu manipulieren. Rigide Grenzsetzungen hingegen empfinden sie als unerträgliche Einengung und Bedrohung ihrer ohnehin schon eingeschränkten Autonomie. Die häufigste Reaktion darauf ist der Boykott unserer therapeutischen Maßnahmen, bis hin zum Abbruch der Behandlung oder Betreuung.

Aus diesen Gründen kommt es darauf an, *mit den Klientinnen und Klienten zusammen ein Setting zu definieren, das genügend Struktur gibt,* damit überhaupt eine Therapie oder Begleitung möglich wird, und das *den Klienten zugleich genügend Freiraum bietet und Selbstverantwortung fordert,* so daß sie sich nicht erdrückt und provoziert fühlen oder sich in regressiver Weise fallenlassen. Bei der Festlegung dieser Grenzen bedarf es bei den Professionellen *großer Flexibilität,* hinter der jedoch *nie Konzeptlosigkeit* stehen darf.

Dies bedeutet: Wir müssen uns auf dem schmalen Grat zwischen dem rigiden Festhalten an Rahmenbedingungen, die diese Klientinnen und Klienten unmöglich einhalten können, einerseits und dem Mit-Versinken im Strudel chaotischen Agierens (das in solchen Fällen auf seiten der Professionellen leicht zu einem bloßen Re-Agieren auf die Aktionen der Klienten wird) andererseits bewegen. Dabei befinden wir uns gerade zu Beginn solcher Behandlungen oft in der paradoxen Situation, zwar zu wissen, daß die Klienten etliche der uns wichtigen Regeln (z. B. das regelmäßige und pünktliche Erscheinen zu den abgemachten Terminen) im allgemeinen nicht einhalten werden, aber doch immer wieder auf diese Rahmenbedingungen hinweisen müssen und sie als Zielvorstellung vor Augen zu haben.

Der Unterschied zu anderen Betreuungen und Behandlungen liegt vor allem darin, daß wir die Fähigkeit dieser Klienten, unsere Vereinbarungen einzuhalten, das heißt, ein *stabiles Arbeitsbündnis* einzugehen, bei ihnen *nicht voraussetzen* können, sondern daß dies – wie die Schaffung von Motivation und die Ausbildung von Introspektionsfähigkeit – ein *erstes Behandlungsziel* darstellt.

Die Externalisierungsneigung der Klienten ist nicht nur als Mittel der Information und Kommunikation wichtig,

164

sondern kann uns auch dazu herausfordern, *unsere Regeln und Rahmenbedingungen kritisch zu hinterfragen.* Wir sollten die uns wichtig, oft geradezu unantastbar erscheinenden Settingfragen daraufhin untersuchen, ob es tatsächlich unverzichtbare Rahmenbedingungen sind, ohne die eine Betreuung oder Behandlung unmöglich ist, oder ob es sich um tradierte Regeln handelt, die bei anderen Therapieformen mit anderen Klienten durchaus sinnvoll sind, auf die hier geschilderten Klienten jedoch keineswegs einen hilfreichen, ja vielleicht sogar einen schädlichen Einfluß haben. Bei einer solchen kritischen Reflexion können wir feststellen, daß wir vielleicht an manchen dieser Regeln festhalten, obwohl wir wissen, daß Menschen mit schwerwiegenden psychosozialen Problemen sie gar nicht einhalten können (wie Forderungen bezüglich Pünktlichkeit, Regelmäßigkeit, Motivation, Arbeitsbündnis etc.). Auf ihnen zu bestehen heißt eigentlich, eine ganze Gruppe von Klienten von unseren therapeutischen Angeboten auszuschließen – und das ist wohl nicht selten das Ziel des Beharrens auf solchen sich gern auf behandlungs»technische« Richtlinien berufenden, tatsächlich aber vor allem aus einer negativen Gegenübertragung hervorgehenden Regeln.

Ein Thema, das in diesem Zusammenhang oft ausgesprochen kontrovers diskutiert wird, ist die Frage, ob man mit Klientinnen und Klienten, die intoxikiert in unseren Beratungs- und Therapieeinrichtungen erscheinen, die abgemachte Sitzung durchführen oder sie unter Verweis auf die *Intoxikation* wieder fortschicken sollte. Das Argument, mit einer intoxikierten Person sei ein kohärentes Gespräch nicht möglich (außerdem sei es bei abhängigen Klienten ein »Rückfall«), mag plausibel erscheinen. Ferner müssen wir zugeben, daß Gespräche mit Menschen, die unter Alkohol, Medikamenten und Drogen stehen, für uns oft unangenehm sind und auf uns irritierend, provokativ, wenn nicht sogar angsterregend wirken. Doch besagt dies für mich noch keineswegs, ich sollte Klientinnen und Klienten gerade in dem Moment zurückweisen, in dem sie mir durch ihre Intoxikation signalisieren, daß sie sich in irgendeiner Hinsicht *in Not befinden.*

Ich habe es mir deshalb zur Regel gemacht, Klienten *in jeder Verfassung zu empfangen und im Gespräch mit ihnen zu klären, welches die Hintergründe ihres Verhaltens sind.* Wenn es nicht zum Schutz der Klienten, ihrer Bezugspersonen oder meiner selbst nötig ist, direkt zu intervenieren, versuche ich die ganze Situation im *szenischen Verstehen* zu erfassen und erst dann zu reagieren, wenn ich mir einigermaßen plausible Hypothesen über die zugrundeliegende Dynamik habe bilden können. Wie oben dargestellt, beinhaltet das agierende, impulsive Externalisieren eigentlich immer eine Botschaft an uns, die es zu entschlüsseln gilt. Je genauer wir den Sinn dieser Botschaft begreifen, desto präziser können wir darauf reagieren, das heißt: desto angemessener kann unsere Antwort (verbaler wie nonverbaler Art) im »fördernden Dialog« sein, und desto eher können wir vermeiden, die Klienten durch inadäquate Reaktionen unsererseits zu kränken oder den von ihnen gesuchten Dialog zu unterbrechen. Ein Beispiel zur Veranschaulichung meines Vorgehens:

Herr Hänni (Pseudonym), ein 27jähriger Mann, der wegen Sachbeschädigung, Körperverletzung und Einbrüchen bereits mehrere Haftstrafen verbüßt hatte und, als er die Therapie bei mir aufnahm, mit vielfältigen sozialen Schwierigkeiten kämpfte, rief mich eines Tages, offensichtlich unter starkem Alkoholeinfluß stehend, zu Beginn seiner Therapiestunde an (interessanterweise wesentlich pünktlicher, als er sonst bei persönlichem Erscheinen zu sein pflegte) und überschüttete mich mit einem wahren Schwall von Beschimpfungen. Das Fazit dieses aggressiven Ausbruchs war, er wolle mich nie mehr sehen, er halte mich für den »größten Idioten«, den es gebe, und er habe es »satt«, sich den »Unsinn« anzuhören, den ich von mir gäbe. Außerdem verwies er darauf, es sei für ihn jetzt wesentlich bequemer, mit mir zu sprechen: Er liege daheim, Alkohol trinkend, gemütlich auf seinem Bett und müsse nicht in dieser »verfluchten Poliklinik« sitzen. Ich nahm an, daß Herr Hänni nach dieser Schimpftirade voller Wut den Hörer auflegen und damit das Gespräch beenden werde. Eine Diskussion mit ihm war nicht möglich. Den geringsten Versuch meinerseits, ihn über den Grund seiner Wut zu befragen oder irgendeine andere

Stellungnahme abzugeben, verunmöglichte er jeweils durch einen neuen Schwall von Vorwürfen und Entwertungen. Ich konnte deshalb nur stumm zuhören.

Der Patient beendete das Gespräch aber keineswegs nach wenigen Minuten, sondern setzte seine Beschimpfungen die ganzen fünfzig Minuten fort, die seine Therapiestunde gedauert hätte. Erst am Ende dieser Zeit unterbrach er abrupt die Verbindung. Noch größer waren mein Erstaunen und meine Irritiertheit, als er auch in den folgenden Stunden – jeweils pünktlicher denn je – in alkoholisiertem Zustand anrief und mich wiederum fünfzig Minuten lang beschimpfte. Dieses Verhalten setzte er während fünf Therapiesitzungen fort und äußerte am Ende des letzten Anrufs wie selbstverständlich, er könne »dann ja mal wieder persönlich vorbeikommen«.

Diese Telefongespräche sind gewiß eine recht ungewöhnliche Form der Therapie. Sie haben vor allem mich als Therapeuten irritiert, weil eine solche Interaktion grundsätzlich von den sonst üblichen Rahmenbedingungen abweicht. Ich war bei den ersten Telefongesprächen völlig verblüfft über Herrn Hännis impulsives Verhalten, spürte aber, daß er damit etwas für ihn außerordentlich Wichtiges mitteilen wollte. Da ich sein eigentliches Anliegen anfangs noch nicht zu verstehen vermochte, beschloß ich, zunächst einmal abzuwarten und ihn sich weiter artikulieren zu lassen, in der Hoffnung, es werde mir mit der Zeit gelingen, die psychodynamischen Hintergründe seines Verhaltens zu erspüren.

Tatsächlich wurde während der sechs Anrufe zunehmend deutlicher, daß seine in der Beziehung zu mir artikulierten aggressiven Impulse eine große Intensität erreicht hatten, er sich aber offensichtlich unfähig fühlte, mir diese Gefühle direkt ins Gesicht mitzuteilen. Unter dem »Schutz« des Alkohols und durch Verwendung des Telefons war es ihm nun gelungen, eine »sichere« (das heißt seiner Angst- und Spannungstoleranz angemessene) Distanz zu finden, aus der heraus er seine Aggression gegen mich zu richten wagte. Neben allen manipulativen Tendenzen, die zweifellos auch darin lagen, hatte Herr Hänni im Grunde ein höchst produktives Verhalten gefunden, indem er etwas zu äußern vermochte, was ihm ohne die Schutzmaßnahmen (Alkohol und Telefon) nicht möglich gewesen wäre. Daß er beim letzten Anruf wie selbstverständlich erwähnte, er werde dann wieder wie bisher in die Therapiestunden kommen, zeigte mir, daß es eine Fehlinterpretation gewesen wäre, wenn ich bei diesem Patienten den Alkoholkonsum während unserer Telefongespräche als Widerstand gegen die Behandlung oder gar noch vordergründiger als Unverschämtheit mir gegenüber verstanden hätte. Herr Hänni hatte vielmehr durch sein gewiß provokatives Verhalten etwas für ihn Zentrales ausgedrückt und – so paradox es erscheinen mag – damit einen wichtigen Schritt in seiner Therapie getan.

Während es bei Herrn Hänni darauf ankam, nicht sofort zu intervenieren, sondern zunächst den Hintergrund seines Handelns zu verstehen (wobei meine Antwort im »fördernden Dialog« hier im Zuhören bestand), konfrontieren uns Klientinnen und Klienten mit erheblichen psychosozialen Problemen nicht selten auch mit Situationen, in denen es sinnvoll ist, *sofort – unter Umständen sogar mit sehr direktiven Maßnahmen – zu reagieren.* Dies ist vor allem dann notwendig, wenn *wir selbst oder andere bedroht werden.*

Eine derartige Situation erlebte ich mit Herrn Gruner (Pseudonym), einem damals 23jährigen Mann mit ausgeprägten selbstschädigenden Tendenzen, die sowohl in seinem sozialen Verhalten (vielfältige Selbstsabotagen, Neigung, sich selbst zum Opfer ihn kränkender Herabsetzungen anderer zu machen etc.) deutlich wurden als auch in der Art, wie er mit seinem Körper umging. Außerdem traten bei ihm neben einer ausgesprochen »sanften«, höflichen Art, die er an den Tag legte, heftigste, plötzlich einschießende aggressive Impulse auf. Herr Gruner war ein Jahr, bevor er zu mir kam, wenige Male bei einem anderen Therapeuten gewesen und hatte dort einmal in einem Ausbruch von Wut darauf verwiesen, er besitze einen Revolver und damit werde er sich und andere »hinmachen«. Die vom Therapeuten benachrichtigte Polizei fand in der Wohnung von Herrn Gruner tatsächlich eine entsicherte Pistole. Der Patient hatte daraufhin die Behandlung bei dem Kollegen empört abgebrochen. Mir gegenüber erwähnte er später beiläufig, es sei kein Problem, eine neue Pistole zu bekommen. Außerdem sprach er bei mir wiederholt in drohendem Ton davon, er werde sich schon zu seinem Recht verhelfen, wenn es sein müsse, etwa indem er Menschen, die ihm nicht willfährig seien, die abgeschnittenen Ohren ihrer Kinder ins Haus schicken werde; das werde jeden gefügig machen!

Eines Tages rief mich Herr Gruner an und bat mich um eine »kleine Gefälligkeit«: Er sei gerade dabei, sein Zeugnis zu schreiben, und suche nach einer guten Formulierung. Auf meine erstaunte Frage entgegnete er wie selbstverständlich, er könne sich unmöglich mit der kurzen Arbeitsbestätigung, die er vor mehr als einem Jahr an seiner letzten Stelle erhalten habe, bei einer neuen Stelle bewerben. Dann habe er überhaupt keine Chance, eine

Arbeit zu finden. Er schreibe sich deshalb jetzt ein neues, »gutes« Zeugnis und werde dann die Unterschrift und den Briefkopf des früheren Arbeitgebers so geschickt hineinkopieren, daß dies niemandem auffallen werde. Auf meinen Hinweis, er dürfe das unter keinen Umständen tun, er begehe damit doch eine Urkundenfälschung, reagierte er mit der scharfen Entgegnung, er habe mich nicht danach gefragt, was recht und nicht recht sei, die Entscheidung darüber müsse ich schon ihm überlassen. Er habe mich lediglich um eine Hilfe bitten wollen, merke aber schon, daß ich, wie die Leute sonst auch, nur immer so tue, als ob ich bereit sei, mich für andere einzusetzen. Wenn es darauf ankomme, »kneife« ich aber.

Ich habe daraufhin Herrn Gruner gebeten, doch jetzt gleich zu mir zu kommen, da ich diese Fragen mit ihm nicht am Telefon besprechen möchte. Tatsächlich erschien der Patient kurze Zeit später bei mir, legte mir seinen Zeugnisentwurf und das Original des Arbeitgebers vor und forderte mich – nun recht drohend – noch einmal auf, ich möge ihm eine gute Formulierung nennen. Ich wiederholte meine bereits am Telefon abgegebene Stellungnahme und versuchte ihm klarzumachen, daß er sich mit einem solchen Verhalten nicht nur strafbar mache, sondern daß es auch ausgesprochen selbstschädigend sei. Ich sei durchaus bereit, ihm dort zu helfen, wo etwas »gut« für ihn sei – das sei ja auch der Sinn der Therapie –, wolle ihm aber nicht Hand bieten für etwas, mit dem er sich selbst Schaden zufüge.

Herr Gruner wendete sich daraufhin haßerfüllt gegen mich und sagte drohend, ich würde die Konsequenzen für alles, was nun passiere, zu tragen haben. Er habe es auf diesem »friedlichen« Weg probieren wollen, einen Wiedereinstieg ins soziale Leben zu finden, nun hätte ich ihn durch die Verweigerung meiner Hilfe gezwungen, »andere Wege« zu gehen. Während dieser Worte wühlte er mit seinen Händen in einer Plastiktüte herum, und ich geriet in eine zunehmend stärker werdende Angst, er werde plötzlich einen Revolver hervorziehen und auf mich schießen. Da er schon einmal eine Pistole besessen hatte, schien mir dies nicht nur ein irrationales Gegenübertragungsgefühl meinerseits zu sein, sondern auch Ausdruck der mehr oder weniger realitätsgerechten Wahrnehmung einer tatsächlich bestehenden Bedrohung. Der Patient nahm offensichtliche meine Angst wahr, interpretierte sie aber als Ausdruck meiner Angst vor den Folgen eines gemeinsamen Betrugs. Höhnisch – und herausfordernd – schleuderte er mir entgegen, ich sei einfach ein Feigling, nicht einmal fähig, eine solche »Kleinigkeit« zu tun. Dabei sei doch »hundertprozentig sicher, daß das niemals rauskommt«.

Die emotionale Spannung und die Bedrängnis, in die mich Herr

Gruner in dem etwa halbstündigen Gespräch gebracht hatte, wurde mir plötzlich klar, als der Gedanke in mir auftauchte, ich solle der ganzen unerträglichen Situation ein Ende bereiten und ihm die gewünschte Formulierung liefern. Was er dann damit mache, sei eigentlich doch seine Sache. Erst dieser – kurz einschießende – Gedanke ließ mich das Ausmaß seiner aggressiven Manipulation und meiner reaktiven Angst erkennen und löste bei mir eine heftige Gegenaggression aus. Ich spürte in mir eine furchtbare Ohnmacht und Wut und entgegnete ihm scharf, ich hätte nun genug von dieser Diskussion. Er solle tun, was er wolle, ich jedoch würde ihm nicht Hand zu etwas bieten, womit er sich selbst schädige. Dies sei mein letztes Wort zu dieser Frage.

Der Patient saß einen Augenblick wie vom Donner gerührt und schaute mich ungläubig an, so als könne er nicht glauben, was er soeben erlebt habe. Dabei kam es zu einem abrupten Stimmungswechsel. Herr Gruner wurde sehr ruhig und sichtlich entspannt. Er nickte mir wie in einem stillen Einverständnis zu, packte seine Schriftstücke zusammen, und es folgte eine Therapiestunde, die sich durch eine Ruhe und eine Bereitschaft zur Introspektion auszeichnete, wie ich sie bei Herrn Gruner bisher noch nie erlebt hatte. Am Ende der Stunde fragte er mich noch einmal, ob ich ihm auch nicht böse sei wegen seiner »Zwängerei«. Auf meinen Hinweis, ich sei zwar vorhin tatsächlich sehr böse gewesen, weil ich nicht dulden wolle, daß er sich – wie so oft in seinem Leben – nun auch noch mit meiner Hilfe schädige, aber jetzt sei ich nicht mehr ärgerlich, ich fände es sogar gut, daß wir uns so direkt miteinander auseinandersetzten, lächelte er zustimmend und meinte: »Im Grunde hat mir das Ganze, so wie es verlaufen ist, gutgetan, und ich bin so ganz zufrieden.«

Mitunter müssen wir jedoch auch strukturierend bei Situationen eingreifen, die weit weniger dramatisch sind als die zuletzt beschriebene. Dies gilt insbesondere dann, wenn wir uns mit einem Verhalten unserer Klientinnen und Klienten konfrontiert sehen, das ihre Autonomie und Selbstachtung untergräbt und beeinträchtigt.

Herr Pulver (Pseudonym) präsentierte sich in Situationen, in denen er sich schwierigen sozialen Problemen gegenübersah, immer wieder in einer passiv-resignativen Art. Mitunter verfiel er dabei in einen kleinkindhaft anmutenden, weinerlichen Ton und bat mich flehentlich um Hilfe bei der Lösung seiner finanziellen und beruflichen Schwierigkeiten. In solchen Situationen war er keinem vernünftigen Gespräch zugänglich und lehnte jegliche Reflexion darüber, was er selbst zur Verbesserung der Lage beitragen könne, strikt ab. Herr Pulver sah sich als hilfloses Opfer im Räderwerk mächtiger Instanzen und empfand sich rettungslos verloren angesichts übermächtiger Gegner, von denen er sich benachteiligt und geschädigt fühlte. In solchen Situationen klagte er immer wieder darüber, er sei schwach, insuffizient und hilflos. Meinen Interventionen, er sei zwar derartigen Verhältnissen zum Teil ausgesetzt, seine Hilflosigkeit konstelliere er aber auch zum Teil selbst, war er in keiner Weise zugänglich. Er beharrte vielmehr darauf, es seien stets die *anderen*, die ihn herabsetzten und hilflos machten.

In einer Sitzung berichtete Herr Pulver mir wiederum in einer klagenden (und zugleich die ganze Welt anklagenden) Art von den Schwierigkeiten, die er bei der Suche einer Arbeitsstelle habe. Wir hatten die Situation bereits mehrfach besprochen, und es war deutlich geworden, daß Herr Pulver sich völlig insuffizient fühlte und deshalb unter dem Eindruck stand, er werde ohnehin nie eine Stelle finden, daß er zugleich aber grandiose Ansprüche an sich und seine Umgebung hegte und aufgrund dieser Grandiositätsvorstellungen jede sich ihm bietende Möglichkeit sofort entwertete und für »unter seiner Würde« hielt. Auch aus seinem Bericht, den er mir in der beschriebenen Sitzung gab, ging diese Dynamik deutlich hervor. Als ich ihn auf das Dilemma hinwies, in dem er sich durch die Ambivalenz zwischen Insuffizienz und Grandiosität befand, zog er plötzlich an einem Hebel, der sich an dem Stuhl befand, auf dem er saß, und ließ den Stuhl dadurch auf die Höhe eines niedrigen Hockers hinuntergleiten. Er saß nun wesentlich niedriger als ich und schaute zu mir empor, während ich zu ihm hinunterblicken mußte. Ich registrierte dies mit deutlichem Ärger und wies ihn – recht scharf – darauf hin, daß er seinen Stuhl sofort wieder auf die gleiche Höhe stellen solle, auf der sich auch meiner befinde; ich sei nicht bereit, die von ihm hergestellte Differenz zwischen uns zu akzeptieren, sondern wolle nur mit ihm verhandeln, wenn wir uns auf der gleichen Ebene befänden.

Ich war selbst erstaunt über meine recht scharfe spontane Aufforderung an Herrn Pulver, seinen Stuhl sofort wieder hochzustellen. Wie stets in solchen Situationen machte ich unsere Interaktion daraufhin zum Gegenstand unseres Gesprächs und suchte mit Herrn Pulver zu klären, wie wir beide uns verhalten hätten und welche Dynamik diesem Verhalten zugrunde liege. Bei der Bearbeitung konnten wir feststellen, daß Herr Pulver sich in der Beziehung zu mir (wie auch sonst in seinem Leben anderen Bezugspersonen gegenüber) hilflos fühlte, seine ohnmächtige Position aber selbst maßgeblich mitkonstellierte – in dieser Sitzung, indem er sich mir gegenüber sichtbar in die »tiefere Position« brachte, so daß ich hoch über ihm »thronte«. Mit meiner direkten Reaktion, er solle seinen Stuhl sofort wieder hochstellen, gab ich ihm im Sinn des »fördernden Dialogs« den Hinweis, daß ich seine regressive Selbstentwertung, seine »Selbst-Herabsetzung« im buchstäblichen Sinne, nicht dulden wolle, sondern ihn als erwachsenen Partner sähe und nur so mit ihm verhandeln wolle. Es ist interessant, daß Herr Pulver nach dieser Klärung der Situation in einer völlig anderen, viel »erwachseneren« Art mit mir sprach und seine tatsächlich schwierige berufliche Lage wesentlich differenzierter zu betrachten vermochte. Als wir schließlich einen Plan entworfen hatten, wie er in konstruktiverer Weise als bisher bei der nächsten Bewerbung vorgehen könne (in einer selbstverantwortlicheren, autonomeren Position), bemerkte ich plötzlich, daß er mit seiner Hand wieder zu dem Hebel griff, mit dem er den Stuhl herunterstellen konnte. Ich reagierte wiederum sofort – diesmal weniger scharf, aber durchaus bestimmt – und sagte ihm mit leichtem Schmunzeln, er möge nicht wieder in die unterlegene Position flüchten; wenn er seinen Stuhl nicht in der Höhe meines Stuhles lasse, würde ich meinen Stuhl ebenfalls herunterstellen, bis wir wieder auf gleicher Höhe säßen. Diesmal lachte Herr Pulver und meinte, dann könne er ihn ja gleich oben lassen, das sei für uns beide wohl einfacher.

Nach meiner Erfahrung mit Klientinnen und Klienten, die unter schweren psychosozialen Problemen leiden, sehen wir uns bei ihnen häufig mit derartigen Situationen konfrontiert, in denen sie uns durch ihr Verhalten eine Botschaft senden, die wir entschlüsseln und auf die wir *mit einer Art reflektierter Spontaneität reagieren* müssen. Das heißt: Wir müssen mitunter ganz spontan, ohne längere Reflexion reagieren; doch darf dies nicht impulsiv geschehen, sondern es muß eine konstruktive Antwort auf die mitunter ausgesprochen destruktive Dynamik der Klienten sein (vgl. dazu auch mein Verhalten gegenüber Herrn Gruner, von dem ich mich bedroht fühlte). In diesen Situationen müssen wir den destruktiven aggressiven Impulsen und der Selbstentwertung der Klienten eine konstruktive Kraft entgegensetzen und durch unsere dezidierte Stellungnahme Hilfs-Ich-Funktionen für sie übernehmen und sie damit vor den verhäng-

172

nisvollen Folgen ihrer Selbstwertstörung (mit den daraus resultierenden Insuffizienzgefühlen und Grandiositätsvorstellungen) schützen.

Ich will schließlich noch auf eine Art des Agierens im engeren Sinne eingehen, die uns auf den ersten Blick mitunter gar nicht auffällt, die sich jedoch, wenn wir sie unkommentiert geschehen lassen, ausgesprochen negativ auf die Betreuung und Behandlung auswirken kann: Es ist das aus der *idealisierenden Übertragung* herrührende Verhalten, das sich in *Bewunderung* uns gegenüber, in *Dankesbezeugungen* der Klienten sowie in den verschiedensten anderen Verhaltensweisen manifestiert. Stets geht es den Klientinnen und Klienten dabei darum, unsere Leistungen besonders hervorzuheben und unsere Position zu erhöhen, während sie selbst demgegenüber in ihrer Bedeutung zurücktreten. Das auf der idealisierenden Übertragung beruhende Verhalten präsentiert sich in der Regel in einer überzeichneten Form. Es sind bis zur Karikatur verzerrte Arten der Hochachtung und des Dankes an uns, bei denen uns mitunter das unsichere Gefühl beschleicht, nicht zu wissen, ob es Ernst oder Ironie ist.

Den psychodynamischen Hintergrund solcher Verhaltensweisen stellen im allgemeinen heftige gegen uns gerichtete aggressive Impulse dar, deren Äußerung die Klienten jedoch fürchten. Wenn sie sich einmal bereit gefunden haben, eine Beziehung zu uns aufzunehmen, suchen sie oft alle »negativen« Affekte geradezu ängstlich zurückzuhalten. Das ist aus ihrer subjektiven Erfahrung verständlich, da sie bisher in ihrem Leben nur die destruktiven Formen der Aggression – als Opfer wie als Täter – erlebt haben und aufgrund dieser Erfahrungen fürchten, die Beziehung zu uns zu zerstören, wenn darin auch nur die geringste Aggression zum Vorschein käme. Das Problem liegt nun jedoch darin, daß ein solches ängstliches Vermeiden jeglicher Aggressionsäußerung und die Abwehr dieser aus vielfältigen Gründen andrängenden Impulse zu einem Aggressionsstau führt und die Angst, wir könnten doch noch die »bösen« Kräfte in unseren Klienten entdecken, immer weiter ansteigen läßt. Auf diese Weise kann es zu einer unerträglichen inneren Spannung und zu so erdrückenden Ängsten und Schuldgefühlen uns gegenüber kommen, daß die Klienten sich schließlich entweder in einem plötzlichen massiven Aggressionsausbruch Luft machen oder die Beziehung zu uns total abbrechen.

Aus diesem Grund ist es wichtig, hellhörig zu sein für die idealisierende Übertragung, die der Abwehr der Aggression dient. Oft ist es nicht möglich, diese Manifestationen ausführlich zu besprechen, sondern es reicht, sie wahrzunehmen und den dahinterliegenden aggressiven Impuls zu benennen, wobei das in fast beiläufiger Art geschehen kann.

Herr Mäder (Pseudonym) hatte es in einer bestimmten Phase seiner Behandlung fast zu einem Ritual gemacht, mir am Ende der Sitzung, bei der Verabschiedung, herzlich zu danken. Auf meine gelegentlichen Fragen, wofür er mir denn danke, antwortete er immer nur vage, es sei Dank »für all das Gute, das Sie mir tun«. Bei der genaueren Beobachtung meines und seines Verhaltens und des Inhalts der Stunden, an deren Ende er mir in geradezu übertriebener Weise dankte, stellte ich fest, daß er seinen Dank immer dann besonders hervorhob, wenn er nach meiner Einschätzung eigentlich über meine (ihn mit vielen unangenehmen Realitäten seines Lebens konfrontierenden) Interventionen verärgert sein müßte. Dies wurde mir besonders deutlich in einer Sitzung, in der wir über die zum Teil extremen Manipulationstendenzen, mit denen Herr Mäder seine Bezugspersonen – unter anderem auch mich – immer wieder nach seinen Vorstellungen zu dirigieren versuchte, und über seine grandiosen Ansprüche anderen Menschen gegenüber gesprochen hatten. Herr Mäder reagierte auf dieses Gespräch sichtlich aggressiv gespannt. Bei der Verabschiedung veränderte er jedoch schlagartig seinen Gesichtsausdruck und seine ganze Haltung und dankte mir wieder ausdrücklich für »all das Gute«, das ich für ihn tue. Wie um sich und mich noch einmal ausdrücklich zu überzeugen, daß er keinerlei aggressive Gefühle mir gegenüber spüre, fügte er hinzu, es müsse ja schrecklich für mich sein, durch all das, was er mir zumute, »so furchtbar belastet« zu werden. Ohne meine Reaktion lange zu überlegen, entgegnete ich lachend: »Das hätten Sie wohl gerne!« Herr Mäder hielt einen kurzen Moment verblüfft inne und schaute mich völlig irritiert an. Ehe ich jedoch noch irgend etwas hinzufügen konnte, äußerte er, nun ebenfalls lachend, dann sei ja alles in Ordnung. Nach meiner Einschätzung war nicht nur mein Hinweis, er stelle keine extreme Belastung für mich dar, für ihn erleichternd, sondern es war wohl in erster Linie mein Ansprechen seines latenten aggressiven Wunsches (er *wolle* eine furchtbare Belastung für mich sein), was ihn befreit aufatmen und mitlachen ließ. Das gemeinsame Lachen bedeutete für mich ein stilles Einverständnis dergestalt, daß wir beide wußten, daß Herr Mäder mir gegenüber neben allen positiven Gefühlen auch aggressive Impulse hegte und daß derartige Gefühle durchaus Platz in unserer Beziehung hätten und sie keinesfalls zerstören würden.

Es erscheint mir wichtig, sich der oft bestehenden latenten Dynamik permanent bewußt zu sein und sie anzusprechen, wo immer sie sich auch nur ansatzweise zeigt. Mitunter verwende ich in Situationen, in denen ich aggressive Impulse vermute, bewußt überzeichnete Formulierungen, die dann von den Klienten typischerweise ein Stück weit relativiert, in ihrem Kern aber anerkannt werden.

So pflegte Herr Mäder in einer anderen Phase seiner Behandlung, wiederum in Situationen, in denen er sich durch meine Äußerungen vor allem bedrängt, zum Teil sogar gekränkt fühlte, unmittelbar im Anschluß an meine Interventionen hervorzuheben, wie sehr er meine Fähigkeit bewundere, immer das Wichtigste zu erfassen und zu benennen, »es ist einfach unglaublich, wie toll Sie das machen«. Bei derartigen Äußerungen fiel es mir mitunter ausgesprochen schwer zu entscheiden, ob Herr Mäder sie ernsthaft oder ironisch meinte (woraus spürbar wird, wie nahe Idealisierung und Entwertung beieinander liegen). In einer Sitzung fiel mir auf, daß Herr Mäder nicht nur mich für meine Fähigkeiten in den höchsten Tönen lobte, sondern das, was ich ihm gesagt hatte, ohne die (eigentlich zu erwartende) geringste Irritation hinnahm. Ich äußerte daraufhin mein Erstaunen darüber, wie er Hinweise, die doch eigentlich in ihm eine gewisse Irritation auslösen müßten, so gelassen »schlucke« und mich dafür sogar noch ausdrücklich lobe; wenn ich an seiner Stelle wäre, würde mir dies nicht so leicht fallen wie ihm. Ich hätte mir deshalb schon manches Mal gedacht, daß er in den Sitzungen oder später zu Hause doch wohl den Gedanken gehabt habe: »Der Therapeut mit seinem dummen Geschwätz ist ein blöder Affe. Er soll doch sein Maul halten.« Herr Mäder schaute mich zunächst erstaunt an, schmunzelte dann aber und sagte, amüsiert lachend: »Na, ganz so schlimm habe ich es schon nicht gedacht. Aber die Richtung stimmt.« Obwohl ein solches kurzes Gespräch keineswegs bedeutet, daß die negative Übertragung durchgearbeitet worden wäre, ist damit jedoch der latente aggressive Impuls überhaupt einmal angesprochen. Die regelhaft daraufhin erfolgende affektive Entspannung zeigt mir, daß die Benennung der aggressiven Impulse den Innendruck reduziert, Schuldgefühle abbaut und den Weg zu einer späteren systematischen Bearbeitung der Aggressionsdynamik vorbereitet. Die Klientinnen und Klienten erfahren, daß ich um die in ihnen schlummernde Aggression weiß und daß diese Impulse in unserer Beziehung ihren Platz haben.

Ob wir die an uns gerichtete Botschaft zu entschlüsseln vermögen, hängt wesentlich davon ab, ob es uns gelingt, eine angemessene emotionale Distanz zu den Klienten einzuhalten, dort, wo nötig konstruktive Grenzen zu setzen, und uns durch ihr Handeln, selbst wenn es noch so provokativ ist, nicht persönlich kränken zu lassen. Wenn wir unsere Interaktion miteinander im »szenischen Verstehen« (LORENZER) mit einer gewissen Gelassenheit zu betrachten vermögen, werden wir feststellen, daß die Externalisierung der inneren Konflikte nicht hinderlich und lästig ist (vorausgesetzt, es handelt sich nicht um ausgesprochen selbst- oder fremdgefährliche Aktionen), sondern eine äußerst wichtige Informationsquelle für uns darstellt, die wir zum Verständnis der Klientinnen und Klienten wie kaum eine andere ihrer Äußerungen therapeutisch nutzen können.

5. Das Ende der Behandlung und Betreuung

Die hier geschilderten Therapien und Betreuungen erstrecken sich oft über etliche Jahre und werden intensiv geführt (bei mir in der Regel ein bis möglichst zwei Sitzungen pro Woche, in Krisensituationen aber durchaus auch tägliche – dann allerdings kurze – Gespräche). Wir begleiten die Klientinnen und Klienten in schwierigen Phasen ihres Lebens und nehmen durch das bifokale Vorgehen (psychotherapeutische Arbeit im engeren Sinne unter starkem Einbezug der sozialen Realität) einen zentralen Platz im Leben der Klienten ein – und das bei Menschen, die bisher in ihrem Leben vor allem Unverläßlichkeit, Beziehungsinkonstanz und ausbeuterische Beziehungen erlebt haben. In Anbetracht dieser Situation erhebt sich die Frage, ob der Abschluß bei Begleitungen dieser Art den selben Regeln folgt wie bei anderen Behandlungen. Können und müssen wir beispielsweise im Sinne der psychoanalytischen Therapiekonzepte davon ausgehen, daß bei Abschluß unserer professionellen Beziehung die Übertragung durchgearbeitet und aufgelöst ist? Wenn dies nicht der Fall ist: Wie sieht es dann mit der angestrebten Autonomie der Klientinnen und Klienten aus? Ist bei Menschen, die uns oft ja nicht von sich aus mit dem Wunsch nach der psychotherapeutischen Bearbeitung ihrer seelischen Probleme aufgesucht haben, sondern denen Behandlungen vom Gericht »auferlegt« worden sind und die unter dem Druck sozialer Not zu uns gekommen sind, überhaupt ein Abschluß »üblicher« Art zu erwarten? Diese und andere Fragen drängen sich auf, wenn wir uns die speziellen Bedingungen vergegenwärtigen, unter denen die hier geschilderten Betreuungen erfolgen. Wie sich in den verschiedenen Kapiteln dieses Buches gezeigt hat, relativieren diese Klienten vieles, was uns in traditionellen Psychotherapien oft unverzichtbar erscheint, und zwingen uns, unsere Konzepte und therapeutischen Strategien kritisch zu hinterfragen. Dies gilt auch für das Ende der Betreuung.

Es ist allerdings schwierig, darüber allgemeingültige Aussagen zu machen, da wir bei solchen Betreuungen bezüglich Dauer, Intensität und Form völlig unterschiedliche Bedingungen vorfinden. Was die Dauer betrifft, reicht das Spektrum von wenigen Sitzungen (meist in Krisensituationen) bis zu Begleitungen, die sich über viele Jahre erstrecken. Je nach den Bedürfnissen der Klientinnen und Klienten und den Betreuungskonzepten der Professionellen differiert auch die Sitzungsfrequenz erheblich. Es können Termine sein, die die Klienten bei Bedarf in unregelmäßiger Folge abmachen. Wir finden aber auch Betreuungsformen mit festen Abmachungen von zum Beispiel ein bis zwei Stunden pro Woche. Selbstverständlich bestimmen diese Rahmenbedingungen auch die Art mit, in der die Behandlung endet.

Bei der Diskussion des Abschlusses von Betreuungen ist noch die zentrale Frage zu klären, inwieweit die jeweils von den Klienten gewählte Form unseren professionellen Vorstellungen entspricht. Nicht selten weichen die aus unseren therapeutischen Konzepten abgeleiteten Idealvorstellungen von den Zielen und Verhaltensweisen der Klienten ab. Es ist deshalb nötig, sich bei der folgenden Diskussion diese prinzipielle Frage stets vor Augen zu halten. Möglicherweise entspricht die von einer bestimmten Klientin gewählte Form des Abschlusses nicht unseren professionellen Vorstellungen, und wir betrachten aus unserer Sicht die Beendigung etwa als »Abbruch«, während die Klientin selbst unter dem Eindruck steht, sie habe ihre Ziele erreicht und die Behandlung regulär abgeschlossen. So erweisen sich bei genauerer Betrachtung manche – auf den ersten Blick eindeutig erscheinende – Verhaltensweisen der Klientinnen als sehr komplex, wobei die Beurteilung dieser Phänomene stark von den Behandlungskonzepten abhängt, denen wir Professionelle uns verpflichtet fühlen.

Diese Überlegungen erscheinen mir vor allem dort relevant, wo wir von »*Abbrüchen*« erfahren oder selbst Klientinnen und Klienten erleben, die die Betreuung entweder abrupt »abbrechen« oder die Behandlung in einem Zustand beenden, der nach unserer Einschätzung noch nicht dem eigentlich angestrebten Therapieziel entspricht. Eine solche Art der Beendigung finden wir bei den hier geschilderten Klienten nach meiner Beobachtung wesentlich häufiger als bei anderen Gruppen von Ratsuchenden. Wir müssen dabei sorgfältig prüfen, ob es lediglich aus unserer (in diesem Fall: unrealistischen) Sicht ein »Abbruch« ist, oder ob wir es mit einem tatsächlichen Abbrechen einer eben erst aufgenommenen Beziehung zu tun haben. Im ersten Falle rührte die Einschätzung von unseren überhöhten Erwartungen an die Klienten her. Der scheinbare »Abbruch« wäre dann nicht Ausdruck eines Problems der Klienten, sondern hinge in erster Linie mit uns Professionellen zusammen. Anders hingegen wäre es im zweiten Falle, wenn eine eben erst aufgenommene Beziehung zu uns abrupt wieder abgebrochen würde, oder wenn Klientinnen und Klienten den Kontakt zu uns aufgrund eines aktuellen Konflikts (in oder außerhalb der Behandlung) definitiv abbrächen. Nur bei solchen Formen der Beendigung der Beziehung zu den Professionellen möchte ich von »Abbruch« sprechen.

Es erschiene mir indes zu einfach, ein derartiges Ende der Behandlung allein als Problem der Klientinnen und Klienten zu bezeichnen und gar als »Beweis« für ihre »Unbehandelbarkeit« anzuführen. Wir müssen uns in solchen Fällen vielmehr fragen, welche *Motive* diesem Handeln zugrunde liegen. Zu echten Abbrüchen kann es mitunter bei Betreuungen und Psychotherapien kommen, die den Klienten vom Gericht auferlegt worden sind oder die auf Druck anderer Institutionen zustande gekommen sind. Man könnte argumentieren, derartige Abbrüche seien eigentlich nicht verwunderlich, bestünde doch von seiten der Klientinnen und Klienten keine eigene Motivation. Ich habe in Kapitel 2 ausgeführt, wie oberflächlich eine solche Argumentation bleibt und zumeist in erster Linie aus der Gekränktheit der Professionellen darüber resultiert, daß ihre Angebote von den Klienten nicht dankbar und mit großem eigenen Engagement angenommen werden. Wie ich dargestellt habe, ist die Rahmenbedingung einer von anderen Instanzen auferlegten Betreuung für eine große Zahl von Klientinnen und Klienten keineswegs hinderlich und prognostisch ungünstig, sondern ausgesprochen fruchtbar. Mitunter ist es die einzige Bedingung, unter der eine Begleitung zustande kommen kann.

Tatsächlich gibt es allerdings einzelne Klientinnen und Klienten, die sich *vehement gegen derartige Auflagen wehren* und, wenn sie überhaupt zu uns kommen, vom ersten Moment an und permanent zum Ausdruck bringen, daß sie unser Angebot unter keinen Umständen annehmen möchten. Mitunter ist es trotz aller Bemühungen nicht möglich, sie wenigstens zu einer minimalen Zusammenarbeit zu bewegen, die für mich darin besteht, daß sie wenigstens einigermaßen regelmäßig zu den vereinbarten Sitzungen kommen. Allerdings ist es auch bei solchen strikten Weigerungen, die Auflage zu erfüllen, nicht immer ausschließlich ein Problem der Klienten. Ich habe die Erfahrung gemacht, daß der Verlauf der Behandlung auch wesentlich vom Verhalten der Professionellen abhängt.

Selbstverständlich kommt es sehr schnell zu einem Abbruch, wenn wir auf die verbalen oder nonverbalen Signale der Klienten, sie wollten unsere Angebote unter keinen Umständen annehmen, mit der Haltung reagieren, dann hielten wir eine Betreuung für unsinnig. Eine etwas indirektere Art des Abbruchs stellt das ausgesprochen unregelmäßige Erscheinen von Klienten dar, die uns, sichtlich widerstrebend, einige wenige Male aufsuchen und dann (zumeist ohne jegliche Meldung) die weiteren Vereinbarun-

180

gen nicht mehr einhalten. Aber selbst in diesen – auf den ersten Blick »klar« erscheinenden – Fällen wird der weitere Verlauf der Situation wesentlich von uns Professionellen mitbestimmt. Eine entscheidende Frage ist in diesem Zusammenhang, wie *intensiv wir den Klienten nachgehen*. Es ist ein großer Unterschied (und hat ganz unterschiedliche Konsequenzen für die Betreuung und Behandlung), ob wir, wenn Klienten nicht erscheinen, von uns aus keine weiteren Aktivitäten entfalten, sondern darauf warten, daß sie sich von sich aus wieder melden, ob wir ihnen nach dem Nichterscheinen schriftlich einen neuen Termin mitteilen und, wenn sie darauf nicht reagieren, »der Fall« für uns »abgeschlossen« ist, oder ob wir ihnen intensiv nachgehen, indem wir sie telefonisch zu erreichen versuchen und unter Umständen sogar einen Hausbesuch machen und sie auf jede uns mögliche Art für die Zusammenarbeit zu gewinnen versuchen. Je mehr wir bereit sind, eigene Aktivität zu entwickeln, und je weniger wir uns durch die Zurückweisung der Klienten kränken und irritieren lassen, desto größer ist nach meiner Erfahrung die Chance, trotz anfänglicher Skepsis der Klienten und trotz ihrer Ablehnung unseren Angeboten gegenüber schließlich doch noch eine therapeutische Beziehung zu ihnen aufbauen zu können.

Aber selbst bei einem solchen sehr aktiven Vorgehen der Professionellen bleibt eine (allerdings eher kleine) Zahl von Klientinnen und Klienten, die eine Behandlung strikt ablehnen. Wir mögen diese Haltung aus unserer Sicht bedauern, weil wir uns beispielsweise von einer Therapie eine wesentliche Verbesserung der Lebenssituation eines Klienten versprechen. Doch müssen wir seine Entscheidung unbedingt respektieren. Wann immer ich eine solche Situation erlebt habe, lag mir daran, daß die Betreuung nicht einfach im Sande verlief, sondern daß der Klient unter möglichst sorgfältiger Abwägung von Pro und Kontra *eine echte Entscheidung traf.*

Herrn Schärer (Pseudonym), einem 19jährigen in vielfältige soziale Konflikte verstrickten und bereits mehrfach straffällig gewordenen jungen Mann, war nach seiner letzten bedingten Verurteilung vom Gericht nahegelegt worden, sich in eine Psychotherapie zu begeben. Er ließ zwar keine eigene Motivation erkennen, erschien aber auch nicht ausgesprochen ablehnend gegenüber meinem Behandlungsangebot. Er kam indes nur sehr unregelmäßig, zumeist erst nach mehreren schriftlichen Einladungen oder telefonischen Kontaktnahmen mit ihm. Alle meine Versuche, mit ihm über die tieferen Motive dieses Verhaltens zu sprechen, verliefen erfolglos. Herr Schärer führte stets nur äußere Gründe an (er habe unvorhergesehen mit der Katze zum Tierarzt müssen, er habe gerade zur Zeit unserer Abmachung einen Termin bei einem Stellenvermittlungsbüro gehabt u. ä.), oder er sagte lakonisch, er habe den Termin »einfach vergessen«. Selbst als ich ihm nach Ablauf eines Vierteljahres, in dem ich ihn höchstens drei- bis viermal gesehen hatte, mitteilte, ich fände es besser, er sage es mir offen, wenn er die Behandlung gar nicht wolle, blieb er ausweichend und war nicht dazu zu bewegen, klar »ja« oder »nein« zu sagen.

Ich entschloß mich daraufhin – und teilte dies Herrn Schärer auch mit –, die Klärung der Frage, ob er überhaupt eine Therapie aufnehmen wolle, zu einem ersten Ziel der Behandlung zu machen und während vier Sitzungen ausführlich mit ihm zu besprechen. Interessanterweise änderte sich daraufhin sein Verhalten mir gegenüber deutlich: Er kam regelmäßig und pünktlich zu den abgemachten Sitzungen und war in seinen Äußerungen viel weniger ausweichend. So erklärte er mir schon ziemlich bald unumwunden, die mir früher angegebenen Gründe für sein Fernbleiben seien Ausreden gewesen, die nicht der Realität entsprochen hätten. Nicht zuletzt durch diese Offenheit wurde die Beziehung zwischen uns viel entkrampfter, und Herr Schärer begann offen darüber zu sprechen, daß er überhaupt keinen Sinn in einer Therapie sehe. Er sei jetzt dabei, eine Arbeitsstelle zu suchen, und sei sicher, dann »gehe alles gut«. Meine Sorge, es könne vielleicht trotzdem, wie in der Vergangenheit, Probleme geben und in diesem Falle sei eine Therapie doch hilfreich, wies er als unbegründet zurück. In der vierten Sitzung teilte er mir schließlich mit, er habe sich entschlossen, die Therapie nicht weiterzuführen. Falls er doch irgendwann in Schwierigkeiten geraten sollte, werde er sich wieder an mich wenden.

Da ich aufgrund der Vorgeschichte von Herrn Schärer und seinem aktuellen Verhalten eine Behandlung für indiziert hielt, bedauerte ich seinen Entschluß und stand unter dem Eindruck, ich hätte diesen Abbruch eigentlich verhindern müssen. Zugleich sah ich aber, daß unter den derzeitigen Bedingungen die Ablehnung gegenüber der Therapie enorm groß war und aus diesem Grunde eine Fortsetzung unmöglich gewesen wäre. Bei sorgfältiger Reflexion der ganzen Situation gelangte ich schließlich zur Ansicht, daß die eindeutige Entscheidung, zu der Herr Schärer sich hatte durchringen können, bereits ein Teilerfolg der Therapie gewesen war. Er war nicht, wie sonst so oft in seinem Leben, der ihm unangenehmen Entscheidung ausgewichen, sondern hatte sich mit mir auseinandergesetzt und dann offen sein »Nein« zur Therapie geäußert. Ich war damit zufrieden und gab bei der Verabschiedung meiner Hoffnung Ausdruck, daß die Sitzungen, die er bei mir erlebt hatte, ihm vielleicht gezeigt hätten, daß Psychotherapie etwas sein könne, das einem helfe, manche Probleme direkter anzugehen und zu lösen. Der erwähnte Hinweis von Herrn Schärer, er werde sich, wenn irgendwann einmal Probleme auftauchen sollten, wieder an mich wenden, stimmte mich in dieser Hinsicht hoffnungsvoll. Ein halbes Jahr später traf ich zufällig seine Mutter, die ich bei einer der ersten Sitzungen mit ihm kennengelernt hatte. Sie berichtete mir, es gehe dem Sohn gut; er habe jetzt eine Arbeit gefunden und fühle sich an der Stelle wohl. Wiederum ein Jahr später traf ich Herrn Schärer selbst. Auch er berichtete mir, daß es ihm gutgehe. Mit einem gewissen Stolz fügte er hinzu, Probleme seien bisher nicht aufgetaucht.

Wie der Abbruch der Therapie von Herrn Schärer zeigt, müssen wir mitunter trotz unserer Ansicht, eine Behandlung sei dringend indiziert, und trotz all unserer Bemühungen, einen therapeutischen Prozeß in Gang zu bringen, akzeptieren, daß Klientinnen und Klienten dies verweigern. Wenn es uns gelingt, uns dadurch nicht gekränkt zu fühlen, sondern reflektiert mit der Situation umzugehen, muß der Abbruch nicht unbedingt verhängnisvolle Folgen haben. Es kann vielmehr, wie bei Herrn Schärer, trotz unterschiedlicher Ansichten von Professionellen und Klienten eine Beendigung in gegenseitigem Einvernehmen sein – und allein diese Erfahrung ist wohl schon ein Stück weit therapeutisch wirksam. Wichtig scheint mir auch zu sein, daß wir Professionellen gerade bei solchen Abbrüchen alles tun, um die Tür wenigstens für die Zukunft offenzuhalten. Wir sollten den Klienten zu vermitteln versuchen, daß Psychotherapie, Seelsorge und sozialarbeiterische Betreuung ihnen eine

Hilfe zu bieten vermögen, auch wenn sie diese im Augenblick noch nicht annehmen wollen oder können. Auch wenn es uns vielleicht bedrückt und wir davon völlig andere Vorstellungen haben, müssen wir uns darüber klar sein, daß manche Klienten sich erst noch tiefer in ihre psychosozialen Probleme verstricken und noch mehr Leid erfahren müssen, bis sie bereit sind, professionelle Hilfe anzunehmen. Wir müssen in einem solchen Fall den Abbruch akzeptieren, uns aber bereit halten, dann für die Klienten dazusein, wenn sie selbst spüren, daß sie unserer Hilfe bedürfen.

Zu *Abbrüchen* kann es auch *nach längeren Behandlungen und Begleitungen* kommen. Wenn wir den Gründen für ein solches Verhalten genauer nachgehen, können wir dahinter natürlich ganz verschiedene Motive erkennen. Häufig liegt jedoch eines der folgenden drei Motive vor:

– aus Enttäuschungen resultierende Wut- und Haßgefühle gegenüber den Behandelnden,
– extreme Idealisierungen der Professionellen
– aktive Vorwegnahme des bevorstehenden Behandlungsendes.

In Anbetracht der oft nur geringen Angst- und Spannungstoleranz und der Neigung zu heftigen Aggressionsdurchbrüchen kann es in Situationen, in denen die Klientinnen und Klienten sich *zutiefst von uns enttäuscht fühlen* (und dazu reichen mitunter schon geringfügige Kränkungen aus), dazu kommen, daß sie sich abrupt zurückziehen. Ich bin in Kapitel 3 ausführlicher auf derartige Situationen eingegangen. Bei solchen massiven Enttäuschungen kann es schwierig sein, dennoch den Kontakt zu den Klienten aufrechtzuerhalten. Dazu ist wenigstens ein Minimum an Kooperation von ihrer Seite her notwendig. Zugleich hängt der Ausgang derartiger Krisen aber auch zu einem großen Teil von uns Professionellen ab. Bei Enttäuschungsreaktionen geht es dann etwa um die Frage, ob wir uns durch den abrupten Rückzug der Klienten gekränkt fühlen und unsererseits aggressiv reagieren, indem wir beispielsweise die Haltung einnehmen »Gut, wenn Du nicht willst, dann läßt

Du es eben bleiben. Ich mache jetzt keinen Finger mehr krumm«, oder ob es uns gelingt, bei aller eigenen Betroffenheit reflektiert und therapeutisch adäquat zu reagieren und uns nicht auf einen Machtkampf einzulassen. Wenn wir mit einer gewissen Gelassenheit auf derartige Konfliktsituationen zu reagieren vermögen und von unserer Seite her bemüht sind, den Klientinnen und Klienten, die voller Wut und unter Umständen mit massiven Vorwürfen den Kontakt zu uns abgebrochen haben, nachzugehen, muß es nicht unbedingt zu einem definitiven Abbruch kommen. Manchmal reicht es schon aus, wenn wir, ohne daß wir große sichtbare Aktivitäten zu entfalten, innerlich ganz auf die Weiterführung der Betreuung eingestellt sind. Das bedeutet keineswegs, daß wir die Gefühle und Absichten der Klienten nicht ernst nähmen. Wir setzen jedoch ihrer emotionalen Sprunghaftigkeit und Impulsivität Konstanz und Verläßlichkeit entgegen und können mitunter auf diese Weise einen definitiven Abbruch verhindern.

In der Therapie von Herrn Horn (Pseudonym), einem jungen Manne mit schwersten psychosozialen Problemen, habe ich derartige Situationen mehrfach erlebt. In Phasen, in denen er sich am Arbeitsplatz aufgrund der Konflikte, in die er sich regelhaft mit seinen Kolleginnen und Kollegen verstrickte, nicht mehr wohl fühlte und spürte, daß er den Anforderungen nicht gewachsen war, forderte er von mir – mitunter ausgesprochen drohend –, ich solle ihm eine Rente verschaffen. Als ich mich bei einem dieser Gespräche wiederum strikt weigerte, für ihn eine Rente zu beantragen (mit dem wiederum ausdrücklichen Hinweis darauf, ich sei der Ansicht, daß er trotz aller seiner Schwierigkeiten in der Lage sei, eine Berufstätigkeit auszuüben, und ich wolle nicht so schnell resignieren wie er), verließ er mit heftigem Schimpfen mein Zimmer. Am folgenden Tag erhielt ich einen Brief, ohne Anrede, der unter anderem folgender Passage enthielt: »Ich komme nie mehr zu Ihnen, das schwöre ich! Gelobt sei der Herr Israels, wenn ich je noch einen Fuß in Ihr Zimmer setze, dann soll mich der Blitz erschlagen!!! Ich wußte es, daß Ihr dreckigen Menschen alle dieselben seid! BRUTAL! Ich stehe in der Scheiße, und man haßt mich, weil ich mich nicht wehren kann am Arbeitsplatz ... Ich kenne das Problem, niemand will Verantwortung tragen. Dann kann man mir ruhig sagen, daß ich unerwünscht bin, daß ich ein Monster bin, aber ich verstehe nicht, wieso man mich nicht für die Rente anmeldet ... Ich wußte, Sie wollten mich nicht haben. Darum werde ich nie mehr kommen!!!!!«

Mir war klar, daß dieser Brief sehr ernst gemeint war, und ich verstand ihn als Ausdruck der tiefen Enttäuschung, die Herr Horn angesichts meiner Weigerung, ihm eine Rente zu verschaffen, empfand. Zugleich lag darin allerdings auch ein verzweifelter Versuch, mich dahin zu bringen, ihm doch noch zu einer Rente zu verhelfen. Ich hatte gegenüber der stark regressiven Tendenz von Herrn Horn die progressive Richtung vertreten und aus diesem Grund seinem Wunsch ein so striktes »Nein« entgegengesetzt. Obwohl mir der Patient in seinem Brief einen definitiven Abbruch der Therapie mitteilte, zweifelte ich selber keinen Augenblick daran, daß wir die Therapie fortsetzen würden. Ich schrieb deshalb Herrn Horn einen kurzen Brief und teilte ihm den Termin für ein nächstes Gespräch mit. Tatsächlich erschien der Patient, wenn auch wesentlich verspätet, zu diesem Termin, und es kam zu einem ausführlichen Gespräch über seine Enttäuschung, seine Wut, seine Rachewünsche und seine Verzweiflung. Die Therapie lief danach in gewohnter Weise weiter.

Gelingt es, derartige Krisen miteinander durchzustehen, so stellt das für die Klientinnen und Klienten eine wichtige Erfahrung dar, haben sie doch – entgegen ihren bisherigen lebensgeschichtlichen Erfahrungen – dadurch erlebt, daß es nicht nur die totale Einigkeit oder den absoluten Bruch gibt, sondern daß die Beziehung sich trotz Auseinandersetzungen und heftigen negativen Gefühlen als unzerstörbar erweist. Es wird ihnen durch die konkrete Situation klar, daß nicht alles nach dem Alles-oder-Nichts-Prinzip verläuft und daß Beziehungen weitergeführt werden können, auch wenn es darin »kracht und blitzt«.

Es mag paradox erscheinen, daß es zu Abbrüchen nicht selten auch in Situationen kommt, in denen die *Behandelnden unter dem Eindruck stehen, die Beziehung der Klientinnen und Klienten zu ihnen sei besonders »gut« und »harmonisch«.* Gerade wegen dieser (Fehl-)Einschätzung sind die Professionellen dann auch irritiert und reagieren häufig ihrerseits in aggressiver Weise. Typische Gegenübertragungsgefühle in solchen Behandlungsphasen sind die, von den Klienten »hintergangen«, »schamlos ausgenutzt« und »be-

186

trogen« worden zu sein, und Betreuerinnen und Betreuer äußern: »Gerade jetzt, wo wir eine so gute Beziehung miteinander hatten, hätte ich am allerwenigsten erwartet, daß die Klientin abbricht. Es war für mich wie ein Schlag ins Gesicht.«

Untersuchen wir die Hintergründe dieses Verhaltens, so können wir feststellen, daß der Abbruch die Konsequenz der *extremen Idealisierungen* darstellt, deren sich die Klientinnen und Klienten mitunter bedienen. Die Dynamik sieht in der Regel so aus: In der Beziehung zu den Betreuerinnen und Betreuern kann es bei den Klienten aus verschiedenen Gründen zu einer Intensivierung aggressiver Impulse kommen. Ursache dafür sind neben den oben beschriebenen Enttäuschungen häufig auch aggressive Gefühle, die aus dem Erleben der Klienten resultieren, daß die Behandelnden im Verlauf der Zeit für sie sehr wichtig geworden sind, sie die daraus resultierende Nähe nicht ertragen und deshalb in ihnen die aggressive Spannung ansteigt. Je mehr diese Impulse andrängen, desto stärker setzen die Klienten ihre Abwehr dagegen ein, insbesondere die Idealisierung. Wir sollten deshalb besonders hellhörig werden, wenn solche ausgeprägten Idealisierungen auftauchen. Sie sind in diesem Fall nicht Ausdruck einer »guten« Beziehung und eines tragfähigen Arbeitsbündnisses, sondern dienen der Abwehr der andrängenden aggressiven Impulse. Dabei entsteht ein Teufelskreis, da mit dem Ansteigen der aggressiven Impulse die idealisierende Abwehr verstärkt wird und dies wiederum eine weitere Intensivierung der Aggression und eine Verstärkung der Idealisierung zur Folge hat. Je länger dieser Zustand andauert, desto größer wird die innere Spannung der Klientinnen und Klienten, und desto größer werden auch ihre Schuldgefühle darüber, daß sie uns vermitteln, es sei zwischen uns eigentlich »alles in Ordnung«, obwohl sie tatsächlich von Wut- und Haßgefühlen uns gegenüber erfüllt sind. Der Abbruch der Beziehung stellt für sie dann den letzten, verzweifelten Versuch dar, aus dem Konfliktfeld zu fliehen und dadurch die unerträgliche Spannung zu lösen.

Gewiß können wir versuchen, solche unheilvollen Entwicklungen möglichst frühzeitig zu erkennen und sie nicht eskalieren zu lassen. Ich habe vor allem im Kapitel 3 aufgezeigt, daß die Idealisierungen oft durch die realen Erfahrungen, die die Klienten mit uns im sozialen Feld (zum Beispiel bei Verhandlungen mit Vertretern anderer Institutionen) machen, nicht so stark ansteigen beziehungsweise reduziert werden. Außerdem lassen sich Idealisierungstendenzen auch durch deutende Interventionen abbauen. Doch müssen wir uns darüber klar sein, daß diese Versuche mitunter wenig ergiebig sind und manche Klienten trotz aller unserer Bemühungen, einen Abbruch zu verhindern, den Kontakt zu uns abbrechen. Es ist dann durchaus sinnvoll, im nachhinein die Ursachen, die Möglichkeiten der Vermeidung derartiger Entwicklungen und unsere eigene Rolle im Interaktionskonflikt zu reflektieren. Doch erscheint es mir bei aller nötigen Selbstkritik unsinnig – und letztlich auch kontraproduktiv –, wenn wir uns nach solchen Behandlungsabbrüchen schwerste Vorwürfe machten und von uns den Eindruck gewinnen würden, wir hätten in der Betreuung »versagt«. Oft sind derartige Gefühle nicht die Konsequenz einer konstruktiven Selbstkritik, sondern aus ihnen spricht unsere Enttäuschung darüber, daß wir die (überhöhten) eigenen Ziele nicht erreicht haben. Wenn es uns hingegen gelingt, den Abbruch zu akzeptieren, werden wir wesentlich freier reagieren können, und es wird weniger die Gefahr bestehen, daß wir aus dieser tiefen Enttäuschung heraus in Zukunft die Betreuung von Menschen mit schweren psychosozialen Problemen prinzipiell ablehnen.

Zu Behandlungsabbrüchen kann es schließlich auch in Betreuungen kommen, die bereits über längere Zeit laufen. Charakteristischerweise liegt die reguläre Beendigung der Behandlung gleichsam in der Luft – und gerade in diesem Moment brechen die Klienten den Kontakt zu uns ab. Ich bin in Kapitel 3 ausführlicher auf die *Schwierigkeiten* eingegangen, die viele der hier geschilderten Klienten *mit Tren-*

nungssituationen haben. Sie haben zum Teil von früher Kindheit an immer wieder schmerzlichste Beziehungsabbrüche erlebt und sind aus diesem Grunde dafür aufs höchste sensibilisiert. Sobald für sie eine Person in irgendeiner Weise wichtig zu werden beginnt, taucht – fast reflexhaft – die Angst auf, auch diese Beziehung werde irgendwann wieder zerbrechen und die Klienten verletzt zurücklassen. Oft steht diese Dynamik hinter dem vorsichtig-distanzierten, ablehnenden Verhalten solcher Menschen. Je tiefer sie sich in eine Beziehung zu uns einlassen, desto größer ist ihre Angst, auch von uns im Stich gelassen zu werden. Sobald sie spüren, daß sich das Ende der Betreuung nähert, werden diese Ängste (selbst wenn sie psychotherapeutisch in den verschiedensten Situationen immer wieder bearbeitet worden sind) reaktiviert und können zu einem Abbruch der Behandlung führen. Die Klientinnen und Klienten nehmen dann selbst das vorweg, was sie zu erleiden fürchten.

Diese Art der Beendigung der Behandlung ist nicht unbedingt ein Abbruch im üblichen Sinn. Wir mögen es bedauern, daß es nicht gelungen ist, die Ängste dieser Menschen vor dem Verlassenwerden so weit durchzuarbeiten, daß sie auf die Trennung von uns nicht mehr in einer solchen panischen Art reagieren. Doch müssen wir uns auch in dieser Hinsicht mit dem Erreichten zufriedengeben und akzeptieren, daß (zumindest im Moment) unsere therapeutischen Idealvorstellungen sich nicht erfüllen lassen. Betrachten wir das Verhalten der Klientinnen und Klienten unter diesem Aspekt, so müssen wir uns fragen, ob es wirklich ein »Abbruch« im engeren Sinne ist. Es scheint mir keineswegs eine Verwischung der Realität und ein billiger Trost zu sein, wenn wir ihren Rückzug als die ihnen entsprechende Art, mit der Trennung von uns umzugehen, verstehen, auch wenn ihr Verhalten nicht unseren Konzepten vom Ende der professionellen Beziehung entspricht.

Wenn wir zu einer solchen Haltung finden können, gelingt es uns auch eher, eine gewisse Gelassenheit aufzubringen und zu entscheiden, wie wir auf diese Art der Beendigung unserer Beziehung reagieren wollen. Je nach der spezifischen Problematik des betreffenden Klienten und nach der Art unserer bisherigen Beziehung können wir telefonischen oder brieflichen Kontakt aufnehmen und ihn doch noch zu einem Abschlußgespräch zu bewegen versuchen. Oder wir können dem Klienten in einem Brief mitteilen, daß wir eine solche abrupte Beendigung unserer Beziehung zwar bedauern, diese Art aber akzeptieren, weil es offensichtlich die ihm entsprechende Form sei. Oder wir können uns in schriftlicher Form von dem Klienten verabschieden und dabei die psychodynamischen Hintergründe in einer ihm verständlichen Art deuten. So könnte man beispielsweise schreiben, es sei zwar schade, daß es zu einem so abrupten Ende gekommen sei; doch akzeptiere man das, weil der Klient, wie in der Therapie schon früher an anderen Beispielen besprochen, sehr sensibel auf Trennungen reagiere und sein jetziger Rückzug ihn offensichtlich vor dem Erleben eines zu starken Schmerzes schützen solle.

Im Unterschied zu vielen anderen Klientinnen und Klienten habe ich bei den in diesem Buch geschilderten Menschen mit gravierenden psychosozialen Problemen die Erfahrung gemacht, daß sich bei ihnen eine spezifische Form des Abschlusses der Betreuung bewährt: Mit Vorteil »verdünnen« wir in der Abschlußphase nach und nach die Häufigkeit der Sitzungen. Das bedeutet nicht, daß die brisante Trennungsthematik nicht durchgearbeitet werden müßte. Doch erweist sich ein sich über längere Zeit erstreckendes, schrittweises Abschiednehmen im allgemeinen als diesen Klienten angemessene Form, die Beziehung zu beenden. Ein solcher Abschluß wird von ihnen nicht als abrupter, schmerzliche Gefühle reaktivierender Bruch empfunden, sondern bietet ihnen Raum für Selbständigkeit, ohne ihnen aber den Boden, den die Beziehung zu uns für sie darstellt, gänzlich zu entziehen. Nach meiner Erfahrung ist es sinnvoll, in der Abschlußphase die wöchentlichen Termine zunächst auf 14tägige Sitzungen zu reduzieren, dann vielleicht monatlich noch einen festen Gesprächstermin anzusetzen und dringende Fragen der Klienten telefonisch miteinander zu besprechen. In einer nächsten Phase kann man auf regelmäßige Termine ganz verzichten und mit den Klienten vereinbaren, daß sie sich bei Bedarf melden und einen Gesprächstermin mit uns vereinbaren. Auf diese Weise erstreckt sich der Trennungsprozeß über eine längere Zeit und kann unter Aufrechterhaltung der Beziehung sorgfältig durchgearbeitet werden.

Bei der Diskussion der psychodynamischen Besonderheiten bei der Beendigung der professionellen Beziehung taucht immer wieder auch die Frage auf, ob es bei den relativ lange dauernden und emotional intensiven Behandlungen gelungen ist, die *Übertragung* so weit durchzuarbeiten, daß sie am Ende der Betreuung *weitgehend aufgelöst* ist. Das ist auf jeden Fall ein wichtiges Ziel, und die starke Ausrichtung auf das Hier und Jetzt, der Einbezug der sozialen Realität und die schnelle Deutung negativer Übertragungsdispositionen erweisen sich in dieser Hinsicht als hilfreich. Dennoch werden wir uns selbstkritisch fragen müssen, ob das Ziel der Verbesserung der Autonomie unserer Klientinnen und Klienten wenigstens annähernd erreicht ist, oder ob wir ihnen zwar vielleicht zu einer besseren sozialen Integration verholfen haben, dies jedoch um den Preis ihrer erhöhten Abhängigkeit von uns. Ein derartiger Eindruck kann mitunter entstehen, wenn wir gerade bei Menschen mit schwerwiegenden psychosozialen Problemen immer wieder erleben, daß sie sich nach dem regulären Abschluß der Betreuung ab und zu wieder bei uns melden, sei es weil sie in einer bestimmten Angelegenheit unseren Rat einholen wollen, und sei es auch nur, weil sie berichten möchten, wie es ihnen in der Zwischenzeit ergangen ist. Man könnte sich fragen, ob das nicht darauf hinweise, daß eine große Abhängigkeit der Klienten uns gegenüber entstanden sei, so daß sie sich auch nach Beendigung der Betreuung immer wieder unserer Zustimmung oder Ablehnung versichern mußten.

Eine solche Befürchtung erscheint mir jedoch nur dann

berechtigt, wenn wir spüren, daß es tatsächlich um das Bedürfnis der Klientinnen und Klienten geht, sich immer wieder von uns bestätigen zu lassen, daß sie es »richtig« machen – wenn sie keine eigenen Entscheidungen treffen, sondern sich ganz von unserem Urteil abhängig machen. Sollte eine solche Dynamik vorliegen, so müßte die Abhängigkeitsbeziehung der Klienten allerdings dringend bearbeitet und aufgelöst werden. Bei Menschen mit schwerwiegenden psychosozialen Problemen finden wir nach Abschluß der Behandlung häufig jedoch ein völlig anders motiviertes Verhalten: Sie suchen uns von Zeit zu Zeit auf oder telefonieren, um sich mit uns wegen eines bestimmten Problems zu beraten. Oder sie melden sich gelegentlich, um uns mitzuteilen, daß es ihnen gutgehe. Dann geht es keineswegs um eine Abhängigkeit von uns, sondern es zeigt, daß sie uns entweder voller Freude von ihrem Wohlergehen berichten und uns daran Anteil nehmen lassen wollen, oder bei der Lösung eines Problems gezielt unsere Kompetenz in Anspruch nehmen und sich dann wieder zurückziehen. Wir haben es hier nicht mit unaufgelösten Übertragungsdispositionen zu tun, sondern das beschriebene Verhalten ist vor dem Hintergrund der *Realbeziehung* zu sehen, die allerdings bei Menschen mit schwerwiegenden psychosozialen Problemen eine größere Rolle spielt als bei anderen Behandlungen. Mitunter haben wir bei diesen Klientinnen und Klienten geradezu die Rolle eines Familienmitglieds eingenommen. Diese Rolle zeichnet sich dadurch aus, daß wir ihnen im Verlauf der Jahre zwar nah *wie* Familienangehörige geworden sind, durch unsere therapeutische Distanz aber ihre Autonomie nicht tangieren, sondern stärken. Nach meiner Erfahrung werden die Intervalle zwischen den gelegentlichen Kontaktnahmen im Verlaufe der Zeit immer größer, bis der Kontakt schließlich völlig endet.

Deutlich erlebe ich die Rolle eines »externen Familienmitglieds« bei Herrn Hof (Pseudonym), der mich viele Jahre nach Abschluß der Behandlung anrief und eine Bitte an mich richtete: Ich hätte doch während seiner Therapie seine Mutter anläßlich einiger

Gespräche, die wir zusammen mit ihr geführt hätten, kennengelernt. Sie sei seit einigen Jahren körperlich schwer krank und
benötige nach Ansicht von Herrn Hof jetzt unbedingt ärztlicher
Hilfe und auch materieller Unterstützung für die Anschaffung verschiedener medizinischer und pflegerischer Hilfsmittel. Die Mutter weigere sich jedoch strikt, derartige Hilfen anzunehmen. Ihm
sei eingefallen, daß die Mutter doch immer großes Vertrauen zu
mir gehabt habe; vielleicht könne ich nun mit der Mutter sprechen
und sie davon überzeugen, daß es wichtig für sie sei, sich von Fachleuten beraten zu lassen und die nötige Hilfe anzunehmen. Ich telefonierte daraufhin mit Frau Hof, die schließlich, wenn auch widerstrebend, damit einverstanden war, daß ich mich mit einer
Beratungsstelle für Betagte in Verbindung setze und dort Informationen über das weitere Vorgehen einhole. Die Sozialarbeiterin dieser Stelle riet mir, Frau Hof zu einem Besuch dieser Stelle zu bewegen, damit zusammen mit ihr geklärt werden könne, welche
Unterstützung sie benötige. Als ich Frau Hof dies mitteilte, reagierte sie zunächst wiederum ablehnend und äußerte, sie habe sich
ihr Leben lang allein durchgebracht und wolle keine »Almosen«
annehmen. Außerdem habe sie früher schlechte Erfahrungen mit
Sozialdienststellen gemacht und wolle sich jetzt im Alter nicht
noch bevormunden lassen. Zögernd fügte sie schließlich hinzu,
anders sei es natürlich, wenn ich sie zu dieser Stelle begleitete, doch
das sei ja wohl unmöglich. In Anbetracht der großen Angst, die
Frau Hof offensichtlich vor dem ersten Kontakt mit der Sozialdienststelle hatte, und angesichts ihrer Gefühle einer tiefen Kränkung darüber, daß sie nun im Alter die Hilfe anderer Menschen in
Anspruch nehmen müsse, erklärte ich mich bereit, sie zu der Beratungsstelle zu begleiten. Pünktlich zur abgemachten Zeit trafen
Herr Hof und seine Mutter dort ein, und wir führten ein für uns
alle instruktives Gespräch mit der Sozialarbeiterin. Nachdem auf
diese Weise die Schwellenangst der betagten Frau überwunden
war und sie sich von der Beraterin verstanden fühlte, war es für
diese kein Problem mehr, mit Frau Hof zu besprechen, welche
Hilfsmittel und pflegerische Unterstützung sie benötigte. Frau Hof
war, wie ihr Sohn mir später mitteilte, mit diesen Angeboten einverstanden.

Bei der Familie Hof war ich durch die langjährige Behandlung meines Patienten für Mutter und Sohn ein »externes
Familienmitglied« geworden, an das sie sich in der Not erin-
nerten und hilfesuchend wandten. Es reichte völlig aus, daß
ich den Kontakt zur Beratungsstelle herstellte und Frau Hof

beim ersten Gespräch begleitete. Alles weitere konnte sie zusammen mit ihrem Sohn allein organisieren.

Häufiger als man bei Klientinnen und Klienten, die ursprünglich ohne eigene Motivation eine Behandlung aufgenommen haben (z. B. im Rahmen einer vom Gericht auferlegten Therapie), erwarten sollte, erlebe ich folgende Entwicklung: Nach Abschluß der Betreuung höre ich etliche Jahre nichts mehr von den Klienten. Eines Tages jedoch melden sie sich plötzlich wieder und bitten um einen Termin für ein Gespräch. Sie berichten dann entweder von einer bestimmten sozialen Problemsituation oder von psychischen Schwierigkeiten oder Beziehungsproblemen und äußern die *Bitte, noch einmal* (meist ausdrücklich für eine begrenzte Zeit) *zur Therapie kommen zu dürfen.* Es liegt auf der Hand, daß wir es in diesem Falle, ganz im Gegensatz zur ersten Therapiephase, mit gut motivierten und kooperationsbereiten Klientinnen und Klienten zu tun haben. Ich bin in solchen zweiten Therapien oft beeindruckt davon zu erleben, daß vieles, was in der ersten Therapiephase bearbeitet worden ist (und von dem ich damals den Eindruck hatte, es sei bei den Klienten im Grunde gar nicht »angekommen« oder sie hätten es überhaupt nicht verwerten können), von ihnen wieder aufgegriffen wird und sie offensichtlich tiefer bewegt hat, als mir damals erkennbar war.

Auch daß die Klienten zum zweiten Mal eine Therapie aufnehmen, bedeutet nicht, daß die Übertragung nicht angemessen durchgearbeitet und aufgelöst wäre. Ich sehe darin vielmehr die Frucht der früheren Bemühungen, und solche Erfahrungen bestätigen mir, wie es sinnvoll ist, wenn wir Professionellen die Art der Beendigung einer Betreuung akzeptieren, die die Klientinnen und Klienten jeweils wählen. Wichtig scheint mir dabei vor allem zu sein, ihnen in der Behandlung zu vermitteln, daß Psychotherapie sowie sozialpädagogische und seelsorgliche Betreuung hilfreich sind, und daß wir ihnen die Tür zu uns offenhalten. Wenn uns das gelingt, ist es im Grunde nicht mehr so wichtig, ob wir in einer ersten Behandlungsphase die Ziele tatsächlich erreichen, die wir uns gesetzt haben. Wichtiger ist vielmehr, eine einigermaßen tragfähige Beziehung hergestellt zu haben und im Verlauf der Betreuung eine emotionale Stabilisierung und eine Verbesserung der sozialen Integration herbeigeführt zu haben. Auf diesem Boden kann dann die weitere Entwicklung erfolgen, und neu auftretende oder alte, ungelöste Probleme können in einer zweiten Therapiephase noch intensiver bearbeitet werden.

Ancontaras : Bruno

Literatur

ADLER, Y.; RAUCHFLEISCH, U.; MÜLLEJANS, R. (1996): Die Bedeutung der Konzepte zu Krankheitsursachen und Behandlungserwartungen im Klinischen Erstgespräch. (In Vorbereitung).

BALINT, M. (1970): Therapeutische Aspekte der Regression. Klett, Stuttgart.

BARWINSKI FÄH, R. (1990): Die seelische Verarbeitung der Arbeitslosigkeit: eine qualitative Längsschnittstudie mit älteren Arbeitslosen. Profil Verlag, München.

BATTEGAY, R. (1991): Narzißmus und Objektbeziehungen. 3. Aufl. Huber, Bern.

BECKER, D. (1992): Ohne Haß keine Versöhnung. Das Trauma der Verfolgten. Kore, Freiburg/Br.

BECKER, S. (Hg.) (1995): Helfen statt Heilen. Edition Psychosozial, Gießen.

BERTALANFFY, L. v. (1974): General System Theory and Psychiatry. In: S. ARIETI (Hg.): American Handbook of Psychiatry. Vol. I. New York.

BLANCK, G.; BLANCK, R. (1978): Angewandte Ich-Psychologie. Klett- Cotta, Stuttgart.

BLANCK, G.; BLANCK, R. (1979): Ich-Psychologie II. Psychoanalytische Entwicklungspsychologie. Klett-Cotta, Stuttgart.

BLEULER, M. (1980): Realistische und unrealistische Zielsetzungen in der Psychiatrie. Psychiat. clin. 13, 131–138.

BUHMANN, B. (1989): Armut in der reichen Schweiz. Eine verdrängte Wirklichkeit. Orell Füssli, Zürich.

BURNHAM, D. L. (1969): Schizophrenia and the Need-Fear Dilemma. New York.

CHODOROW, N. (1985): Das Erbe der Mütter. Psychoanalyse und Soziologie der Geschlechter. Verlag Frauenoffensive, München.

CREMERIUS, J. (1984): Die psychoanalytische Abstinenzregel. Vom regelhaften zum operationalen Gebrauch. Psyche 38, 769–800.

DEUTSCH, H. (1966): Discussion remarks. In: E. REXFORD (Hg.): A. Developmental Approach to Problems of Acting Out. Monogr. Amer. Acad. Child Psychiat. 1.

ERIKSON, E. H. (1966): Identität und Lebenszyklus. Suhrkamp, Frankfurt/M.

FENICHEL, O. (1945): Neurotic acting out. Psychoanal. Rev. 32, 197–206.

FREUD, S. (1914): Erinnern, Wiederholen und Durcharbeiten. GW X.

FREUD, S. (1916): Einige Charaktertypen aus der psychoanalytischen Arbeit. GW X.

FREUD, S. (1923): Das Ich und das ES. GW XIII.

FREY, R.; LEU, R. (Hg.), (1988): Der Sozialstaat unter der Lupe. Wohlstandsverteilung und Wohlstandsumverteilung in der Schweiz. Helbing u. Lichtenhahn, Basel.

GALTUNG, J. (1975): Strukturelle Gewalt. Beiträge zur Friedens- und Konfliktforschung. Rowohlt, Reinbek.

GILLIAND, P. (Hg.), (1990). Pauvretés et sécurité sociale. Réalités sociales, Lausanne.

GREENACRE, P. (1950): General problems of acting out. Psychoanal. Quart. 19, 455–467.

GREENSON, R. R. (1973): Technik und Praxis der Psychoanalyse. Klett, Stuttgart.

GRÜTTER, E. (1968): Zur Theorie des Agierens. Psyche 22, 582– 603.

HARTMANN, H. (1972): Ich-Psychologie, Studien zur psychoanalytischen Theorie. Klett, Stuttgart.

HEINEMANN, E.; RAUCHFLEISCH, U.; GRÜTTNER, T. (1992): Gewalttätige Kinder. Psychoanalyse und Pädagogik in Schule, Heim und Therapie. Fischer Taschenbuchverlag, Frankfurt/M.

HOFFMANN, S. O. (1979): Charakter und Neurose. Suhrkamp, Frankfurt/M.

HORNUNG, R.: Das psychosoziale Immunsystem. Krankheitsverhinderung und Gesundheitsförderung als Bereich angewandter Sozialpsychologie. Neue Zürcher Zeitung, Mittwoch 30.11.1988.

KERNBERG, O. F. (1979): Borderline-Störungen und pathologischer Narzißmus. Suhrkamp, Frankfurt/M.

KERNBERG, O. F. (1989): Schwere Persönlichkeitsstörungen. Theorie, Diagnose, Behandlungsstrategien. Klett-Cotta, Stuttgart.

KIRCHLER, E. (1993): Arbeitslosikeit: Psychologische Skizzen über ein anhaltendes Problem. Hogrefe, Göttingen.

KLEIN, M. (1972): Das Seelenleben des Kleinkindes und andere Beiträge zur Psychoanalyse. Rowohlt, Reinbek.

KOHUT, H. (1973): Narzißmus. Suhrkamp, Frankfurt/M.

KOHUT, H. (1979) Die Heilung des Selbst. Suhrkamp, Frankfurt/M.

KOTIN, J. (1986): The patient Ideal. J. Amcr. Acad Psychoanal. 14, 57–68.

LEBER, A. (1988): Zur Begründung des fördernden Dialogs in der psychoanalytischen Heilpädagogik. In: G. Iben (Hg.): Das Dialogische in der Heilpädagogik. Mainz.

Leibfried, S.; Tennstedt, F. (Hg.), (1985): Politik der Armut und die Spaltung des Sozialstaats. Suhrkamp, Frankfurt/M.

Lösel, F.; Köferl, P.; Weber, F. (1987): Meta-Evaluation der Sozialtherapie. Enke, Stuttgart.

Lorenzer, A. (1983): Sprache, Lebenspraxis und szenisches Verstehen in der psychoanalytischen Therapie. Psyche 37, 97–115.

Mäder, U.; Biedermann, F.; Fischer, B.; Schmassmann, H. (1991): Armut im Kanton Basel-Stadt. Social Strategies Publ., Soziol. Seminar Universität Basel.

Mahler, M. S. (1972): Symbiose und Individuation. Bd. 1 Psychosen im frühen Kindesalter. Klett, Stuttgart.

Mertens, W. (1990): Psychoanalyse. 3. Aufl., Kohlhammer, Stuttgart.

Nacht, S.; Racamier, P. C. (1960/61): Die depressiven Zustände. Psyche 14, 651–677.

Paugam, S. (1991): La disqualification sociale. Essai sur la nouvelle pauvreté. Presses Univ. France, Paris.

Rauchfleisch, U. (1981): Dissozial. Entwicklung, Struktur und Psychodynamik dissozialer Persönlichkeiten. Vandenhoeck & Ruprecht, Göttingen.

Rauchfleisch, U. (1982): Traum und bildhafte Intervention als Kommunikationsmittel in der Psychotherapie dissozialer Persönlichkeiten. Prax. Psychother. Psychosom. 27, 51–55.

Rauchfleisch, U. (1986): Angst- und Panikreaktionen bei dissozialen (delinquenten) Patienten. In: V. Faust (Hg.): Angst – Furcht – Panik. Compendium Psychiatricum 128–132. Hippokrates, Stuttgart.

Rauchfleisch, U. (1989): Der Thematische Apperzeptionstest (TAT) in Diagnostik und Therapie. Eine psychoanalytische Interpretationsmethode. Enke, Stuttgart.

Rauchfleisch, U. (1990a): Die Bedeutung des sozialen Umfeldes für die Psychotherapie von Borderlinepatienten auf »niederem Strukturniveau«. Forum Psychoanal. 6, 175–186.

Rauchfleisch, U. (1990b): Probleme der Indikationsstellung für eine psychoanalytische Psychotherapie von Delinquenten. In: W. Schneider (Hg.): Indikationen zur Psychotherapie. Anwendungsbereiche und Forschungsprobleme. 81–99. Beltz, Weinheim/Basel.

Rauchfleisch, U. (1991): Begleitung und Therapie straffälliger Menschen. Matthias-Grünewald-Verlag, Mainz.

Rauchfleisch, U. (1992): Allgegenwart von Gewalt. Vandenhoeck & Ruprecht, Göttingen.

RAUCHFLEISCH, U. (1993): Allgegenwart von Gewalt als strukturelle und persönlich ausgeübte Gewalt. Möglichkeiten des Aus-
stiegs aus der Gewaltspirale. KFH Focus 4/1993, Sonderheft
Hochschultag November 1993, 3–9.

RAUCHFLEISCH, U. (1995): Die Folter und ihre Folgen. Konsequenzen für den Umgang mit Folteropfern. Asyl 10, 8–12.

ROHDE-DACHSER, CH. (1989): Abschied von der Schuld der Mütter.
Prax. Psychother. Psychosom. 34, 250–260.

TOWNSEND, P. (1979): Poverty in the United Kingdom. A Survey of
Houshold Ressources and Standards of Living. Penguin Books,
Harmondsworth.

TRESS, W. (1986): Das Rätsel der seelischen Gesundheit. Traumati-
sche Kindheit und früher Schutz gegen psychogene Störungen. ✗ !
Vandenhoeck & Ruprecht, Göttingen.

TRESS, W. (1987): Seelische Widerstandskraft trotz schwerer Kin-
derjahre. Sozialpädiatrie 9, 606–612.

WACKER, A. (1983): Arbeitslosigkeit. Soziale und psychische Folgen. Europäische Verlagsanstalt, Frankfurt/M.

WINNICOTT, D. W. (1974): Reifungsprozesse und fördernde
Umwelt. Kindler, München.

Sachwortverzeichnis

Wenn Sie weiterlesen möchten...

Udo Rauchfleisch
Allgegenwart von Gewalt

»Ziel dieses engagiert geschriebenen Buches ist es, aufmerksam zu machen auf die vielen Formen von Gewalt, die in den verschiedensten Lebensbereichen zu finden sind. Dabei geht es nicht darum, Gewalt zu dämonisieren, sondern um Wahrnehmungs-Schulung: Allein sie angemessen hinsichtlich Erscheinungsform und Ausmaß zu erkennen, ermöglicht es, sich mit ihr kritisch auseinanderzusetzen und ihr dort entgegenzutreten, wo ihr um der Menschlichkeit willen Einhalt geboten werden muß.

Obwohl der Autor als Psychotherapeut tätig ist und es bei dieser Provenienz naheliegt, alltäglich zu beobachtende Phänomene von ihrer pathologischen Seite her aufzurollen, geht er gerade umgekehrt vor: Er geht von der ganz normalen, der ganz alltäglichen Gewalt aus. Damit wird dann sehr schnell deutlich, daß 'wir' nicht nur entsetzt vor den Phänomenen der Gewalt stehen, sondern unsererseits auch immer irgendwo Täter sind.

Obwohl es also Anliegen des Autors ist, ein Buch zu schreiben, das dem Leser im Alltag von Nutzen ist, ist es eindeutig ein 'wissenschaftliches' Buch. Die relevante Literatur zur Thematik ist aufgearbeitet, die Entwicklung der Gedanken ist theoretisch fundiert und orientiert, und es ist nachvollziehbar, wie der Autor zu seinen Schlußbildungen kommt. Ein ausgesprochen gelungenes Buch, dem weite Verbreitung zu wünschen ist.« *Zentralblatt Neurologie-Psychiatrie*

V&R
Vandenhoeck
&Ruprecht

Udo Rauchfleisch
Schwule · Lesben · Bisexuelle
Lebensweisen, Vorurteile, Einsichten

»Die große Bedeutung des gesellschaftlichen Drucks für Entwicklung und Lebensweise von Lesben, Schwulen und Bise-
xuellen stellt der Psychoanalytiker Udo Rauchfleisch in den
Vordergrund seiner Betrachtungen. Mit Einfühlungsgabe,
Zartgefühl und Respekt – in der Fachliteratur eher selten
anzutreffende Tugenden – nähert der Autor sich den Frauen
und Männern hinter diesen sexuellen Klassifizierungen.

Dabei räumt er mit Klischees auf ..., übt scharfe Kritik an
subtilen und offenen Diskriminierungen der 'gleichwertig
Anderen' auch in der modernen Psychoanalyse, und beleuch-
tet die frühkindliche Entwicklung dieser Menschen dezidiert
unter nichtpathologischen Aspekten.« *Psychologie heute*

»Ausgrenzung, Diskriminierung, Gewalt und Vorurteil sind
die Hintergrundthemen dieses Buches. Der Verfasser legt eine
Entwicklungstheorie normaler Homosexualität vor, die die
Stufen zur Entfaltung eines eigenen Lebensstils erlauben.
Eine interessante Arbeit, voll von Überraschungen, die nicht
nur für Experten und Therapeuten geschrieben worden ist,
sondern für jeden Leser, der sich mit einem wichtigen Thema
konfrontieren möchte.« *Zentralblatt Neurologie-Psychiatrie*

V&R
Vandenhoeck
& Ruprecht

Themen unserer Zeit – Sammlung Vandenhoeck

Christa Rohde-Dachser (Hg.)
Über Liebe und Krieg
Psychoanalytische Zeitdiagnosen. 1995. 216 Seiten, Paperback. ISBN 3-525-01427-9

Christa Rohde-Dachser (Hg.)
Beschädigungen
Psychoanalytische Zeitdiagnosen. 1992. 192 Seiten, Paperback. ISBN 3-525-01420-1

Christa Rohde-Dachser (Hg.)
Zerstörter Spiegel
Psychoanalytische Zeitdiagnosen. 2. Auflage 1992. 189 Seiten mit 2 Abbildungen, Paperback. ISBN 3-525-01414-7

Internationale Erich-Fromm-Gesellschaft
Die Charaktermauer
Zur Psychoanalyse des Gesellschaftscharakters in Ost- und Westdeutschland.
Eine Pilotstudie bei Primarschullehrerinnen und -lehrern. 1995. 276 Seiten, Paperback. ISBN 3-525-01429-5

Karl König
Charakter und Verhalten im Alltag

Hinweise und Hilfen
109 Seiten, Paperback
ISBN 3-525-01428-7

Karl König
Kleine psychoanalytische Charakterkunde
3. Auflage 1995. 144 Seiten, Paperback. ISBN 3-525-01417-1

Helmut Puff (Hg.)
Lust, Angst und Provokation
Homosexualität in der Gesellschaft. Mit einem Vorwort von Martin Dannecker. 1993. 261 Seiten mit 5 Abbildungen, Paperback. ISBN 3-525-01423-6

V&R
Vandenhoeck & Ruprecht

VANDENHOECK TRANSPARENT

Gedanken, Themen, Einsichten
– fundiert und anschaulich

23: Karl König
**Kleine Entwicklungs-
psychologie
des Erwachsenenalters**
1995. 117 Seiten, kartoniert.
ISBN 3-525-01718-9

22: Harry Stroeken
**Tochter sein und Frau
werden**
Bericht von einer geglückten
Psychoanalyse. 1995.
124 Seiten, kartoniert.
ISBN 3-525-01717-0

21: Rainer Schönhammer
Das Leiden am Beifahren
Frauen und Männer auf dem
Sitz rechts. 1995. 125 Seiten
mit 3 Abbildungen, kartoniert.
ISBN 3-525-01716-2

17: Helmut Remmler
**Das Geheimnis der
Sphinx**
Archetyp für Mann und Frau.
2., überarbeitete Auflage
1995. 118 Seiten mit 23
Abbildungen, kartoniert
ISBN 3-525-01715-4

16: Regula Bott (Hg.)
**Adoptierte suchen ihre
Herkunft**
1995. 119 Seiten, kartoniert
ISBN 3-525-01714-6

13: Peter Kutter
**Liebe, Haß, Neid,
Eifersucht**
Eine Psychoanalyse der
Leidenschaften. 1994.
109 Seiten, kartoniert
ISBN 3-525-01713-8

12: Glenn T. Koppel
**Wochenendlektüre: Träu-
men und Traumdeutung**
1994. 109 Seiten mit
4 Abbildungen, kartoniert
ISBN 3-525-01712-X

11: Harry Stroeken /
Joop Smit
**Biblische Schicksale in
psychoanalytischem Blick**
Aus dem Niederländischen
von Dieter Maenner. 1994.
121 Seiten, kartoniert.
ISBN 3-525-01711-1

9: Elke Natorp-Husmann
**Briefe einer
Psychoanalytikerin**
1994. 128 Seiten, kartoniert
ISBN 3-525-01705-7

8: Karl König
**Reisen eines
Psychoanalytikers**
1994. 116 Seiten, kartoniert
ISBN 3-525-01704-9